DU

# POUVOIR MUNICIPAL

ET

## DE LA POLICE INTÉRIEURE

DES COMMUNES.

POITIERS. — IMPRIMERIE DE F.-A. SAURIN.

DU

# POUVOIR MUNICIPAL

ET DE LA

## POLICE INTÉRIEURE DES COMMUNES,

PAR LE PRÉSIDENT

### HENRION DE PANSEY.

#### QUATRIÈME ÉDITION

PRÉCÉDÉE D'UNE INTRODUCTION ET MISE AU COURANT DE LA
LÉGISLATION ET DE LA JURISPRUDENCE,

**PAR E.-V. FOUCART,**

Professeur de Droit administratif à la Faculté de Droit de Poitiers.

SUIVIE

1° DU TEXTE DES LOIS NOUVELLES SUR L'ORGANISATION ET LES ATTRIBUTIONS
MUNICIPALES ;
2° D'UNE NOTICE BIOGRAPHIQUE PAR M. ROZET ;
3° D'UN DISCOURS PRONONCÉ PAR M. HENRION DE PANSEY
A LA RENTRÉE DE LA COUR DE CASSATION ;
4° D'UNE TABLE ALPHABÉTIQUE DES MATIÈRES.

## PARIS,

BENJAMIN DUPRAT,
LIBRAIRE,
RUE DU CLOÎTRE-SAINT-BENOÎT, 7.

VIDECOQ,
LIBRAIRE,
PLACE DU PANTHÉON, 4 ET 6.

**1840.**

# AVERTISSEMENT

## DE M. HENRION DE PANSEY,

INSÉRÉ DANS LA SECONDE ÉDITION.

---

### MOTIFS QUI ONT DÉTERMINÉ L'AUTEUR A PUBLIER CET OUVRAGE.

Quoique les municipalités occupent le dernier degré de la hiérarchie des pouvoirs, cependant telle est la nature des fonctions qui leur sont propres, qu'il est peu de sujets plus dignes de l'attention du législateur et des méditations de l'homme d'État.

Le pouvoir municipal est en contact immédiat avec tous les citoyens; présent partout, il agit continuellement, et sur tous. Toujours le mieux et souvent le seul connu des classes inférieures de la société, comme elles ne voient que lui, c'est par lui qu'elles jugent les autres pouvoirs. Elles aiment, elles bénissent le gouvernement, si l'administration municipale, constamment tutélaire,

*a*

ne se montre que sous des formes douces et paternelles.

Les individus les plus obscurs ont, comme les
autres citoyens, des intérêts et des droits. En les
leur conférant, la loi devait leur en assurer la
jouissance, et mettre à leur portée les moyens de
les conserver et de les défendre. C'est ce qu'elle a
fait en établissant dans chaque commune un corps
municipal. Dans l'intention de la loi, les officiers
municipaux sont donc les conseils et les protecteurs obligés de tous ceux qui, à raison de leur
isolement et de leur indigence, sont dans l'impuissance de s'en procurer; et cette honorable mission
range les municipalités dans la classe des garanties
sociales.

C'est de même sous l'égide du pouvoir municipal que la loi place les intérêts généraux des
communes, tels que la sûreté, la tranquillité des
habitants, l'administration et la conservation du
patrimoine commun.

C'est encore à la vigilance et à l'autorité des
corps municipaux que la loi confie tout ce qui
concerne la salubrité de l'air, la paix de la cité,
la décence dans les temples, l'ordre dans les ré-

unions, la police dans les lieux publics, la direction des établissements de bienfaisance, le régime des prisons, la surveillance des spectacles, l'approvisionnement des marchés, la fidélité dans les poids et mesures, la bonne ou mauvaise qualité des médicaments et des comestibles exposés en vente.

Enfin, les officiers municipaux sont chargés de prévenir et de faire cesser les incendies, les inondations, les épizooties, généralement tous les fléaux calamiteux, et particulièrement la circulation et la publicité de tout ce qui peut égarer les esprits et corrompre les mœurs.

Vivement frappé de l'importance d'un pouvoir investi de ces différentes fonctions, je m'en suis occupé ; et persuadé qu'un ouvrage qui exposerait la nature, les droits, et les devoirs des municipalités, fût-il médiocre, serait encore utile, j'ai hasardé celui-ci.

Dans la première édition un seul volume renferme deux traités : l'un concernant le pouvoir municipal et la police intérieure des communes, l'autre relatif aux biens communaux. Le peu d'étendue de chacun permettait cette réunion, et leur analogie l'autorisait ; mais jugeant, par le débit de ce premier essai, que le public prend un grand intérêt à l'organisation des municipalités, et que les officiers municipaux mettent beaucoup d'empressement à connaître les règles qui doivent les diriger dans l'exercice de leurs fonctions, j'ai reporté mon attention sur cette importante matière, et j'en ai fait de nouveau le sujet de mes méditations. Cette seconde édition en est le fruit ; considérablement augmentée, notamment de deux chapitres, l'un sur l'organisation de la société, l'autre sur le régime municipal de la ville de Paris, elle diffère encore de la première, en ce que je n'y parle pas des biens appartenant aux communes. Ce qui concerne la nature, l'administration, et le régime de ce genre de propriété, paraîtra séparément (1), de manière que chacun pourra se procurer celui des deux traités qu'il lui importera le plus de connaître.

---

(1) *Des Biens communaux, et de la Police rurale et forestière.* Troisième édition, 1833 ; in-8°.

# AVIS

## DE L'ÉDITEUR.

———

Une troisième édition du *Pouvoir municipal* a eu lieu en 1833 ; on s'est contenté d'y joindre le texte de la loi du 21 mars 1831 sur l'organisation municipale, sans indiquer dans le corps de l'ouvrage les changements que cette loi avait apportés à l'ancienne législation, sous l'empire de laquelle écrivait M. Henrion de Pansey. Ce travail est devenu d'autant plus nécessaire aujourd'hui, qu'outre la loi d'organisation nous possédons la loi d'attributions en date du 18 juillet 1837, qui forme avec la première un système complet de législation. Il était donc impossible de s'en tenir, dans une publication nouvelle, au texte primitif de l'ouvrage ; ç'aurait été couvrir de l'autorité d'un grand nom, des notions dont quelques-unes sont devenues incomplètes ou fausses par suite du progrès de la législation ; il fallait suppléer l'auteur en faisant ce qu'il n'aurait pas manqué de faire lui-même s'il avait survécu à la publication des lois nouvelles.

Dans l'accomplissement de cette tâche nous n'avons pas perdu de vue notre qualité d'*éditeur* ; il nous a semblé que le premier devoir qu'elle nous imposât était de livrer au public le texte pur et entier de l'ouvrage de M. Henrion de Pansey, nous avons religieusement exé-

cuté cette obligation. Lorsque nous avons eu des modifications à indiquer, nous l'avons fait par des *additions*
au texte, imprimées dans un caractère différent ; de
telle sorte qu'on passe successivement de l'ancienne législation à la nouvelle. Les *additions* sont, autant que
possible, des analyses ou des dissertations faites dans la
forme de celles de M. Henrion de Pansey. Quelquefois
nous nous sommes contentés de simples notes, soit
parce qu'il s'agissait d'observations qui auraient coupé le
texte mal à propos, soit parce qu'il n'était question que
de renvois. Nous avons fait précéder l'ouvrage d'une
introduction dont le but est d'exposer l'esprit du droit
municipal aux différentes époques de notre histoire,
et de déterminer le caractère qu'il doit avoir aujour-
d'hui.

Nous avons inséré dans un appendice, comme un complément indispensable, le texte des lois des 21 mars 1831
sur l'organisation municipale, 18 juillet 1837 sur les
attributions municipales, 2 avril 1834 sur l'organisation
spéciale de la municipalité de Paris. Enfin nous avons
conservé dans cette 4ᵉ édition la notice historique sur
la vie et les ouvrages de M. Henrion de Pansey, par
M. Louis Rozet, et le discours de rentrée prononcé par
le vénérable président peu de temps avant sa mort ; discours, dit M. Rozet dans sa notice, qui peut être considéré comme son testament politique. Les différentes
additions que nous avons faites à ce volume l'augmentent
de plus d'un cinquième.

# INTRODUCTION.

§ I<sup>er</sup>. *Bases philosophique et historique du droit municipal.*

L'homme, en vivant dans l'état de société, obéit aux lois de la nature. Doué de la faculté d'aimer, il crée autour de lui la *famille*, dont les relations survivent aux besoins passagers qui naissent de son organisation physique. Être intelligent, il cherche, dans ses communications avec ses semblables, à s'assimiler les connaissances que d'autres ont acquises, pour y joindre ensuite des connaissances nouvelles. Poussé par un désir irrésistible du bien-être, il ne se contente pas, pour la satisfaction de ses besoins, des produits que la nature lui donne d'elle-même ; mais il réunit ses efforts à ceux des autres hommes pour en augmenter la force productive, et, s'emparant de la matière par le travail, il l'ajoute en quelque sorte à sa personne. Dieu, en donnant ainsi à l'homme des besoins moraux, intellectuels et physiques, lui a donné le *droit* de les satisfaire dans les limites de la raison, et par cela même il a imposé à chaque homme l'obligation de respecter dans les autres les droits qu'il veut qu'on respecte en lui. Mais à côté du principe d'équité naturelle, se trouve, chez l'homme, un principe de corruption qui le conduit trop souvent à se créer un bien-être égoïste, en sacrifiant ses semblables à la satisfaction de ses passions. Ici encore le besoin d'association se fait sentir, et les hommes s'unissent pour placer sous la protection de tous les intérêts de chacun.

Telles sont les bases naturelles de toute société, depuis la horde sauvage qui parcourt les forêts du Nouveau-Monde, jusqu'à la nation la plus fière de sa civilisation et du savant mécanisme de son gouvernement. Entre ces deux points extrêmes se trouvent une foule d'applications diverses du même principe. Ces applications ne sont pas toujours l'œuvre d'une raison éclairée, les conséquences d'un système réfléchi. Ici, comme partout, les règles ne sont que le résultat de l'expérience. Les sociétés naissantes suivent instinctivement des lois qu'elles n'ont point eu le temps d'étudier et de reconnaître. Chez elles, la forme du gouvernement est fort simple, le droit public et privé ne consiste que dans des usages qui sont l'expression naïve des idées, des passions d'un peuple dans l'enfance. Lorsque le progrès des lumières complique les relations sociales, que le territoire s'agrandit, que la population augmente, on commence à écrire quelques-unes de ces vieilles coutumes; mais pendant longtemps la législation est incohérente comme la société elle-même, qui n'a point encore réfléchi sur son organisation, et qui vit au jour le jour, guidée plutôt par des croyances que par des principes.

Enfin il arrive un moment où la législation est tellement confuse, qu'on sent la nécessité d'en coordonner les différentes parties; où les abus frappent tellement les yeux, que le respect aveugle qu'on avait pour les anciennes lois fait place à l'esprit de critique. Alors commence la tâche du législateur, dont l'œuvre consiste à dégager le droit du fait, à poser les principes et à tirer leurs conséquences, de manière à former un tout harmonieux. Pour bien remplir sa mission, le législateur ne doit point se considérer comme étant appelé à créer un système *à priori*, mais bien à consacrer celui dont les éléments se trouvent épars autour de lui. Le droit positif, en effet, n'est que l'expression des idées, des mœurs, des besoins de la population. S'il ne doit pas être en arrière de l'état moral de la société, il ne faut pas non plus qu'il soit trop en avant : c'est la colonne lumineuse qui guide le peuple dans les ténèbres ; il faut qu'elle marche à sa tête, et non qu'elle le précède de trop loin, car sa lumière serait inaperçue. Le législateur et le jurisconsulte doivent donc, l'un et l'autre, s'attacher à connaître l'état moral de la société; le premier, pour bien faire la loi, le second, pour bien la comprendre. Cette connaissance ne peut être puisée que dans l'étude philosophique de l'histoire : elle seule, en déroulant sous nos yeux la vie d'une nation, peut nous faire connaître l'origine de ses institutions, les événements qui en ont modifié l'esprit, les idées qui ont dominé à chaque époque, les besoins légitimes auxquels la législation positive doit pourvoir.

Le droit municipal, plus que tout autre, a ses racines dans l'histoire. Depuis près de deux mille ans, il n'a cessé d'exister en France. Fondé par les Romains, obscurci par la barbarie du moyen-âge, il s'est transformé, dans les mains de nos pères, en une arme puissante, qui leur a servi à combattre l'oppression ; et, dans cette lutte du droit contre la force, ont été proclamés tous les principes qui sont aujourd'hui la base du régime constitutionnel. Une autre sorte d'intérêt s'attache encore à cette étude : notre droit positif actuel n'est pas tellement dégagé du droit positif ancien, qu'on puisse toujours se passer de ce dernier pour la solution des questions qui se présentent dans la pratique. Quelquefois on est obligé de prendre, pour base d'une décision, des lois qui semblent n'avoir plus aujourd'hui qu'un intérêt purement historique. Il convient donc de jeter un regard sur les principes qui ont régi le droit municipal aux différentes époques de notre histoire, pour mieux comprendre ceux qui doivent le régir aujourd'hui.

On ne sait que bien peu de chose de l'organisation politique des peuples qui se succédèrent sur le sol de la France jusqu'à la conquête romaine. Les Gaulois, qui l'occupaient à cette époque, se subdivisaient en un assez grand nombre de peuplades, soumises à des institutions diverses. Il paraît que ces peuplades avaient successivement passé par les différentes formes des gouvernements sacerdotaux, aristocratiques et démocratiques, lorsque les Romains entreprirent de les soumettre à leur

domination (1). Après dix années d'une lutte acharnée,
pendant laquelle Jules-César, au rapport de Plutarque,
tua un million d'hommes, fit autant de prisonniers, prit
plus de huit cents villes, et soumit trois cents peuples,
les Gaules furent ajoutées à l'empire romain, cinquante
ans avant l'ère moderne, et soumises à l'influence des
institutions politiques et civiles, des mœurs et de la
littérature du peuple-roi.

La conquête politique et intellectuelle suivit de près
la conquête matérielle; le pays, partagé jusque-là en
peuplades distinctes, se fondit dans l'unité de l'empire.
Sous les juridictions des gouverneurs de province,
furent établies des villes *municipes*, qui s'administraient
elles-mêmes, sans cependant cesser d'être soumises au
pouvoir central. La loi des douze tables, les plébiscites,
les sénatus-consultes, le droit prétorien, les édits des
empereurs, réglèrent l'état des personnes, la nature des
biens, les manières de les acquérir et de les transmettre.
Les mœurs changèrent comme les institutions; la vie
privée s'adoucit de toutes les inventions d'un luxe in-

_____

(1) *V.* l'Histoire des Gaulois d'Amédée Thierry, tom. 2,
chap. 1.

connu jusque-là, et s'embellit des productions des beaux-arts. Telle fut la puissance de cette révolution, qu'on en voit encore partout les monuments. Aujourd'hui même, dans une grande partie de la France, on ne peut creuser les fondations d'une maison sans trouver quelque pièce de monnaie aux effigies impériales ; les routes nouvelles que réclament les besoins de l'industrie, suivent souvent la direction d'une voie romaine depuis longtemps oubliée, et dont les hommes de l'art admirent encore la solidité et la hardiesse. Il en est de même pour les choses intellectuelles ; là encore, il suffit de creuser quelque peu, pour trouver, au-dessous de la superficie, des débris précieux de cette antique civilisation. Le droit romain est à notre droit actuel ce que la langue latine est à la langue française, l'un des éléments générateurs ; et, bien que, dans l'un comme dans l'autre, cet élément soit combiné avec des éléments divers, c'est encore lui qu'il faut étudier d'abord, quand on veut pénétrer le génie des institutions ou celui de la langue.

Après une résistance de quatre siècles, l'empire d'Occident, attaqué de toutes parts, penchait vers sa ruine ; au commencement du cinquième siècle ( 407 à

409), les Burgundes et les Visigoths s'établirent dans une partie de la Gaule; ils furent bientôt suivis par d'autres peuplades qui accoururent du fond de leurs forêts pour partager la riche proie qu'on leur abandonnait presque sans défense. Ici au moyen de traités, là par la force des armes, les différentes peuplades germaniques disposèrent du sol, y formèrent des établissements, et bientôt devinrent les véritables maîtres du pays. Ainsi se trouvèrent partout en contact, dans les mœurs, la civilisation avec la barbarie; dans le droit, la loi romaine avec les lois *ripuaire*, *visigothe*, *bourguignone*, *salique*, etc., etc.; dans les institutions politiques, l'esprit d'unité de l'administration romaine avec l'esprit de morcellement, résultant de l'organisation en petites tribus ou bien en hordes guerrières des peuplades franques. Deux sociétés aussi diverses, violemment rapprochées, se désorganisèrent l'une l'autre, et leurs éléments en fermentation produisirent un véritable chaos : en vain Charlemagne, essayant de ressusciter l'empire, s'efforça-t-il de soumettre à l'unité politique et administrative tout le pays qui s'étend depuis l'Ebre jusqu'à l'Elbe; son œuvre était en opposition directe avec l'état moral et les besoins d'une société redevenue barbare, et composée de peuples

entre lesquels une origine, des langues et des lois différentes avaient placé des barrières alors insurmontables.
Sous les successeurs de Charlemagne, l'unité factice s'é-
vanouit ; on vit renaître le système de morcellement et
d'individualité. Les gouverneurs de province, les comtes
et les autres grands fonctionnaires créés par Charlemagne, s'emparèrent du pouvoir dont ils étaient dépositaires, rendirent leurs dignités héréditaires, et aug-
mentèrent ainsi le nombre des petits tyrans, dont la
coalition, complétée vers le dixième siècle, constitua
l'organisation féodale, forme puissante d'une société
nouvelle, premier pas vers la civilisation moderne.

Que la féodalité ait été le résultat d'une conquête ou
la conséquence naturelle des besoins du moment (1), il
faut l'admettre comme un fait qui a eu, sur nos institutions, une influence dont la révolution de 1789 n'a point
fait disparaître toutes les traces. Elle se retrouve encore
au fond de bien des usages ; elle explique bien des ori-
gines, et donne la solution de bien des questions sociales
et politiques; c'est elle qui fut la cause indirecte des

(1) *V.* la *Revue de législation*, où cette dernière opinion
est développée par M. Troplong, t. 1, p. 401.

concessions des chartes de communes, première origine des traités passés entre le peuple et le pouvoir.

La société féodale reposait sur deux principes : le morcellement de la souveraineté entre un nombre considérable de seigneurs suzerains, et la subordination hiérarchique des vassaux envers leurs seigneurs; mais ce dernier principe n'était puissant que dans les rangs inférieurs. L'arrière-vassal était bien plus soumis à son seigneur que le seigneur ne l'était au duc ou au comte dont il relevait, et surtout, que celui-ci ne l'était au Roi. Là où se trouvait plus de force, se trouvait aussi plus d'indépendance et d'insubordination. La conséquence d'une telle organisation devait être l'absence complète de toute garantie pour les faibles, dont les personnes et les biens étaient sans cesse exposés à la violence et à la cupidité de mille petits tyrans, souvent en guerre les uns contre les autres, et toujours disposés à ravager les campagnes qui ne leur appartenaient pas, à rançonner ou à piller les voyageurs. Au milieu d'une telle société, chacun sentait la nécessité de se placer sous la protection d'une force existante, ou mieux encore de se réunir pour résister à l'oppression. Dans les campagnes, l'homme isolé n'avait d'autre ressource que de s'abriter, avec sa famille, sous les tours du château féodal, et de se donner un maître qui avait intérêt à le protéger comme une partie de son domaine. Mais dans les villes se trouvait une population agglomérée, une civilisation plus avancée, de l'industrie et des richesses, tous les éléments enfin de la puissance. Aussitôt que les opprimés connurent leur force, ils l'employèrent à secouer le joug, et alors commença ce grand mouvement qu'on appelle l'*affranchissement des communes.*

Les historiens qui ont eu la prétention de faire de l'histoire une sorte de science exacte se réduisant en théorèmes comme un traité de géométrie, ont attribué l'affranchissement des communes à Louis le Gros, donnant ainsi une date précise et une origine toute locale (1) à des institutions qui n'avaient jamais été complétement anéanties, surtout dans les parties de la France où la civilisation romaine avait jeté de profondes racines. Un homme dont le monde savant déplore la perte récente, M. Raynouard, a démontré (2), avec la plus grande évi-

---

(1) On sait que Louis le Gros n'étendait sa domination que sur une très-petite partie de la France actuelle. *V.* Lettres sur l'Histoire de France, pag. 244.

(2) *Histoire du droit municipal.*

dence, que l'organisation des municipes romains avait subsisté même sous le régime féodal, sauf quelques modifications que le temps ne manque jamais de produire dans ces sortes d'institutions. Les mêmes historiens représentent l'établissement des communes comme le résultat d'un plan conçu par l'autorité royale, et sagement combiné pour renverser le pouvoir féodal. Il semble, à les entendre, que ces institutions *octroyées* par le Roi s'établissaient avec la plus grande facilité. Cependant presque partout l'impulsion première vint du peuple, et trop souvent les résistances qu'on lui opposa occasionnèrent des luttes sanglantes.

C'était une chose grave que l'établissement d'une commune : il y avait d'un côté le sentiment de l'oppression, la révélation des droits naturels indignement méconnus ; de l'autre, une crainte du pouvoir mêlée d'un certain respect pour des souverains jusqu'alors absolus, et la juste appréhension qu'une populace grossière ne profitât d'une lutte avec les seigneurs pour se livrer à tous les excès. Quelquefois les *notables* se réunissaient pour arrêter entre eux les bases du contrat politique qu'ils croyaient utile d'établir ; puis ils formaient, pour le soutien de leurs droits, une *confédération*, dans laquelle ils se liaient les uns aux autres par un serment ; *conjura-bant*, disent les vieilles chroniques. Ils stipulaient la sûreté de leurs personnes, l'inviolabilité de leurs propriétés, la faculté de voter eux-mêmes les subsides et de les employer aux besoins publics ; ils voulaient être jugés et administrés par des magistrats de leur choix, suivant les coutumes locales, et pouvoir repousser la violence par la force des armes. Ces droits, ils ne les proclamaient pas en factieux révoltés ; ils appelaient au contraire les notables, les ecclésiastiques, et le seigneur lui-même, à délibérer avec eux, et à *jurer la commune*. Ils ne les réclamaient pas comme des choses imprescriptibles, dont la violence n'avait pu les dépouiller ; mais ils proposaient de les acheter, et ils offraient au seigneur, pour prix de son adhésion, des sommes considérables, que celui-ci acceptait ordinairement, sauf plus tard à violer ses promesses.

Rien n'est contagieux, pour les peuples, comme l'exemple de la liberté ; dès que les premières communes furent établies, on vit de toutes parts les habitants des villes s'assembler tumultueusement, réclamer aussi pour eux des franchises communales, et les conquérir par la force, quand le pouvoir ne se rendait pas à leurs vœux.

Dans quelques villes, les seigneurs cédèrent au mouvement général d'émancipation et acceptèrent de bonne foi la charte communale ; il y en eut même qui allèrent au devant du désir de la population. Ainsi Baudry, évêque et comte de Noyon en 1098, convoqua, dans une assemblée générale, les chevaliers, les commerçants et les gens de métier, et leur présenta une charte qui constituait les bourgeois en association perpétuelle, sous des magistrats appelés *jurés*, et qui contenait les garanties dont on sentait alors le besoin. Toutes les personnes présentes à l'assemblée prêtèrent serment d'observer la charte, qui reçut plus tard l'approbation de Louis le Gros.

La même chose se passa en 1113 à Amiens, où l'évêque Geoffroy concourut gratuitement, avec les bourgeois, à l'érection d'une commune. Il s'éleva, à cette occasion, entre les gens de la commune et le comte d'Amiens, une lutte de deux années, qui ne fut terminée que par l'intervention de Louis le Gros, dont les bourgeois invoquèrent la protection. D'autres seigneurs ne montrèrent pas la même intelligence des besoins de l'époque et le même respect de leur parole. Gaudry, évêque et comte de Laon, prélat simoniaque et chargé de crimes, après avoir juré la charte communale, l'anéantit

par la violence. Ce manque de foi donna lieu à un soulè-
vement populaire, par suite duquel Gaudry fut assas-
siné, et une partie de la ville pillée et incendiée (1).

La forme de l'affranchissement, qui participa d'abord
à ce qu'il y avait d'irrégulier et de tumultueux dans
l'affranchissement lui-même, se régularisa par la suite.
Les rois, dont la protection était souvent invoquée par
les hommes des communes, comprirent l'avantage qu'ils
pourraient retirer de ces institutions nouvelles, en les
dirigeant contre la puissance exorbitante des seigneurs
féodaux; ils intervinrent, pour donner aux chartes une
sanction qui les mettait à l'abri des envahissements.
Aussi voit-on les chartes communales, consenties d'a-
bord par le seigneur immédiat, confirmées ensuite par
le roi, qui ordinairement, outre la somme d'argent
qu'il recevait pour le fait même de la confirmation, sti-
pulait des redevances annuelles et le service militaire.
On a même des exemples de confirmations royales données à des communes établies par de grands vassaux,
dans des villes sur lesquelles ils exerçaient des droits de

---

(1) *V.* Lettres XV, XVI, XVII et XIX de M. Thierry
sur l'Histoire de France.

souveraineté. Ainsi les rois de France surent habilement profiter d'une impulsion dont la cause leur était étrangère, pour étendre leur pouvoir en diminuant celui de leurs rivaux, de telle sorte que, dès le treizième siècle, Beaumanoir établissait en principe, *qu'en royaume de France nul ne pouvait faire de commune, sinon le roi ou avec le consentement du roi* (1).

Nous avons retracé les faits, occupons-nous maintenant des institutions.

§ II. *Résumé des institutions municipales depuis la conquête des Romains jusqu'à nos jours.*

Voici, d'après les fragments incomplets qui nous restent, quel était le système du droit municipal romain.

Les villes municipes romaines étaient gouvernées par un corps appelé *curie*, dont les membres avaient le titre de *curiales* ou *décurions*.

La curie était composée de ceux que la naissance y appelait comme fils de décurion, et de ceux que les suffrages de la curie y introduisaient.

---

(1) Ord. des rois de France, préf. du tom. XI, p. 28 et 29; Coutumes du Beauvoisis, chap. 5, p. 268.

Pour être nommé *décurion*, il fallait posséder vingt-cinq journaux de terre, et être âgé de vingt-cinq ans. Cette nomination avait lieu à la majorité absolue ; les deux tiers des membres de la curie devaient être présents pour qu'elle fût valable. L'acte d'élection était soumis à la ratification *du préfet.*

Les attributions de la curie étaient de délibérer sur les intérêts communs de la cité, sur l'administration des biens municipaux, sur les ventes et sur les transactions auxquelles elles pouvaient donner lieu ; de présider aux aliénations, quand elles étaient jugées convenables, d'accorder les terrains nécessaires pour les monuments publics, d'établir les foires et les marchés, de nommer les députations qui devaient aller auprès de l'empereur ou des agents de gouverneur, ou bien assister aux assemblées de province, de nommer aux diverses charges municipales et aux nombreux emplois de l'administration.

Les principaux fonctionnaires municipaux, élus par la curie dans la réunion des calendes de mars, et qui ne pouvaient être choisis que dans son sein, étaient :

1° Les *duumvirs*, qui, par leur nombre et leurs attributions, rappelaient les anciens consuls de la république romaine : c'étaient les premiers magistrats de la cité, en même temps que ses représentants; ils exerçaient ses actions, stipulaient et s'obligeaient en son nom; ils restaient ordinairement une année en charge.

2° Les *principaux*, qui formaient le conseil exécutif de la cité; ils étaient chargés de la répartition et de la recette des impôts; ils présidaient à l'administration communale, recueillaient les approvisionnements, avaient l'inspection des routes, des remparts, des bains publics, des théâtres, etc.

3° Les *curateurs* de la cité, qui, sous la juridiction des *principaux*, étaient chargés plus spécialement de quelques-unes des branches de l'administration, telles que l'approvisionnement public, le soin du patrimoine communal, la surveillance des chemins, etc.

Un magistrat était choisi en dehors de la curie, par l'universalité des citoyens dont il était chargé de protéger les intérêts : c'était le *defensor civitatis*. Il devait maintenir la paix et la tranquillité des campagnes, réclamer les esclaves fugitifs, poursuivre et arrêter les brigands et les individus prévenus de crimes, les livrer au préfet de la province, ou les juger lui-même, quand il s'agissait de délits peu importants. Il connaissait aussi des causes pécuniaires, dans de certaines limites. Il devait défendre les citoyens contre les abus de pouvoir des magistrats, et surtout contre les exactions et les concussions. Les rôles d'imposition se faisaient en sa présence, et il contribuait à transmettre, avant l'échéance, à chaque contribuable, l'avis de sa cotisation. Il inspectait les poids et mesures des percepteurs de l'impôt.

« A côté des magistrats municipaux et des ordres de
» la curie, dit M. Raynouard, s'élevait le pouvoir rival
» des agents du gouvernement. Les *préfets* eurent des
» attributions spéciales qui, par rapport aux magistrats
» municipaux, étaient bornées à une surveillance géné-
» rale, à présider quelquefois les assemblées électo-
» rales, et à l'approbation de quelques-uns des choix
» qu'elles faisaient. Une loi nous apprend qu'autrefois
» les villes nommaient les préfets (1). Plus tard, on les
» appela *comtes*, et Charlemagne lui-même appela ses
» comtes du nom de *préfets*. Mais ni les comtes ni les
» préfets, durant l'époque de la domination romaine, ne
» se mêlèrent de l'administration de la cité. Jamais ils
» n'assistèrent aux actes municipaux, qui étaient de la

---

(1) Léon Novel., Const. 47, quod alius.

» seule compétence des magistrats choisis par la curie
» ou par l'universalité des habitants (1). »

Le régime municipal ne fut pas seulement établi dans
la Gaule méridionale, soumise plus tôt et pendant un
temps plus long à la domination romaine; on le retrouve
encore dans les provinces situées au nord de la Loire.
Ainsi des documents historiques prouvent que Bayeux,
Evreux, Rennes, Troyes, Meaux, Saint-Quentin, Paris,
Orléans, ont joui de libertés municipales. Il en fut de
même probablement de toutes les villes importantes qui
existaient alors; et ce qui confirme cette conjecture,
c'est le rapport qui existe entre ces institutions et celles
qui furent consacrées plus tard par les chartes des communes (2).

Malgré l'extrême variété de détails qui règne dans les
chartes des communes, on peut cependant signaler les
points principaux qui se trouvent dans toutes, et indiquer d'une manière générale les différentes parties dont

---

(1) Raynouard, Histoire du droit municipal, tom. 1,
chap. 19.

(2) Raynouard, Histoire du droit municipal, tom. 1, chapitres 9, 10, 13, 14, 15, 16, 17. *V.* les Essais de M. Guizot,
et Roth. *De re municipali romana*, cité par M. Guizot.

elles se composent. A la tête est la formule de l'acte de confédération par lequel les habitants jurent de se secourir mutuellement, et de s'opposer à ce qu'on enlève la moindre chose à l'un d'eux, et à ce qu'on lui fasse payer la taille : *Juraverunt quod... alter alteri secundum opinionem suam auxiliabitur et quod nullatenus patietur quod aliquis alicui aliquid auferat vel talliatum faciat* (1). Le serment était fait par tous les bourgeois, qui s'imposaient des obligations réciproques. Il l'était également par les seigneurs, laïques ou ecclésiastiques, qui promettaient d'observer et de maintenir les priviléges des bourgeois. Venait ensuite la rédaction des coutumes locales, relatives au droit civil et au droit criminel. On sait que, par suite du mélange de diverses nations qui s'établirent dans les Gaules, et du morcellement qui en fut la suite, une multitude d'usages particuliers s'établirent dans ce vaste pays ; que le nombre de ces usages fut encore augmenté par l'anarchie qui précéda le régime féodal. Cette législation, qui ne se composait que de tra-

---

(1) *V.* notamment Charte de Compiègne, Ord. des rois de France, tom. XI, p. 241 ; Charte de Crespy en Valois, tom. XI, p. 308.

ditions, était pleine de vague et d'incertitude, et l'on sentit le besoin, quand on s'organisa en communes, de la formuler par écrit. C'est à cette époque que remonte la première rédaction des coutumes, qui ont, avec le droit romain, donné naissance à notre législation actuelle (1).

L'établissement d'une législation spéciale pour chaque commune nécessitait la création d'une juridiction indépendante. Les chartes déterminaient le nombre, les attributions et les formes de l'élection des différents magistrats municipaux. « On les appelait le plus ordinaire-
» ment *maires*, *échevins* (2) et *jurés* dans les villes de la
» France septentrionale, *syndics* et *consuls* dans la partie
» méridionale. Les droits attachés au premier titre n'a-
» vaient pas la même étendue.... Quoiqu'il fût ordinaire
» dans les chartes des communes de laisser aux bour-
» geois le droit d'élire les officiers municipaux, ce droit
» ne leur était pas toujours attribué sans restriction.

-----

(1) Ord. des rois de France, préf., tom. XI, p. 37 et 38.

(2) Le nom d'échevin vient du latin *scabinus*, qui n'était lui-même qu'une traduction du mot franc *skopene*, juge. — Thierry, Lettres sur l'Histoire de France.

» Ainsi, dans les communes de Rouen et de Falaise, les
» *cent pairs* de la ville avaient seulement le droit de pré-
» senter trois notables au Roi, qui s'était réservé de
» choisir parmi ces trois celui qui devait être maire de
» la ville (1). » Malgré cette extrême variété, on voit
qu'en général l'autorité municipale se composait, dans
les communes comme dans les municipes romains, de
corps délibérants et de magistrats chargés du pouvoir
exécutif et du pouvoir judiciaire. Ainsi la commune, à
peu près indépendante de fait du pouvoir royal ou sei-
gneurial, avec sa législation, sa juridiction, sa milice
bourgeoise, ses murs fortifiés, réalisait assez l'idée que
nous nous formons d'une république.

Ce qui fit donner à l'établissement de la commune le
titre d'*affranchissement*, ce fut la libération d'une foule
de charges et d'exactions de toute nature, et la suppression de droits abusifs, suppression que l'on qualifia bien
mal à propos de *privilége*, puisqu'elle n'était autre chose
que le rétablissement du droit naturel ; ainsi, dans les
chartes de commune accordées aux habitants de Monto-
lieu, en 1312, « le Roi déclare les bourgeois exempts de

---

(1) Ord. des rois de France, préf., tom. XI, p. 37 et 38.

» tous dons gratuits, prêts forcés, corvées d'hommes et
» de bêtes, si ce n'est dans le cas de nécessité d'un sub-
» side général ; il leur laisse la liberté de porter leur do-
» micile où ils voudront, de disposer de leurs biens entre-
» vifs ou par testament, de marier leurs enfants, de
» faire entrer leurs fils dans les ordres ecclésiasti-
» ques (1). »

Les lettres de coutumes accordées, en 1204, aux habitants d'Angély par Philippe-Auguste, les autorisent à
marier à leur gré leurs filles, leurs veuves et leurs jeunes
gens, à avoir la tutelle de leurs enfants et à tester comme
ils voudront. Les priviléges honorifiques des communes étaient, entre autres, d'avoir un hôtel-de-ville,
d'annoncer les assemblées par le son d'une cloche placée
dans une tour que l'on nommait et que l'on nomme encore
*beffroi*, d'avoir un sceau pour sceller les délibérations,
quelquefois même des armoiries.

Quelques restrictions étaient mises aux priviléges des
communes dans l'intérêt des pouvoirs existants ; le dernier article des chartes se termine ordinairement par ces
mots : « Sauf notre droit, celui des évêques, du clergé,

---

(1) Ord. des rois de France, préf., tom. XI, p. 40.

des seigneurs, des nobles, etc. » Mais à ces restrictions générales il s'en joint quelquefois de plus spéciales et de plus positives ; ainsi il était défendu à la commune de Bray de recevoir des hommes de corps du Roi et de ses domaines ; si l'un d'eux y était admis, il était forcé d'en sortir : ces clauses s'étendaient aux hommes des abbayes royales et aux hommes des autres communes. Aucun censitaire des églises et des notables de la ville n'était reçu dans la commune de Laon sans l'aveu du seigneur. Ordinairement cet aveu se présumait lorsque le seigneur ne réclamait pas dans l'espace d'un an et jour (1).

Nous avons déjà vu que l'affranchissement n'était pas ordinairement gratuit ; mais, outre la somme d'argent une fois payée, le Roi ou le seigneur, et quelquefois l'un et l'autre, stipulaient une redevance annuelle qui remplaçait les contributions de diverses natures à la perception desquelles on renonçait dans la charte. Enfin, les communes s'engageaient envers le Roi au service militaire, et il paraît, d'après la charte donnée par Philippe-Auguste à la commune de Crespy en Valois, que cette

---

(1) Ord. des rois de France, préf., t. XI, p. 40.

obligation était générale (1). Toutefois, le mode d'exécution variait beaucoup ; la commune de St-Quentin était
obligée au service d'*ost* et de *chevauchée* toutes les fois
qu'il plaisait au Roi ; celle de Tournay devait fournir trois
cents hommes de pied bien armés, toutes les fois que le
Roi ferait marcher les communes. Outre le service militaire qu'ils devaient au Roi, les habitants de la commune
étaient tenus à la garde de la ville, à l'entretien et aux
réparations des murs, des ponts, des rues (2). La milice
de la commune était ordinairement sous le commandement du maire ou des officiers nommés par le Roi.

A côté des institutions communales proprement dites,
se trouvaient des institutions d'une nature différente et
qui ont cependant été souvent confondues avec elles.
Beaucoup de villes avaient conservé quelques coutumes,
jouissaient de quelques franchises qui paraissaient déri-
vées du droit municipal romain. Ces coutumes et ces
franchises furent consacrées aussi par des chartes éma-

---

(1) Art. 2 de la Coutume de Crespy. *Ut ipsi nobis debent
exercitus et equitationes* sicut aliæ communiæ nostræ. Ord.
des rois de France, tom. XI, p. 305.

(2) Ord. des rois de France, préf., tom. XI, p. 44 et 45.

nées des rois ou des seigneurs ; ceux-ci, soit par bienveillance, soit par des raisons politiques, accordèrent à
d'autres villes des droits analogues, ou bien encore,
créèrent des villes nouvelles dans lesquelles ils s'effor-
cèrent d'attirer des habitants en leur promettant des priviléges et des immunités. Les chartes ainsi concédées
avaient beaucoup de rapport avec les chartes communales
proprement dites ; elles affranchissaient les habitants de
toutes les servitudes féodales, les mettaient à l'abri de
toutes les vexations pécuniaires, leur garantissaient les
droits de tester, de marier leurs filles ou leurs veuves
comme ils voudraient ; statuaient sur les transactions de
la vie civile, sur la punition des crimes et délits ; constituaient, en un mot, un véritable code administratif,
civil et criminel. Mais les villes qui en jouissaient ne
devenaient pas des *communes* dans le sens rigoureux de
ce mot ; leur charte était un *octroi* du pouvoir, et non pas
le résultat d'une convention passée entre le peuple et le
souverain ; elles étaient administrées et la justice était
rendue au nom du Roi ou du seigneur, par des magistrats qu'il nommait et révoquait à son gré ; on les appelait
villes de *prévôté*.

L'ensemble des droits accordés par une charte aux ha-

c

bitants d'une ville portait le nom de *bourgeoisie*, et l'on nommait *bourgeois* ceux qui en jouissaient. Ces expressions, qui dérivent du nom que l'on donnait autrefois aux villes fermées de murs, étaient génériques, et s'appliquaient aussi bien aux villes de commune qu'aux villes de *prévôté*. Ainsi toutes les communes avaient une *bourgeoisie*, mais toutes les *bourgeoisies* ne supposaient pas une *commune* dans le sens rigoureux de ce mot. Le droit de bourgeoisie n'appartenait pas à tous les habitants d'une ville ou de son territoire; les serfs, les criminels, les ennemis du Roi, les lépreux et, dans quelques villes, les bâtards en étaient privés. On était bourgeois par droit de naissance, quand on était né de parents jouissant de ce titre; on pouvait le devenir dans certains cas, en remplissant certaines conditions prescrites par les chartes. Parmi les obligations imposées à ceux qui acquéraient la bourgeoisie, se trouvait celle de résider dans la ville, et souvent d'y construire une maison qui répondait de l'exécution des autres obligations contractées par le nouveau membre de l'association. Cependant il y avait une classe de bourgeois qui n'étaient pas tenus à la résidence, au moins habituelle, et que l'on appelait à cause de cela *bourgeois forains*, ou *bourgeois royaux* quand cette bourgeoisie était concédée par le Roi. Il suffisait qu'un homme libre reconnût le Roi pour seigneur, en se faisant agréger à une bourgeoisie, pour qu'il fût soustrait à la domination féodale. La bourgeoisie se perdait par une condamnation pour crime, par la désobéissance aux ordres de la corporation, ou par le non-accomplissement des obligations qu'elle imposait (1).

Tel fut en résumé l'esprit des institutions municipales considérées dans leur pureté primitive. Mais ces institutions furent bientôt dénaturées par l'autorité royale qui, après s'être appuyée sur les communes pour combattre et vaincre la féodalité, obéissant à cette loi qui porte tous les pouvoirs à s'étendre, tourna ses efforts contre les franchises communales. « Non-seulement, dit M. le » président Henrion de Pansey, elle lui retira son appui, » mais, comme l'architecte qui brise ses échafauds » lorsque l'édifice est construit, elle abolit successive- » ment, et sous les prétextes souvent les plus légers, » toutes les chartes des communes. Telle ville fut privée » de sa charte parce que, disait-on, elle en abusait ; telle » autre parce qu'elle était hors d'état d'en représenter

---

(1) **Ord.** des rois de France , préf. du tom. XII.

» l'original. Chaque jour voyait augmenter leurs charges
» et diminuer leurs priviléges; les choses furent por-
» tées au point qu'en 1374, la commune de Roze solli-
» cita, comme une grâce, la révocation de sa charte, et
» que celle de Villeneuve demanda et obtint la même
» faveur de Charles V.

» A ces mesures partielles on en joignit de générales;
» les officiers municipaux étaient juges des affaires entre
» marchands. En 1563, cette attribution leur fut enlevée
» par l'établissement de juridictions consulaires. En
» 1579, l'ordonnance de Blois leur fit défendre de con-
» naître des affaires criminelles. Les juges royaux les
» dépouillèrent successivement de la justice civile, et
» la vénalité des offices municipaux acheva de les déna-
» turer (1). »

En effet, les ordonnances des rois de France relatives
aux communes présentent une suite d'envahissements
qui tous avaient pour but d'établir l'unité du pouvoir
royal sur les débris des franchises locales; il se trouva
qu'en agissant ainsi, les rois, qui croyaient travailler dans
l'intérêt d'une autorité absolue, préparèrent la grande

---

(1) Du Pouvoir municipal, p. 27 et 28.

unité nationale et l'organisation constitutionnelle de 1789.

Jusqu'ici nous avons vu le droit public français se former lentement au milieu d'influences diverses et à travers tous les osbtacles résultant de la composition hétérogène du royaume. Les véritables principes n'étaient point reconnus par tous ; ils étaient souvent dominés par les faits ; les droits naturels à chaque homme n'étaient accordés à quelques-uns que comme une concession du pouvoir, et trop souvent cette concession n'était pas revêtue de garanties suffisantes. En 1789, la France était mûre pour une organisation systématique. De toutes parts on sentait le besoin des réformes ; les bons esprits se portaient vers l'étude du droit public, en proclamaient les principes et demandaient qu'ils fussent consacrés par une législation positive. Les obstacles, résultant de l'esprit de localité, de corporation ou de caste, disparurent devant les décrets de l'Assemblée nationale (1). Cette assemblée, qui était chargée de former le corps de notre droit public, d'après des principes longtemps méconnus, procéda d'une manière dogmatique

---

(1) *V.* le décret du 11 août 1789.

et par voie de déclaration de droits. Elle posa en principe l'égalité des personnes devant la loi, l'unité législative, judiciaire, administrative et territoriale. Elle s'occupa de distinguer les différents pouvoirs sociaux, de reconnaître leurs attributions, de fixer leurs limites (1).

Le *pouvoir législatif* fut exercé sous la sanction royale par une assemblée composée de représentants élus par le peuple. Le *pouvoir exécutif* fut confié au Roi, assisté de ministres responsables (2). L'*autorité judiciaire* qui, sous l'ancienne monarchie, avait souvent participé, soit directement, soit indirectement, au pouvoir législatif, fut renfermée dans les limites de l'application de la loi civile et criminelle. On lui interdit rigoureusement d'intervenir en rien dans l'administration, portion du gouvernement essentiellement réservée au Roi, et qui ne peut être confiée sans danger qu'à des agents subordonnés et responsables. Enfin l'autorité militaire resta soumise dans son action à l'autorité civile et judiciaire.

---

(1) *Voir* Déclaration des droits en tête de la constitution des 3 et 14 septembre 1791.

(2) Constitution du 3 septembre 1791, tit. 3, art. 3, 4; chap. 4, art. 1, 2, 3, 4.

La France fut divisée en *départements*, *districts*, *cantons et communes*. A la tête de chaque département on plaça une *administration collective*, composée de trente-six personnes, et à la tête de chaque district une assemblée de même nature, composée de douze personnes. Les membres de ces assemblées étaient nommés par les électeurs; ils étaient renouvelés par moitié de deux ans en deux ans. Chaque administration collective se divisait en deux sections; l'une, chargée de la délibération et se réunissant une fois par an, avait le titre de *conseil*; l'autre, chargée de l'administration active, était en permanence et avait le titre de *directoire*. Un *procureur-général-syndic* auprès de chaque département, et un *procureur-syndic* auprès de chaque district, étaient nommés pour quatre années en même temps que les membres de l'assemblée administrative et par les mêmes électeurs. Ces fonctionnaires étaient chargés de la suite de toutes les affaires, et devaient être entendus sur toutes les matières mises en délibération (1). La loi du 15 mars 1791 donna au Roi le droit d'annuler les actes des administrations de département contraires aux lois et aux ordres

---

(1) L. du 22 décembre 1789, sect. 2.

qui leur avaient été adressés, celui de suspendre les administrateurs de leurs fonctions dans le cas d'une désobéissance persévérante, et s'ils compromettaient, par leurs actes, la sûreté et la tranquillité publiques. Les administrations de département eurent le même droit, relativement aux actes et aux membres des administrations de district, à la charge par elles d'en instruire le Roi, qui pouvait lever ou confirmer la suspension. Le Roi pouvait aussi prononcer directement la suspension des membres des administrations de district et l'annulation de leurs actes ; mais à la charge d'en instruire le pouvoir législatif, qui avait le droit de lever ou de confirmer la suspension et de dissoudre l'administration (1).

L'organisation municipale avait précédé de quelques jours l'organisation départementale, avec laquelle elle présentait la plus grande analogie. Dans chaque commune était un *corps municipal électif*, composé d'un *maire* et de deux ou de plusieurs autres membres, suivant la force de la population (le maximum était vingt). Des *notables* nommés par les mêmes électeurs, et en nombre

---

(1) Loi du 15 mars 1791, art. 33 et suiv. — Const. du 3 septembre 1791, tit. 3, chap. 4, sect. 2, art. 5, 6, 7, 8.

double de celui des membres du corps municipal, composaient le *conseil général* de la commune. Le *corps municipal*, dans les communes où il comptait plus de trois membres, se subdivisait de telle sorte qu'un tiers de ses membres formait un bureau chargé de tous les soins d'exécution ; le conseil municipal, composé des deux autres tiers, se réunissait une fois par mois pour arrêter les comptes du bureau, et, ce compte rendu, pour délibérer avec l'autre tiers chargé de l'administration active, sur toutes les affaires ordinaires de la commune. Le *conseil général* n'était convoqué que pour les affaires importantes déterminées par la loi. Un procureur de la *commune*, assisté d'un *substitut*, dans les villes dont la population excédait 100,000 âmes, l'un et l'autre nommés par les électeurs, étaient chargés de défendre les intérêts et de poursuivre les affaires de la commune (1). Cette loi distingua dans les corps municipaux les fonctions propres au *pouvoir municipal* de celles dépendantes de l'administration générale de l'État que l'on déléguait aux municipalités ; pour tout ce qui concernait les dernières, elle subordonna les corps municipaux aux administra-

---

(1) Loi du 14 décembre 1789, art. 1 à 54.

tions de département et de district; quant aux autres, elle exigea que les délibérations du corps municipal fussent approuvées par l'administration du directoire de département, dans tous les cas où l'importance des affaires nécessiterait le concours du conseil général de la commune (1).

Cette organisation fut successivement modifiée par la constitution du 23 juin 1793; par les décrets du 4 vendémiaire et du 14 frimaire an II qui organisèrent le gouvernement révolutionnaire; par la constitution du 5 frimaire an III qui établit le gouvernement du Directoire. Cette constitution détruisait l'individualité des petites communes, en n'établissant qu'une administration municipale dans la plupart des cantons. Vint enfin la loi du 28 pluviôse an VIII, qui donna au gouvernement le droit de nommer des préfets, sous-préfets, maires et adjoints, et tous les membres des conseils de département, d'arrondissement et de commune. Cette loi a régi la France jusqu'à 1831, et n'est pas encore complétement abrogée aujourd'hui.

---

(1) Loi du 14 décembre 1789, art. 49, 50, 55, 56.

## § III. *Rôle du droit municipal dans l'état actuel du droit public.*

Après cet exposé rapide des faits et des institutions, il faut jeter un coup d'œil en arrière pour profiter des enseignements de l'histoire, et connaître l'esprit de la législation actuelle, en voyant d'où elle vient et où elle va. Rappelons-nous que le but d'un bon gouvernement doit être d'assurer à tous les membres d'une société le libre exercice de leurs droits : or, comme les obstacles qui s'opposent à la jouissance de ces droits varient suivant les temps et suivant les lieux, la forme du gouvernement destiné à les surmonter doit varier également; il faut donc, lorsqu'on étudie l'histoire des institutions, chercher quels étaient les principes et les nécessités qui dominaient chaque époque, afin de distinguer ce qui peut être utilement appliqué à l'état actuel de la société, de ce qui était la conséquence d'un état de choses qui n'existe plus. On doit aussi s'efforcer de connaître les causes de ruine que ces institutions portaient dans leur sein, afin d'en préserver les institutions nouvelles.

Ce que nous connaissons du droit public romain nous présente les villes *municipes* comme autant de sociétés distinctes, s'administrant elles-mêmes sous l'autorité du pouvoir impérial, au moyen de magistrats tirés de leur propre sein par l'élection; mais elles manquaient de garanties contre le pouvoir, qui se servit de leurs institutions comme d'un instrument de fiscalité. De là cette législation tyrannique qui transforma les charges publiques en autant de servitudes, dévoua les membres de la curie avec leurs enfants et leurs biens à l'accomplissement des obligations les plus onéreuses, leur défendant d'abdiquer un titre qui ne leur apportait plus que des charges. De là cette législation presque aussi sévère pour les décurions qui fuyaient les dangereux honneurs de la curie, que pour les esclaves qui étaient échappés à la tyrannie de leurs maîtres. De là, enfin, l'extrême facilité avec laquelle les hordes de la Germanie s'établirent au milieu de populations épuisées qui ne présentaient plus que le fantôme de l'empire (1).

Lorsque, dans le moyen-âge, les libertés municipales reparurent sur la scène historique, elles avaient partout à lutter contre la tyrannie féodale. C'était par une sorte d'insurrection que les communes étaient constituées;

_____

(1) *V*. le premier Essai de M. Guizot.

c'était par la résistance à la tyrannie qu'elles conti-
nuaient à vivre ; car, toujours exposées, il fallait qu'elles
luttassent toujours ; de là, cet esprit d'hostilité contre
un pouvoir menaçant. Les institutions communales
comprenaient alors tout le droit public et privé de cette
partie de la population qui vivait en dehors de la féodalité et qui était traitée par elle en peuple conquis : de
là, ce mélange, dans les chartes, de lois de droit public
et de lois de droit privé, de dispositions qui gouver-
naient la ville et d'institutions qui réglaient la famille ;
de là aussi, cette confusion de l'autorité judiciaire et
de l'autorité administrative. Comme il n'y avait point
d'unité de pouvoir en France, les communes vivaient
dans une indépendance de fait, sinon de droit ; comme
autour d'elles tout était priviléges, c'était à titre de priviléges qu'elles organisaient la liberté.

L'autorité royale, lorsqu'elle eut acquis assez de puissance, s'efforça de ruiner à la fois et la féodalité et les
libertés communales. Après s'être servie des communes
contre les grands vassaux, elle pénétra dans toutes les
institutions municipales, les affaiblit, les dénatura à
son profit. Par l'établissement des armées permanentes,
par la création de grands corps judiciaires qui rendaient

la justice au nom du Roi, par la nomination des gouverneurs et intendants, elle réduisit toutes ces petites
républiques à une position analogue à celle des villes de
*prévôté* qui jouissaient, sous l'autorité de magistrats
royaux, de quelques droits consignés dans des chartes
que le pouvoir royal pouvait réformer; et l'on vit ces
fières communes réduites à demander aux parlements
l'exécution des chartes qu'elles avaient autrefois obte-
nues par la force. A la fin du dernier siècle, ce qui restait des anciennes institutions n'était plus que des
conséquences de principes désormais oubliés; des garanties qui n'avaient plus d'objet; des priviléges qui
étaient maintenus par un étroit esprit de localité; c'était
une énigme sans nom, un véritable chaos judiciaire et
administratif au-dessus duquel planait l'esprit de civilisation qui en fit sortir, en 1789, une organisation
rationnelle.

L'Assemblée constituante a jeté les bases d'un vaste
système qui, en renfermant toutes les anciennes libertés,
leur a donné les garanties qu'elles n'avaient pas autrefois; elle a fait le droit de tous de ce qui n'était avant
qu'un privilége. La charte des franchises n'appartient
plus à une ville, à une commune, mais à la France tout

entière. De là, la suppression de toutes les législations spéciales utiles autrefois, et qui n'auraient plus de but aujourd'hui, et avec elles, de l'esprit de localité qui doit céder, à l'avenir, devant l'intérêt général. L'autorité est *une* en France comme la législation. Aucune partie du territoire ne peut se soustraire à l'application de la loi, qui est aujourd'hui l'expression de la volonté générale. Les droits sont partout les mêmes, les charges sont partout semblables.

Mais tout en reconnaissant et en proclamant les véritables principes, l'Assemblée constituante n'en fit point sur-le-champ une saine application ; les hommes qui la composaient, préoccupés des idées dominantes à cette époque, accordèrent trop à la démocratie et pas assez à l'autorité royale. Les administrations collectives de la loi du 22 *décembre* 1789, parfaitement organisées pour la *délibération*, l'étaient mal pour l'*action* ; il faut, en effet, pour former un bon administrateur, des études préliminaires, beaucoup de pratique des affaires, la connaissance des hommes. Ces rares qualités ne pouvaient se rencontrer habituellement chez les membres des *directoires*, et le peu de temps pendant lequel ils restaient en fonction ne leur permettait pas de les acquérir. Une administration collective doit toujours être entravée par les différences d'opinion qui existent entre ses membres ; on discute là où il faudrait agir. Les modifications périodiques dans le personnel, prescrites par la loi, devaient substituer des systèmes divers à l'esprit d'unité et de suite nécessaire pour arriver à de bons résultats. Enfin, des assemblées sont beaucoup moins dociles aux ordres supérieurs que des individus ; elles se laissent facilement entraîner par l'esprit de corps à une résistance tout-à-fait nuisible au but de l'administration. En vain, pour éviter ces inconvénients, avait-on créé des *procureurs-généraux* et des *procureurs-syndics* ; ces magistrats, dont l'autorité se bornait à requérir, n'avaient point assez d'action ; d'ailleurs, ils étaient aussi nommés par les électeurs, et seulement pour un temps limité, de telle sorte qu'ils ne faisaient qu'ajouter une complication de plus aux rouages de l'administration, sans remédier au mal.

L'Assemblée constituante, en posant les principes, avait accompli sa mission ; c'était aux assemblées qui devaient lui succéder, à faire les applications de détail, à corriger les fautes que l'expérience ne manquerait pas de signaler. Il ne faut point chercher de progrès dans cette époque de triste souvenir, pendant laquelle une assemblée, soumise au plus dur et au plus honteux des esclavages, celui de la peur, renvoyait au pays la terreur qui la dominait. L'excès du mal en amena le remède ; ce fut à la suite de la démagogie la plus effrénée que l'on comprit la nécessité de fortifier le pouvoir, et c'est à la Convention nationale, libre du joug et débarrassée des hommes de la Montagne, que l'on doit l'établissement, auprès de chaque administration collective, d'un agent du pouvoir exécutif que lui seul avait droit de nommer et de révoquer (1).

Les nations, non plus que les hommes, ne savent pas résister à l'entraînement des passions ; ce n'est qu'après de longs malheurs qu'elles comprennent enfin le danger des théories absolues, et qu'après avoir été jetées de la démagogie dans la tyrannie, qu'elles essaient de combiner dans de justes proportions le pouvoir avec la liberté. Le gouvernement du *Directoire*, fondé par la constitution du 5 frimaire an III, acheva de dégoûter de la pluralité des gouvernants, et ne fut qu'une transition

---

(1) Constitution du 5 frimaire an III, art. 101.

*d*

au système despotique de l'Empire. Le gouvernement impérial, fondé sur le principe absolu de l'unité, organisa l'administration à son image. Non-seulement les fonctionnaires actifs furent au choix du gouvernement, mais ceux-là mêmes qui composaient les conseils placés auprès des administrateurs, pour contrôler leurs dépenses, les guider de leurs avis, leur faire connaître les besoins de la localité, reçurent aussi leur mission du pouvoir, de telle sorte que les intérêts du département et de la commune n'avaient pas d'organes véritables et avoués par le pays.

Il nous semble facile maintenant de déterminer le but et les bases du droit municipal actuel. Les droits naturels et politiques étant garantis par la Charte constitutionnelle, les institutions municipales n'ont plus pour objet ni de les conquérir ni de les conserver. Tout ce qui tient au droit civil et au droit criminel étant réglé par des lois dont l'application est générale, est également étranger au droit communal. Les pouvoirs étant aujourd'hui distincts et séparés, les magistrats municipaux ne doivent plus cumuler l'autorité judiciaire et l'autorité administrative. L'unité du pouvoir exécutif étant une des nécessités de notre époque, et une des bases de notre constitution, ce pouvoir ne doit rencontrer aucune résistance sur aucun point du territoire.

La commune doit être aujourd'hui considérée sous deux points de vue, ou par rapport à l'administration générale du royaume, ou en elle-même et comme formant une société qui peut avoir des intérêts qui lui soient propres. Sous le premier point de vue, la commune n'est qu'une circonscription administrative, et les autorités placées à sa tête sont des agents de l'administration générale en contact avec les administrés, chargés de leur faire l'application immédiate des lois de droit public, soit qu'il s'agisse de la jouissance des droits ou de l'accomplissement des obligations politiques, de l'exécution des lois de police ou d'utilité générale. Ce sont aussi des organes d'information qui transmettent à l'autorité supérieure tous les renseignements dont elle a besoin pour préparer les lois et les grandes mesures d'intérêt général; sous ce rapport, les agents municipaux sont essentiellement subordonnés aux autorités supérieures dont ils ne sont que les organes.

Sous le second point de vue, la commune forme une société qui a des intérêts à elle propres; mais ces intérêts, beaucoup moins étendus qu'autrefois, se bornent,

sous le rapport du droit public , à quelques points de
police locale , qui ne sont pas de nature à être réglés
d'une manière uniforme par tout le royaume. L'autorité
municipale peut agir, pour le règlement de ces divers
points , dans de certaines limites fixées par la loi. Elle a
même le droit de prendre, sans être provoquée par l'autorité supérieure , des arrêtés obligatoires pour les simples citoyens : c'est là ce qui lui reste de plus important
de ses anciennes attributions. Mais comme il serait possible qu'elle sortît des limites légales, et comme, d'un
autre côté, toutes les mesures, bien qu'elles puissent
varier pour chaque commune, doivent cependant être
en harmonie avec les principes du droit public et avec
l'administration générale , les arrêtés de l'autorité municipale doivent être soumis au contrôle et à la réformation de l'autorité supérieure.

Ce qui constitue principalement aujourd'hui l'individualité de la commune , c'est l'administration écono-
mique de ses biens. ·La commune, en effet, a des
biens et des charges ; elle forme, aux yeux de la loi ,
une personne morale, susceptible de la plupart des
actes de la vie civile ; elle peut acquérir ou aliéner , com-
paraître en justice, soit en demandant, soit en défen-

dant ; mais ici encore, elle ne doit pas jouir d'une liberté complète, car la bonne administration de son patrimoine est un des éléments de la prospérité générale : si on laissait aux communes le droit de disposer comme elles l'entendraient de leurs biens , il arriverait trop souvent qu'elles feraient des dépenses inutiles , des entreprises ruineuses ; il viendrait un moment où elles ne pourraient plus supporter les charges locales qui leur sont imposées , ni concourir , pour leur quote-part, à l'exécution de ces mesures qui participent à la fois et de l'intérêt général et de l'intérêt communal. L'administration des communes , ayant une grande influence sur le bien-être général , doit donc être dirigée avec un esprit de sagesse et d'ensemble que l'on ne trouverait pas toujours dans les administrations exposées à l'influence des petites passions de localité ; d'après un plan général , qui ne pourrait être compris de volontés individuelles , et dans un esprit de suite qu'il serait impossible d'obtenir d'administrateurs temporaires , qui se succèdent assez rapidement au pouvoir. C'est donc avec raison que l'on assimile les communes à des mineurs , en ce sens que tous les actes qui peuvent avoir de l'influence sur leur fortune ne peuvent être exécutés qu'avec l'autorisation de l'administration supérieure, qui, placée dans une sphère plus élevée, dégagée de tout esprit de parti et de tout amour-propre, entourée de plus de lumières, éclairée d'ailleurs par plus d'expérience, réunit toutes les conditions requises pour donner une bonne direction à l'administration des patrimoines communaux.

L'expérience a signalé les obstacles que mettent à la célérité et à l'unité de l'action administrative les assemblées composées de plusieurs personnes, animées trop souvent d'esprits différents. Il faut donc distinguer la délibération de l'action. Délibérer est le propre de plusieurs; agir est le fait d'un seul. Tel est le principe dont l'application a lieu à tous les degrés de la hiérarchie administrative. Dans la commune, c'est le corps municipal qui délibère; c'est le maire qui exécute. Et comme il serait aussi contraire aux intérêts du pays que ses représentants fussent nommés par le gouvernement, qu'il le serait aux intérêts, bien entendu, du pouvoir, que le magistrat qui doit exécuter ses ordres fût complétement hors de sa dépendance, les membres du conseil municipal sont le fruit de l'élection, et le maire est choisi dans son sein par l'autorité dont il est l'organe.

Tels sont les principes qui, dans l'état actuel de la

société, nous semblent devoir servir de base à une bonne
législation communale; mais ceux mêmes qui les admet-
tent ne sont pas toujours d'accord sur leur application ;
cette dissidence d'opinion résulte de l'antagonisme des
deux éléments que notre constitution tend à rapprocher.
L'esprit d'individualité qui a donné naissance aux communes, et qui a été consacré par une longue possession ,
est en lutte habituelle avec le système d'unité du pouvoir
sur lequel repose notre nouveau droit public ; de là, des
difficultés continuelles sur les droits de l'un et sur les
effets de l'autre, et, suivant que l'on est préoccupé de
l'intérêt communal ou de l'intérêt général, la solution
est différente. Tout le monde reconnaît bien que la police
générale est confiée au Roi, qui l'exerce par ses ministres
responsables ; mais jusqu'où s'étend la police générale ?
où commence la police municipale? La ligne de démarcation est difficile à tracer. On admet bien que les communes ne peuvent être abandonnées à elles-mêmes ; mais
quelle latitude leur laissera-t-on dans l'administration
de leurs propres biens ? Entre une liberté absolue et une
centralisation excessive, l'intervalle est grand. Où pla-
cera-t-on la limite? Ce sont là des questions délicates ,
et pour la solution desquelles il faut se défier des théo-

ries, presque toujours trompeuses quand elles ne sont pas éclairées par la connaissance des faits. C'est à la loi positive qu'il appartient de régler ces détails, en prenant en considération l'état de la société à laquelle elle s'applique. C'est à elle qu'il appartient aussi de suivre les progrès de la civilisation, en étendant avec eux le cercle des attributions municipales ; mais cette extension d'attribution devra toujours s'arrêter devant le principe de l'unité administrative ; vouloir aller au-delà, vouloir créer des communes indépendantes, vouloir *affranchir les communes*, comme on le dit fort mal à propos en rappelant une expression du moyen-âge qui ne peut recevoir d'application aujourd'hui, ce serait rétrograder vers des temps malheureux et abandonner l'une des plus importantes conquêtes de l'Assemblée nationale (1).

E.-V. FOUCART.

---

(1) Nous rappelons qu'il n'est question dans cet ouvrage que du pouvoir municipal ; ce qui concerne la nature, l'administration et le régime des propriétés communales forme un traité séparé qui a pour titre : *Des biens communaux et de la police rurale et forestière.*

# DU
# POUVOIR MUNICIPAL

ET

## DE LA POLICE DES COMMUNES.

## LIVRE PREMIER.

DU POUVOIR MUNICIPAL, DE SA NATURE, ET DES
FONCTIONS QUI LUI SONT PROPRES.

### CHAPITRE PREMIER.

Que l'édifice social repose sur les municipalités.

Au-dessous des pouvoirs législatif, exécutif et
judiciaire, il en est un quatrième qui, tout à la
fois public et privé, réunit l'autorité du magistrat
à celle du père de famille : c'est le pouvoir municipal.

Quoique au-dessous des trois autres, ce pouvoir
est cependant le plus ancien de tous. C'est en effet
le premier dont le besoin se soit fait sentir ; il n'y
a pas de bourgade qui, à l'instant même de sa formation, n'ait reconnu la nécessité d'une administration intérieure et d'une police locale. Cette

1

administration, cette police, exigeaient de l'action et de la surveillance, et les hommes réputés les plus sages en furent chargés. Ces régulateurs, choisis d'abord parmi ceux dont l'âge garantissait la sagesse, ont été successivement connus sous les dénominations d'anciens, de gérontes, d'édiles, de duumvirs, de consuls, d'échevins, de maires, et d'officiers municipaux.

C'est sur cette première assise que les législateurs des nations ont élevé l'édifice social. Cet édifice fut porté à sa hauteur, lorsque plusieurs bourgades s'étant réunies pour former un corps de nation, au-dessus des municipalités particulières fut érigée une municipalité générale, à laquelle on donna le nom de gouvernement.

La réunion de ces petites peuplades en un seul faisceau les plaça dans une position tout-à-fait nouvelle. Chacune d'elles exista tout à la fois comme famille particulière, et comme fraction d'une famille plus considérable : et, sous ce double rapport, elles furent subordonnées à deux régimes bien distincts, la loi municipale et la loi politique.

Le régime municipal était sorti comme de lui-même des mœurs, des habitudes, et surtout des besoins des habitants.

L'organisation générale exigeait beaucoup plus

de combinaisons. Il fallait former un tout régulier d'éléments divers et quelquefois discordants ; il fallait régler les relations des différentes municipalités entre elles, et leurs rapports avec l'autorité supérieure ; en un mot, il fallait constituer un gouvernement, lui donner une forme et des chefs ; et le grand art d'organiser les sociétés était encore dans la première enfance. Cependant le problème fut résolu, et d'une manière très-simple.

Les chefs, c'est-à-dire les officiers municipaux des diverses tribus, se réunissent en conseil national. Là, chacun d'eux expose le mode établi dans sa commune, et le régime municipal le plus généralement adopté devient le type du nouveau gouvernement.

Ainsi, lorsque dans la majeure partie des communes, l'administration était concentrée dans la main d'un seul, le gouvernement fut monarchique. La démocratie prévalut lorsque, dans la généralité des bourgades, le pouvoir était disséminé entre tous les individus qui l'exerçaient collectivement et dans des assemblées générales. Le régime aristocratique s'établit dans les contrées où le plus grand nombre des communes était soumis à des conseils composés des plus notables habitants.

De cette manière se sont formées les trois espèces de gouvernements auxquels les publicistes sont

convenus de donner la dénomination de gouvernements simples ; du moins, c'est ainsi que l'on
peut concevoir que les choses se sont passées dans
les pays où la force n'a pas imposé la loi.

De ces notions, si elles sont exactes, il résulte
que le régime municipal n'a été ni organisé par des
publicistes, ni imposé, comme presque toutes les
institutions du moyen-âge, par l'ignorance armée ;
mais que cet arbre antique est une production du
sol qu'il couvre de ses rameaux, et que c'est spon-
tanément, et poussés par le désir de leur conservation, que les hommes se sont réunis sous son
ombre tutélaire.

On voit encore que le pouvoir municipal, établi
par tous, et dans l'intérêt de tous, est l'ouvrage de
ceux-là même auxquels il commande ; et que, par
conséquent, se refuser à ce qu'il prescrit, ce serait
se nuire à soi-même, et que faire ce qu'il ordonne,
c'est obéir à sa propre volonté.

On ne peut guère en douter, c'est à cette institution, à cette espèce d'organisation, que nous
devons les grands exemples de vertu, de courage
et de patriotisme, que les peuples anciens nous
ont laissés. Précieux héritage, magnifique succession que les nations modernes semblaient avoir
répudiée, mais dont elles commencent à sentir le
prix !

Il n'entre pas dans le plan de cet ouvrage d'exposer comment, après un laps de temps plus ou moins long, les monarchies ont dégénéré en despotisme, les aristocraties en oligarchies, les démocraties en turbulentes ochlocraties.

Je dirai seulement que les gouvernements simples, tous bons en eux-mêmes, ont chacun un corrélatif vicieux dans lequel ils tombent nécessairement, par le développement insensible, mais inévitable, des germes d'altération inhérents à leur nature.

C'est ainsi que les monarchies les mieux constituées finissent par se perdre dans le despotisme.

Rien de plus simple que l'organisation d'un gouvernement despotique. Un homme veut, et les autres obéissent. Il n'y a point de pouvoir municipal, parce qu'il n'y a dans l'état qu'un seul pouvoir. Si dans les communes, des hommes croient en être les officiers municipaux, ils se trompent; ils ne sont que les agents passifs de la volonté du maître.

Mais dans nos mœurs actuelles le despotisme, comme les orages, n'est plus qu'un fléau passager. L'opinion est plus forte que lui, elle le tue, et en tombant il fait place à un gouvernement régulier.

Alors commence pour la nation une nouvelle

ère, et ses destinées dépendent de celui qui va travailler au grand œuvre de sa régénération.

S'il est digne de cette haute mission, avant de se fixer sur le choix d'un nouveau gouvernement, il recherchera la cause qui a ruiné l'ancien ; s'il la voit dans son défaut d'harmonie avec les lumières du siècle, et qu'après avoir interrogé l'opinion, il reconnaisse que le gouvernement représentatif est le plus conforme à l'état actuel de la civilisation, il l'adoptera franchement, et toutes ses conséquences.

Avec de la bonne foi, ces conséquences ne lui échapperont pas. La plus légère réflexion lui fera sentir que le principe vital du gouvernement représentatif est que tous les intérêts, ceux des communes et des départements, comme ceux de la nation elle-même, soient représentés.

Supposons donc une organisation dans laquelle les intérêts généraux seraient seuls représentés, dans laquelle l'administration secondaire serait exclusivement confiée aux agents du pouvoir, à des hommes presque partout également étrangers aux individus et aux affaires des communes ; n'est-il pas évident que, dans un pareil état de choses, au lieu d'un gouvernement représentatif que l'on croirait avoir, on n'aurait, dans la réalité, qu'un assemblage bizarre d'institutions disparates, qu'un système incohérent qui, comme tous les édifices qui portent à faux, n'aurait aucune espèce de solidité?

Au contraire, avec des élections périodiques aux fonctions municipales et aux conseils généraux de département, tous les droits ont des garanties, tous les citoyens des défenseurs; et à l'époque des réunions pour le choix des députés, comme les notables de chaque canton auront successivement parcouru tous les degrés de la hiérarchie administrative, les électeurs auront des données sûres, et les élus les connaissances nécessaires. Ils auront tous, ce qui vaut encore mieux que des connaissances, un vif attachement pour la constitution de leur pays. Ils l'aimeront parce qu'ils la connaîtront.

Mais si le gouvernement, qui ne peut pas tout voir, voulait cependant tout faire; s'il professait hautement que la chose publique ne peut être utilement servie que par des hommes de son choix, les citoyens, déshérités de sa confiance, lui refuseraient la leur; les vanités s'irriteraient, et personne ne s'attacherait à un ordre de choses auquel il serait constamment étranger.

Dans un pareil état de choses, il n'y aurait jamais d'esprit public, parce qu'il n'y aurait jamais d'esprit de famille. Ce qui serait encore plus déplorable, il s'établirait une lutte continuelle entre les libertés garanties par le pacte fondamental et le régime administratif. Quelle serait l'issue de cette lutte ? Le doute seul fait reculer d'effroi.

## CHAPITRE II.

Qu'il ne suffit pas de constituer le gouvernement ; qu'il est également nécessaire d'organiser la société. Que de cette organisation dépend la bonne ou mauvaise composition des corps municipaux.

Toutes les fois que les hommes se réunissent en société, à l'instant, et par la seule force des choses, il s'élève au milieu d'eux une puissance régulatrice. On l'appelle monarchique, si elle se concentre dans la main d'un seul ; et les ministres, auxquels le monarque en délègue l'exercice, forment le gouvernement.

En dehors du gouvernement est la nation, qui est aussi une puissance, puisqu'elle renferme toutes les forces matérielles de la société.

Ainsi, dans chaque état, deux puissances distinctes : l'une plus morale que matérielle, mais qui reçoit une grande force de sa concentration, constitue le pouvoir politique ; l'autre, qui se compose des forces matérielles disséminées dans toutes les parties de la société, constitue le pouvoir social, ou, ce qui est la même chose, la démocratie.

Quoique l'une de ces deux forces soit essentiellement subordonnée à l'autre, cependant tôt ou tard leur choc inévitable courberait la nation sous le joug du despotisme, ou la précipiterait dans les abîmes de l'anarchie, s'il n'y avait pas un moyen d'empêcher leur contact immédiat.

Ce moyen existe, et il est bien connu ; il consiste à placer entre le gouvernement et la nation un troisième pouvoir qui, n'étant ni monarchique ni démocratique, les contienne l'un et l'autre, et s'oppose également aux entreprises.de la couronne et aux excès de la démocratie.

En France, ce pouvoir intermédiaire, sorti avec la féodalité du berceau de la monarchie, s'était établi de lui-même, sans le concours de l'autorité publique, et par la seule force des institutions féodales.

Sous le régime de ces institutions, les hommes et les terres se partageaient en deux classes. Dans la première se plaçaient les terres décorées des attributs de la féodalité, et les hommes qui les possédaient, auxquels on donnait la qualification de seigneurs de fiefs ; la seconde classe se composait des terres non féodales, que, par cette raison, on appelait roturières.

La loi des fiefs supposait que, dans l'origine, toutes ces terres avaient appartenu aux seigneurs qui avaient eu la générosité d'en faire l'abandon aux auteurs des possesseurs actuels, sous la seule réserve de certaines servitudes plus ou moins onéreuses, en signe de supériorité.

A cette supériorité se joignait celle que donne le droit de justice, droit qui, originairement attaché à tous les fiefs, conférait à leurs possesseurs la partie la plus éminente de la puissance publique; de manière que les hommes de chaque seigneurie étaient tout à la fois les vassaux et les justiciables du seigneur, et même en quelque sorte ses sujets, puisque dans plusieurs circonstances il pouvait leur imposer des tributs, et les obliger à prendre les armes et à marcher sous sa bannière.

Lorsque, d'amovibles qu'ils étaient dans l'origine, les fiefs devinrent héréditaires, les familles qui s'en trouvèrent investies, distinguées par tant et de si hautes prérogatives, formèrent dans l'état une classe privilégiée, que l'on appela la caste nobiliaire ou l'ordre de la noblesse.

La France aurait eu dès lors un gouvernement régulier, si les seigneurs de fiefs avaient compris que, placés entre la couronne et la nation, ils devaient être alternativement le frein et l'appui de l'une et de l'autre. Mais cette belle conception n'entra pas dans leurs esprits , et, pendant des siècles entiers , la puissance féodale , hostile envers le prince comme envers le peuple , fut pour tous un instrument d'oppression et un objet d'effroi.

Enfin , l'autorité royale prévalut. Deux hommes qui possédaient éminemment la science du pouvoir , Louis XI et le cardinal de Richelieu , rattachèrent à la couronne presque toutes les prérogatives que l'usurpation lui avait fait perdre , et forcèrent tous les seigneurs de fiefs à courber un front humilié sous le sceptre des rois.

La puissance féodale , ainsi refoulée dans ses anciennes limites , conservait néanmoins assez de forces pour servir efficacement la couronne ; mais ces forces causant encore de l'ombrage , une politique étroite et timide ne tarda pas à les annuler entièrement. Cette première faute fut suivie de deux autres également capitales. La monarchie était encore limitée par les états-généraux : on les laissa tomber en désuétude. Restaient les parlements ; comme ils n'avaient qu'une force morale , on se joua d'eux.

Ainsi disparurent successivement tous les corps intermédiaires. Sur leurs débris s'éleva le pouvoir absolu : l'autorité royale fut alors sans limite, mais elle fut sans appui.

Cependant les symptômes d'une révolution prochaine frappaient les regards les moins attentifs. Des hommes, qui se proclamaient les vengeurs de la raison outragée, évoquaient à leur tribunal tous les dogmes religieux et politiques. Ces antiques barrières, devant lesquelles les esprits avaient reculé si longtemps, étaient partout ébranlées. Le besoin d'un nouvel ordre de choses travaillait la nation, et tout annonçait que les éléments sociaux ne tarderaient pas à se déplacer et à se confondre. De toutes parts s'élevaient des notabilités nouvelles, des hommes extraordinaires sortaient des rangs les plus obscurs ; les progrès du commerce et les prodiges des arts répandaient sur les classes industrielles un éclat inconnu jusqu'alors ; et le troisième ordre de l'état, que la hiérarchie sociale plaçait au-dessous des deux autres, devenu leur supérieur en richesses, et au moins leur égal en lumières, s'indignait de sa position.

Ces germes de division éclatèrent enfin. La noblesse disparut, et sa chute fut immédiatement suivie de celle du trône.

Après s'être longtemps débattue dans les convulsions de l'anarchie, la nation se crut encore heureuse de pouvoir se reposer sous un gouvernement militaire.

Le beau jour de la restauration se lève enfin sur la France. Le Roi est rendu à nos vœux ; et le premier usage qu'il fait de son autorité, c'est de lui assigner des limites. Le temps avait brisé les anciennes. D'ailleurs empreintes de l'ignorance et de la barbarie du moyen-âge, elles ne se trouvaient plus en harmonie avec l'état actuel de la civilisation. Il fallait donc à la France une constitution nouvelle. L'auguste auteur de la Charte nous a donné celle qui, formée des trois gouvernements simples, le monarchique, l'aristocratique, et le démocratique, réunit les avantages propres à chacun d'eux : constitution admirable, que les publicistes regardent comme la plus sublime des combinaisons, comme le dernier effort de l'esprit humain. Dans ce bel ordre de choses, deux Chambres exercent la puissance législative, concurremment avec le Roi. L'aristocratie se concentre dans la première. Hors de là tout est démocratie, parce que tout est sous le niveau de l'égalité constitutionnelle ; et cette démocratie est représentée par la seconde Chambre.

Mais, quelque parfaite que soit cette organisation de la puissance législative, le grand œuvre de la régénération politique n'est pas encore à beaucoup près accompli ; il reste à environner la Charte d'institutions qui, puisées dans sa nature, et ne faisant avec elle qu'un tout homogène, en assurent l'exécution, et en garantissent la durée.

Quelles doivent être ces institutions ?

Ici se présente le problème social peut-être le plus difficile à résoudre ; en effet, il ne s'agit de rien moins que de régulariser le mouvement, la direction et l'emploi de la force offensive de la démocratie : de cette force dont rien ne peut arrêter l'action ; que les résistances augmentent ; qui peut tout ce qu'elle ose ; qui, comprimée sur un point, ne tarde pas à faire explosion sur un autre ; et que rien ne peut détruire, parce qu'elle réside dans le tissu même de la société.

Le gouvernement se ferait illusion, s'il se flattait de comprimer cette force avec les seuls moyens qui lui sont propres. Mais où trouvera-t-il ceux qui lui manquent ? Il les trouvera dans le sein même de la démocratie, s'il parvient à l'organiser de manière que les supériorités qu'elle renferme deviennent ses auxiliaires.

Ces supériorités sont de deux sortes : les unes, attachées aux personnes, consistent dans des distinctions héréditaires, et forment des classes privilégiées ; les autres qui tiennent aux choses, et qui, par cette raison, deviennent successivement le partage de tous les individus , représentent les intérêts généraux de la société.

Suivant que la garde de ces intérêts sera confiée à l'une ou à l'autre de ces supériorités , la société sera bien ou mal constituée.

La société serait mal constituée si la première de ces deux sommités s'élevait seule à sa surface ; si elle était seule chargée de représenter la nation , soit dans la chambre des députés , soit dans les conseils généraux de département , ou dans les corps municipaux. En effet , des distinctions héréditaires , ne fussent-elles que nominales , constituent , comme je viens de le dire , une classe privilégiée : et toute classe privilégiée , formant en quelque sorte une nation dans la nation , n'est que trop souvent pour les autres un objet d'inquiétude et de jalousie. D'ailleurs , comme elle a des intérêts qui lui sont particuliers , on la soupçonnerait aisément de leur sacrifier les intérêts généraux.

Que l'on substitue les choses aux personnes , et tout change. Chacun se place sur les différents degrés de l'échelle sociale , suivant l'importance de ses propriétés , soit foncières , soit mobilières , ou industrielles : toutes les distinctions se confondent dans la qualité de propriétaire. La société , ainsi constituée , présente un tout homogène , dont les sommités forment une sorte d'aristocratie démocratique ; genre de supériorité qui a sur le privilége l'immense avantage de n'humilier personne , parce que , étant attachée aux propriétés , et par conséquent mobile comme elles , il n'est personne qui ne puisse y atteindre.

Cette classification partage la partie démocratique de la nation en deux grandes masses. La première se compose de toutes les notabilités qui sont hors de la chambre des pairs. La seconde comprend les artisans , les prolétaires , en un mot tous ceux qui , par l'extrême modicité de leurs possessions, doivent au travail de leurs mains la plus grande partie de leur subsistance.

Tous les éléments conservateurs des sociétés se réunissent dans la première de ces deux divisions.

La seconde , qui occupe les degrés inférieurs de cette échelle sociale dont je viens de parler , est , au contraire , dans un état habituel d'hostilité envers le gouvernement. Elle le menace par son ignorance, qui la livre à l'empirisme de tous les charlatans, aux séductions de tous les factieux ; par l'audace que lui donnent ses forces matérielles ; par l'irritation que lui cause le dénûment qu'elle éprouve; enfin , par l'opinion où elle est qu'une révolution , quelles qu'en soient la cause et les suites , peut rendre sa condition meilleure , et jamais pire.

Cette fraction de la société est habituellement

calme, même quand elle souffre, parce qu'elle se trouve éparse, sans chef, sans point de ralliement; mais, si une main audacieuse lève au milieu d'elle l'étendard de la rébellion, qui peut répondre qu'une foule égarée ne se laissera pas séduire par l'espérance d'un meilleur avenir? et alors, à quels dangers l'ordre social ne sera-t-il pas exposé? L'imagination en est épouvantée. Il faut donc prévenir ces dangers; je ne connais que deux moyens.

Je vois le premier dans une bonne organisation des municipalités; et cette organisation n'est pas difficile.

Comme un tout n'est régulier qu'autant que les parties qui le composent sont dans une parfaite harmonie entre elles; de même, un gouvernement n'est bien organisé que quand les pouvoirs qui concourent à son action sont analogues à sa nature, et dérivent de son principe.

Or, dans les gouvernements tout à la fois monarchiques, aristocratiques et démocratiques, le principe est que les intérêts particuliers et les intérêts généraux doivent être également représentés. Dans ces sortes de gouvernements, chaque commune, comme la nation elle-même, a donc le droit d'avoir sa représentation.

Quant à la formation de tous ces corps représentatifs, comme ils dérivent tous du même principe, que tous ont le même but, il est évident qu'il faut à tous la même organisation, et que, par conséquent, dans chaque commune le mode d'élection de ces officiers municipaux doit être semblable à celui des députés, qui, dans la chambre démocratique, représentent la nation entière.

Or, que porte à cet égard notre Charte constitutionnelle? On y voit qu'elle subordonne les droits des citoyens à la quotité de leurs impositions directes; qu'en conséquence, elle partage la propriété en trois classes, la grande, la moyenne, et la petite; qu'elle met cette dernière hors du système électoral; que la seconde ne donne que le droit d'élire; enfin, que la première confère la double prérogative d'élire et d'être élu.

Dans toutes les communes, il y a de même de grands, de petits propriétaires, et des individus qui ne le sont pas. Les règles établies par la Charte pour la formation de la chambre des députés s'appliquent donc naturellement à l'élection des officiers municipaux.

Ainsi, la loi pour la composition des municipalités n'est pas à faire. On la trouve dans notre Charte constitutionnelle; et pour son complément et son application, il ne faut qu'ajouter : 1° les habitants portés sur le rôle des impositions directes concou-

rent seuls à l'élection des officiers municipaux ;
2° les contribuables qui font partie de la moitié
la plus imposée de la commune sont seuls éligibles (1).

Que l'on applique ce mode d'élection aux conseils généraux de département et d'arrondissement,
et tous les pouvoirs émanés de la même source,
assis sur la même base, et par conséquent dans le
plus parfait accord, formeront un faisceau indes-
tructible (2).

Dans les communes, cette mesure aura pour résultat nécessaire de ne conférer l'exercice du pouvoir municipal qu'aux habitants les plus notables,
qu'à des propriétaires ou à des capitalistes qui,
livrés à l'agriculture ou au commerce, ont tout à
la fois le plus d'intérêt au maintien de l'ordre, et
le plus d'influence sur ceux qui le troublent habituellement.

Il est si difficile d'inspirer une véritable horreur
pour les désordres qui attaquent les propriétés à

---

(1) La loi du 21 mars 1831 sur l'organisation municipale
n'a point tout-à-fait adopté ce système. *V.* l'addition au
chapitre VI. ( F. )

(2) Les conseils généraux de département et les conseils
d'arrondissement sont aussi devenus le produit de l'élection.
*V.* L. des 22 et 25 juin 1833. ( F. )

des hommes qui, ne possédant rien, n'ont rien à perdre, que pour arrêter ou prévenir les excès auxquels peut se livrer la multitude, la raison est toujours nulle, et l'autorité des lois souvent insuffisante. Mais heureusement ces hommes qui n'ont rien à perdre ont cependant quelque chose à conserver. C'est le travail qui pourvoit à leur subsistance. Tous en éprouvent le besoin, et, quel que soit le sentiment qui les égare, ce besoin parle plus haut, et sa voix se fait encore entendre lorsque celle de la raison et des lois est étouffée.

Ainsi, la meilleure garantie que la paix d'une commune ne sera pas troublée est dans un corps municipal composé des propriétaires, des capitalistes, des chefs d'ateliers les plus notables, puisque ce sont eux qui, par le travail qu'ils sont dans l'usage de distribuer, nourrissent journellement la classe ouvrière.

Toutefois, il faut en convenir, l'ascendant du propriétaire qui procure du travail, sur le prolétaire qui en a besoin, n'est au fond qu'une supériorité précaire, qui perdrait toute son influence, s'il se trouvait des agitateurs assez puissants pour donner à la multitude, avec l'espérance du pillage, un salaire égal à celui qu'elle pourrait obtenir en travaillant.

Mais alors il reste encore un moyen de salut,

c'est le second des deux que nous avons annoncés plus haut; le voici :

Au point où nous supposons le désordre, la violence a brisé tous les liens sociaux; les lois sont sans autorité; les anciens prestiges, les vieilles habitudes de subordination, ont perdu toute leur influence, et la force peut seule triompher de la force.

La multitude a pour elle l'avantage du nombre et une audace aveugle qui lui tient lieu de courage. Il ne lui en faudra pas davantage si les grands et la classe moyenne de la nation sont malheureusement divisés.

Lorsqu'un gouvernement constitutionnel s'élève sur les ruines d'une vieille monarchie, des préjugés, des souvenirs, et surtout le juste orgueil des noms historiques, luttent encore longtemps contre l'égalité politique. Cela est dans la nature, et si c'est un tort, il n'appartient qu'au temps d'en faire justice; mais, quels que soient les souvenirs, les regrets, les espérances, l'ancienne aristocratie doit sentir qu'il y a des crises possibles, auxquelles, réduite à ses propres forces, elle ne pourrait opposer qu'une digue insuffisante.

Mais ces crises populaires, ces grands mouvements, ne menacent pas moins les sommités de la démocratie, ou, si l'on veut, la nouvelle aristocratie; et ses forces sont de même bien inférieures à celles de la multitude.

Les notabilités anciennes et les notabilités nouvelles se feraient donc illusion si elles se flattaient de pouvoir, séparément et par les seules forces propres à chacune d'elles, triompher de la démagogie : mais que ces premières classes de la société se réunissent; que tous ceux qui ont des propriétés à défendre, ayant le même besoin de conserver, se pénètrent du même esprit; que, sacrifiant au salut commun leurs souvenirs, les prétentions, les jalousies, ils se prêtent constamment des secours mutuels, et leurs forces, ainsi coalisées, comprimeront facilement les agitateurs et les factieux, quels que soient leur audace et leur nombre.

C'est ainsi que les municipalités, composées des hommes les plus influents dans chaque commune, préviendront les discordes qui en troubleraient la tranquillité, et que les sommités de toutes les classes, réunies dans un même intérêt comme dans un même esprit, réprimeront les attentats que la sagesse des officiers municipaux n'aurait pu prévenir, et qui menaceraient la sûreté de l'État et la stabilité du trône.

# CHAPITRE III.

Aperçu des changements que le régime municipal a éprouvés parmi nous depuis la conquête des Francs jusqu'au mois de décembre 1789.

Les Francs, qui trouvèrent le régime municipal établi dans les Gaules, en conservèrent tout ce qui était compatible avec le droit de conquête ; mais cette institution, successivement affaiblie pendant les troubles de la première race, se perdit dans la confusion des derniers règnes de la seconde, et ne reparut sous la troisième que dans les premières années du douzième siècle (1). La France alors présentait le spectacle d'un grand royaume déchiré par une multitude de seigneurs de fiefs, qui avaient envahi presque tous les droits du prince et toutes les libertés du peuple.

---

(1) L'opinion généralement reçue que le système municipal avait complétement disparu de la France sous les rois de la seconde race a été victorieusement réfutée par M. Raynouard, dans son *Histoire du droit municipal en France sous la domination romaine et sous les trois dynasties.* Ce savant ouvrage, publié en 1829, n'a pu être connu de M. Henrion de Pensey, qui a suivi l'opinion commune. ( F. )

Telle était la triste condition des habitants des campagnes, qu'ils avaient perdu jusqu'au sentiment de leur dégradation. Mais ceux des villes, plus éclairés, sentaient mieux le poids et la honte du joug sous lequel ils gémissaient.

Enfin l'oppression exerça sur eux sa lente mais inévitable influence. Elle leur révéla le secret de leur force, et ils arrachèrent aux seigneurs ces concessions que nous appelons *chartes de commune* (1).

On vit alors à quels dangers le pouvoir s'expose lorsqu'il prend ses usurpations pour des titres, la résignation de ceux qui souffrent pour une reconnaissance de ce qu'il appelle ses droits, et qu'il se

---

(1) La plupart des historiens ont présenté l'affranchissement des communes comme un acte spontané du pouvoir royal. On lit dans le préambule de la Charte de 1814 : « *C'est* » *ainsi que les communes ont dû leur affranchissement à Louis* » *le Gros...* » M. Henrion de Pensey, en disant que les chartes communales ont été le résultat de concessions arrachées aux seigneurs par les communes, émet une opinion nouvelle pour le temps où il écrivait, et dont la vérité a depuis été démontrée historiquement par M. Aug. Thierry, dans ses Lettres sur l'histoire de France. Quelques lignes plus bas, notre auteur apprécie parfaitement le rôle joué par le pouvoir royal dans cette grande révolution, en disant qu'il *seconda habilement* le pouvoir municipal. ( F. )

persuade qu'appesantir le joug est le meilleur moyen d'étouffer les plaintes.

Dans toutes les villes érigées en communes, il s'éleva un pouvoir qui, habilement secondé par les rois, rivalisa bientôt avec la puissance féodale, et dont les forces, combinées avec celles de la couronne, ne tardèrent pas à dépouiller les seigneurs de la plupart des prérogatives qu'ils avaient usurpées sur elle. A cet événement se rattache tout ce qui a été fait depuis dans l'intérêt de la liberté.

Les chartes de commune différaient en quelques points ; mais, uniformes sur les plus importants, toutes abolissaient la servitude personnelle et les taxes arbitraires.

Toutes renfermaient un certain nombre de dispositions législatives qui réglaient les principaux actes civils et déterminaient les peines des délits les plus communs, notamment des délits de police.

Toutes consacraient le principe que le choix des officiers municipaux appartient aux habitants.

Toutes attachaient au pouvoir municipal la manutention des affaires de la commune, le maintien de la police, et l'administration de la justice, dans les cas où il s'agissait de statuer sur des points réglés par la charte.

Enfin, et ceci est fort remarquable, tous ces diplômes autorisaient les officiers municipaux à faire prendre les armes aux habitants, toutes les fois qu'ils le jugeaient nécessaire pour défendre les droits et les libertés de la commune, soit contre des voisins entreprenants, soit contre le seigneur lui-même.

Aux villes qui n'étaient pas assez populeuses pour présenter une force imposante, ou dans lesquelles il était difficile de trouver des hommes capables de remplir successivement les charges municipales, on réunissait les bourgs et les villages circonvoisins, qui tous ensemble ne formaient qu'une seule municipalité (1).

---

(1) Dans la charte de commune de la ville de Saint-Jean-d'Angély, Philippe IV, non-seulement permit, mais ordonna aux habitants de déployer toutes leurs forces contre ceux qui oseraient les attaquer.

Dans celle de la ville de Roze, il est dit que, si un étranger cause quelque dommage à la commune et qu'il se refuse à la sommation de le réparer, le maire, à la tête de ses concitoyens, ira détruire l'habitation du coupable, et que, si ses forces sont insuffisantes, le roi y joindra les siennes.

Nous venons de dire que ces corps municipaux étaient investis tout à la fois du pouvoir administratif et du pouvoir judiciaire; cela est bien marqué dans cet article de la coutume de Boullonois : *Au pays de Boullonois il a cinq villes de loi, ayant maire et échevins, qui ont connaissance du fait politique et de toutes matières survenantes aux bourgeois.*

Ces municipalités étant enfin parvenues à dépouiller la puissance féodale de ce qu'elle avait de menaçant pour l'ordre public, et de plus oppressif pour les citoyens, l'autorité royale, qui, pendant toute la durée de cette lutte, les avait puissamment secondées, non-seulement leur retira son appui; mais, comme l'architecte qui brise ses échafauds lorsque l'édifice est construit, elle abolit successivement, et sur les prétextes souvent les plus légers, toutes les chartes de commune.

Telle ville fut privée de sa charte parce que, disait-on, elle en abusait; telle autre, parce

---

Ces cinq villes étaient des villes de commune que l'on appelait aussi villes de loi, parce que les échevins jugeant d'après leur conscience, dans tous les cas qui n'étaient pas décidés par la charte, étaient regardés comme des lois vivantes. Aussi les appelle-t-on les hommes de loi, ou simplement les lois de la commune. C'est dans ce sens que la coutume d'Artois dit : *Les huissiers doivent demander assistance aux lois des lieux*, c'est-à-dire aux échevins des communes.

Ces anciens corps municipaux étaient encore désignés sous le nom de cour de bourgeoisie; *ceux de la cour de bourgeoisie,* disent les Assises de Jérusalem, *sont les hommes de la cité les plus loyaux et les plus sages.* Nous rapportons ce texte parce qu'il peut n'être pas inutile de le mettre sous les yeux de ceux qui votent dans les assemblées primaires. (H. P.)

qu'elle était hors d'état d'en représenter l'original. Chaque jour voyait augmenter leurs charges et diminuer leurs priviléges ; les choses furent portées au point qu'en 1374 la commune de Roze sollicita, comme une grâce, la révocation de sa charte, et que celle de Villeneuve demanda et obtint la même faveur de Charles V.

A ces mesures partielles on en joignit de générales : les officiers municipaux étaient juges des affaires entre les marchands. En 1563 cette attribution leur fut enlevée par l'établissement de juridictions consulaires. En 1579, l'ordonnance de Blois leur fit défense de connaître des affaires criminelles. Les juges royaux les dépouillèrent successivement de la justice civile ; et la vénalité des offices municipaux acheva de les dénaturer.

Cependant le droit d'élire leurs officiers municipaux fut rendu aux habitants des communes par un édit du mois d'août 1764 ; mais, sept ans après, par un autre édit du mois de novembre 1771, cette prérogative leur fut enlevée.

Enfin, une loi du 18 décembre 1789, sanctionnée par le roi le 28 du même mois, reconstitua toutes les municipalités du royaume sur de nouvelles bases et sur un plan uniforme. Cette organisation, qui ne tarda pas à faire place à une autre, fut bientôt elle-même remplacée par une troisième. Cette dernière, qui se compose de quelques éléments des deux premières, et de différents décrets impériaux, forme le dernier état (1); mais je n'en parlerai qu'après avoir traité de la nature du pouvoir municipal et des actes qui lui sont propres.

Dans la nomenclature de ces actes, ne figureront pas les fonctions administratives et judiciaires qui se sont groupées successivement autour du pouvoir municipal, parce qu'elles lui sont étrangères, et que les officiers municipaux ne les exercent qu'accidentellement et en vertu de délégations spéciales. Cependant je les signalerai, mais plus tard.

## CHAPITRE IV.

De la nature du pouvoir municipal, et des fonctions qui lui sont propres.

Les citoyens, considérés sous le rapport des relations locales qui naissent de leur réunion sur un

---

(1) Le dernier état du droit résulte aujourd'hui des lois du 21 mars 1831 *sur l'organisation*, et 18 juillet 1837 *sur l'administration municipale*, et de la loi du 20 avril 1834 *sur l'organisation spéciale de la municipalité de Paris*. Le texte de ces trois lois se trouve à l'appendice. (F.)

même point, tel qu'une ville, un bourg, un village, forment des communes.

A l'instant où cette agrégation s'établit, naissent deux sortes d'intérêts; l'un personnel et particulier, l'autre général et commun.

Le premier se concentre sur les droits propres à chaque individu; le second se compose de tous ceux qui appartiennent à la généralité des habitants considérés comme corps moral et politique. Ces derniers embrassent toutes les propriétés communes.

Chaque individu, arbitre suprême de ses affaires domestiques, les régit comme bon lui semble. Il ne peut pas en être de même des propriétés communes, telles que des droits qu'il faut défendre, des pâturages dont il faut régler l'usage, des bois dont la conservation exige une surveillance continuelle, des domaines qu'il faut exploiter ou donner à ferme.

Si tous les habitants étaient appelés à la manutention de ces différents objets; si tant de volontés agissaient simultanément et avec des pouvoirs égaux, rien ne se ferait, ou tout se ferait mal.

Les membres de ces associations étaient donc conduits par la force des choses à réunir en une seule volonté toutes les volontés individuelles;

à confier à ceux d'entre eux qu'ils en croiraient les plus dignes, le droit exclusif de concourir à l'administration du patrimoine commun ; en un mot, à se choisir des mandataires qui agissent pour eux en leur nom, et surtout dans leurs intérêts.

Là ne devait pas s'arrêter la sollicitude des membres de ces nouvelles associations. S'il importait à tous que les affaires communes fussent bien administrées, chacun d'eux n'était pas moins intéressé. à ce qu'une sage prévoyance écartât de l'enceinte des habitations tout ce qui pourrait compromettre la sûreté des citoyens, troubler leur tranquillité, corrompre la salubrité de l'air, et gêner la circulation dans les rues et dans les places publiques.

Le mandat qui confère à un petit nombre l'administration des affaires communes doit donc aussi leur imposer l'obligation de faire jouir les habitants des avantages d'une bonne police, ou, ce qui est la même chose, de maintenir dans l'enceinte des habitations la sûreté, la tranquillité, la propreté, la salubrité.

Mais vainement les corps municipaux prendraient-ils les mesures de police les plus sages ; vainement les gens de bien, les hommes raisonnables, se feraient-ils un devoir de s'y conformer, si des esprits inquiets et turbulents, et il y en a partout, pouvaient impunément refuser de s'y soumettre.

Il fallait donc aussi que ces règlements fussent revêtus d'une autorité qui, semblable à celle des lois, eût l'efficacité d'obliger tous les habitants de la commune, et de commander aux tribunaux eux-mêmes : en un mot, il fallait une peine à côté de chaque infraction, et que cette peine, les juges fussent obligés de l'appliquer.

Cela existe. On a senti que la grande famille se composant de ces familles particulières, il importait à la société tout entière qu'une bonne police fît régner l'ordre et la paix dans chacune d'elles. En conséquence, la loi intervenant, si l'on peut parler ainsi, dans l'élection des corps municipaux, sanctionne d'avance les mesures d'ordre et de sûreté qu'ils prendront, et leur garantit le concours et l'appui des tribunaux toutes les fois qu'ils agiront dans le cercle des attributions de la police municipale.

C'est à ces mandataires des communes que l'on donne la dénomination d'officiers municipaux.

# CHAPITRE V.

De la formation des municipalités, et du nombre des officiers
municipaux.

Il est dans les attributions du gouvernement
d'indiquer l'époque à laquelle les électeurs doivent
se réunir, et le lieu de leur réunion. Mais c'est à
la loi qu'il appartient de régler les conditions auxquelles sont attachés le droit d'élire et celui d'être
élu ; et c'est elle encore qui détermine le nombre
d'individus dont chaque municipalité doit être
composée. Quel doit être ce nombre ? A cet égard
les opinions varient. Voici la mienne :

Tout individu qui exerce des fonctions publiques, ou qui est membre d'une corporation, a
trois intérêts différents, et par suite trois volontés
distinctes. Comme homme, il veut ce qui lui est
personnellement avantageux ; comme fonctionnaire, il veut pour le corps dont il fait partie des
distinctions et surtout du pouvoir ; comme citoyen, il veut le bien général. Semblable à toutes
les puissances qui perdent en force ce qu'elles ga-
gnent en surface, l'énergie de chacune de ces
trois volontés est en raison inverse de l'étendue

qu'elle embrasse. Dans le citoyen, dirigée vers le bien de tous, elle est généralement faible; plus concentrée dans le fonctionnaire, elle a plus d'intensité; dans l'homme elle est au plus haut degré.

Cet état de choses est, peut-être, le plus grand obstacle au perfectionnement des sociétés; mais il est dans la nature de l'homme, et il n'est pas donné à la sagesse humaine de prévaloir sur la nature. Cependant, en opposant les passions aux passions, les intérêts aux intérêts, on peut, sinon paralyser entièrement, au moins modifier et l'égoïsme qui se préfère à tout, et l'esprit de corps qui ne voit rien au-delà du cercle dans lequel il se concentre.

Ainsi, plus les assemblées délibérantes seront nombreuses, plus les intérêts individuels trouveront de résistance, et par conséquent moins l'égoïsme et l'esprit de corps auront d'influence sur les délibérations.

En effet, toutes les fois qu'il se forme une réunion de sociétaires à l'effet de délibérer sur les affaires communes, il en est peu qui n'y apportent le désir de faire adopter l'opinion la plus conforme à leurs vues personnelles. Mais chacun trouvant dans les prétentions des autres un obstacle au succès des siennes, les intérêts individuels se neutralisent réciproquement, et le bien commun finit par prévaloir.

Mais si la réunion est incomplète ; si le nombre des présents est de beaucoup inférieur à celui des membres qui composent l'association, les intérêts particuliers, ne trouvant que peu de résistance, peuvent facilement se concilier, se coaliser, et former une majorité qui, sans frein comme sans règle, se jouera d'une minorité impuissante, et sacrifiera l'intérêt général à ses convenances ou même à ses caprices.

A quels dangers la chose publique ne serait-elle donc pas exposée si la direction en était confiée, non à plusieurs individus, mais à un fonctionnaire qui délibérerait seul, et seul ferait exécuter ses délibérations ! S'il ne joignait pas à un esprit éclairé le désir le plus vif de faire le bien, séduit par le charme du pouvoir, il oublierait bientôt qu'il est citoyen, et l'homme se montrerait tout entier avec ses préjugés, ses passions et ses vices.

Ainsi, de toutes les manières d'organiser les municipalités, la plus vicieuse, disons mieux, la plus désastreuse, serait de confier à un seul homme la régie des biens communaux, et le droit de régler la police intérieure des communes. Au contraire, appelez tous les habitants à délibérer, et vous aurez la plus grande probabilité possible que le bien général sera le résultat de la délibération. Mais les grandes réunions donnent souvent lieu à de grands désordres (1). On y a pourvu par une conception qui appartient aux temps modernes, et qui consiste à obliger les habitants des communes et les nations elles-mêmes à s'abstenir de la direction de leurs propres affaires, et à la confier à des mandataires ou représentants. Cette mesure, commandée aux grands peuples par la force des choses, n'est pas aussi nécessairement applicable aux communes, même aux communes les plus populeuses. Mais le principe est établi, et il ne reste à examiner que la question de savoir quel doit être, dans chaque ville, bourg ou village, le nombre de ces mandataires, ou, ce qui est la même chose, des officiers municipaux.

Nous venons de dire que plus les assemblées délibérantes sont nombreuses, plus il est probable que l'intérêt public prévaudra; mais nous avons ajouté que les grandes réunions ne donnent que

---

(1) Rome, forte de sa constitution, Rome, faite pour donner au monde des fers et des lois, ne les craignait pas. Tous les citoyens étaient appelés à délibérer même sur les plus grands intérêts, et les assemblées étaient quelquefois si nombreuses qu'une partie du peuple donnait son suffrage de dessus les toits. ( H. P. )

trop souvent lieu à de grands désordres. Tel est donc le problème à résoudre : composer les municipalités de manière que le bien de la commune ait une garantie dans le nombre des officiers municipaux, sans que l'ordre et la sagesse des délibérations en soient compromis.

Si j'étais appelé à donner mon avis, je fixerais le *minimum* à neuf, et le *maximum* à cent; et je composerais les corps municipaux des nombres intermédiaires, suivant l'importance, la population et l'esprit des communes qu'il s'agirait d'organiser (1).

Mais des accidents imprévus, des événements fortuits, des esprits turbulents et factieux, peuvent compromettre la tranquillité, la sûreté, et même l'existence d'une commune ; et la nature du mal sera telle que le remède le plus prompt pourra seul en arrêter les progrès. Cependant, la municipalité ne fût-elle composée que de neuf membres, il faut du temps pour les réunir, il en faut pour délibérer. Si, dans cette crise, l'action du pouvoir municipal est soumise aux formes or-

---

(1) Le *minimum* a été fixé à dix et le *maximum* à trente-six par la loi nouvelle. *V.*, aux chap. VI et XVII, quelle est l'organisation actuelle des conseils municipaux d'après la loi du 21 mars 1831. ( F. )

dinaires, il arrivera le plus souvent que, lorsque enfin la délibération sera arrêtée, le moment d'agir efficacement sera déjà loin.

Le chef de la municipalité dans les communes, comme le pouvoir exécutif dans les gouvernements, doit donc être autorisé à prendre seul les mesures d'urgence que des circonstances imprévues peuvent rendre absolument nécessaires.

Voilà de l'arbitraire, du moins cela y conduit ; il le faut bien, puisque la loi ne peut pas prévoir tout ce que l'administration est chargée de prévenir.

## CHAPITRE VI.

### Que le choix des officiers municipaux appartient aux habitants des communes.

Le pouvoir municipal n'est pas une création de la loi ; il existe par la seule force des choses ; il est, parce qu'il ne peut pas ne pas être ; il est, parce qu'il est impossible que les habitants d'une même enceinte, qui consentent à faire le sacrifice d'une partie de leurs moyens et de leurs facultés pour se créer des droits et des intérêts communs, soient assez imprévoyants pour ne pas donner des gardiens à ce dépôt, pour ne pas charger quelques-uns d'entre eux de veiller à sa conservation , et d'en diriger l'emploi.

Mais, s'il en est ainsi, si le pouvoir municipal est de l'essence de toutes les corporations d'habitants, les lois ne pouvant rien contre la nature des choses , il faut dire qu'elles ne peuvent ni supprimer les corps municipaux, ni priver les communes du droit de les élire.

Cependant, toutes les fois qu'un gouvernement inquiet et jaloux évoque à lui le pouvoir municipal et l'exerce en administrant les communes par des fonctionnaires de son choix , et qu'il révoque à sa volonté, quelque dénomination qu'il donne à ces commissaires, il n'y a plus d'officiers municipaux.

Cela est vrai, mais il ne faut pas s'y méprendre. Si, dans ce cas, il n'y a plus d'officiers municipaux, c'est que les habitants n'existent plus en corps de communauté.

Nous disons que les habitants privés du droit d'élire leurs officiers municipaux cessent d'exister en corporation. Alors, en effet, ces habitants, étrangers aux affaires de leurs communes, et sans liens qui les unissent entre eux, ne sont plus que des agrégations d'hommes. Il y a encore des villes, des bourgs et des villages ; il n'y a plus de cités.

Les cités sont de deux sortes : souveraines ou sujettes.

Les cités souveraines sont celles qui se donnent des lois et n'en reçoivent de personne. Semblables aux villes libres d'Allemagne, ce sont autant de républiques.

Pour se faire une juste idée d'une cité sujette, il faut la considérer sous deux rapports : comme un tout, et comme faisant partie d'un tout, ou, en d'autres termes, comme une famille, une corporation particulière ; et comme l'un des éléments de la grande famille, de la corporation générale.

Envisagée sous ce dernier point de vue, la cité, comme tous les particuliers, est sujette du souverain, et comme eux, soumise à toutes les lois de l'État.

Mais, sous l'autorité de ce même souverain, et sous la seule condition d'obéir aux lois générales, s'élève dans chaque commune un pouvoir conservateur de tous les intérêts communs.

C'est par ce motif que l'on donne la dénomination de cité à la partie de la ville de Londres qui a un régime qui lui est propre, et qui nomme son maire et ses aldermans.

Ainsi, plusieurs villes, bourgs ou villages qui sont réunis sous une administration commune, et

qui nomment collectivement leurs officiers municipaux, ne forment qu'une seule cité.

Ainsi, la cité peut exister après que la ville est
détruite. Par exemple, lorsque pour échapper au
joug d'un ennemi supérieur en force, des hommes
qui vivaient sous le régime municipal ont brûlé
leurs habitations, il n'y a plus de ville, mais la
cité reste ; elle sera partout où ces fugitifs jugeront
à propos de fixer leur résidence.

De ces définitions, il résulte que, sous une constitution libre, toutes les réunions d'habitants doivent former autant de cités ; que, par conséquent,
toutes doivent avoir le choix de leurs administrateurs, et que le contraire ne peut être toléré que
sous un prince absolu.

Qu'un despote affamé de pouvoir s'empare de
l'administration de toutes les communes, et prélude,
par cet acte de violence, à l'envahissement de leurs
propriétés, cet abus de la force est en accord avec
le principe de ces sortes de gouvernements, et on
en est moins révolté. Mais, qu'il en soit de même
sous un régime constitutionnel, c'est une idée que
repoussent également et l'esprit de la constitution
et la nature du pouvoir municipal.

Tel est cependant notre régime actuel.

Tous les Français sont citoyens, et il n'y a pas
en France une seule cité.

Tous les Français, électeurs ou habiles à le devenir, peuvent donner à qui bon leur semble le droit éminent de participer à l'exercice de la souveraineté, et il leur est interdit de concourir au choix de leurs propres agents, de ceux qui doivent régir des biens et défendre des droits dont chacun d'eux est propriétaire par indivis.

Telle est dans les électeurs la confiance de la loi qu'elle reçoit aveuglément de leurs mains les régulateurs de la grande famille, et ces mêmes électeurs ne sont pas jugés capables de nommer leurs officiers municipaux.

Enfin, le représentant de la nation, qui, du haut de la tribune, balançait les destinées de la France, une fois rentré dans sa commune, n'y conserve pas même le droit de se plaindre du maire que le préfet du département a jugé à propos de lui imposer; il faut qu'il en obtienne l'autorisation de ces mêmes ministres dont naguère il censurait les actes avec tant d'indépendance et d'énergie.

[*Addition.*] Les justes reproches adressés par M. Henrion de Pensey à la législation impériale, conservée par le gouvernement de la restauration, ne peuvent plus s'appliquer au régime actuel, qui est basé sur les principes développés dans la première partie de ce chapitre. D'après la loi du 21 mars 1831, les conseils municipaux sont composés de membres *élus* pour six ans, et renouvelés par moitié tous les trois ans ; le nombre des conseillers municipaux varie suivant l'importance de la commune, d'après une gradation établie par l'article 9 de la loi ; le *minimum* est de *dix*, et le *maximum* de *trente-six*. Le nombre s'augmente encore lorsqu'il y a plus de trois adjoints au maire ; il est nommé alors un conseiller de plus, à raison de chaque adjoint au-dessus de trois. ( L. du 21 mars 1831 , art. 9. )

Les électeurs municipaux se divisent en deux classes. La première comprend les plus imposés au rôle des contributions directes de la commune, dans une proportion qui varie eu égard au chiffre de la population, et qui est indiquée dans l'article 11 , n° 1. La seconde classe se compose de citoyens qui jouissent du droit électoral par suite de la capacité intellectuelle que font présumer en eux certains titres ou certaines fonctions. (*Id.* art. 11 , n° 2. )

Tous les électeurs sont éligibles , sauf la différence de l'âge ; 21 ans suffisent pour jouir du droit électoral, et 25 ans sont nécessaires pour devenir conseiller municipal , sauf aussi les incompatibilités résultant , soit de la parenté ou de l'alliance, soit des fonctions de préfet , sous-préfet, secrétaire général , ministre des divers cultes en exercice dans la commune, de comptable des receveurs communaux , et d'agent salarié par la commune. (*Id.* art. 11 , 17 , 18 , 20 ; *v.* aussi les articles 12 et 16.) *V. l'add.* du chap. XVII pour les détails.

~~~~~~~~~~~~~~~~~~~~~~~~~~~~~~~~~~~~~~~~~~~~~~~~~~~~~~~~~~~~~~~~~~~~~

# CHAPITRE VII.

Les maires des communes étant partout investis de quelques
branches de l'administration publique, le roi doit concourir à leur nomination. Mais de quelle manière?


En parlant dans le chapitre précédent du choix
des officiers municipaux, nous n'avons considéré le
pouvoir municipal que dans l'exercice des fonctions
qui lui sont propres. Nous allons le voir se combiner
avec des attributions administratives et judiciaires;
et de cet amalgame sortira une modification importante aux règles que nous venons d'établir.

Telle est, en effet, la nature du pouvoir municipal, que rien ne fait obstacle à ce que ceux qui
l'exercent soient chargés de fonctions étrangères à
celles qui leur sont propres. Il est libre au gouvernement de leur déléguer quelques branches de l'administration générale. De même la loi peut les rendre habiles à la confection de quelques-uns des actes
qui appartiennent à l'autorité judiciaire. C'est ainsi
que, dans notre organisation actuelle, les maires
des communes sont officiers de police judiciaire et
de l'état civil, et que l'administration leur confie
la surveillance du recouvrement des impôts, et

l'exécution des mesures relatives à la conscription.

Envisagés sous ces trois points de vue, les maires sont tout à la fois les mandataires de leur commune, les agents de la loi, et les délégués du gouverne- ment.

Mais la réunion de ces fonctions diverses ne peut s'opérer, soit par la seule volonté du gouvernement, soit par le fait seul des communes, sans mettre en opposition deux principes auxquels il est également impossible de porter la plus légère atteinte.

Et d'abord le simple bon sens dit que le maire ne peut être choisi que par les habitants; et cela par un motif qui frappe les entendements les plus com- muns : c'est que le mandataire et le mandant sont des corrélatifs nécessaires, et qu'il répugne aux no- tions les plus simples que celui qui n'a reçu aucun mandat d'une commune stipule en son nom, et s'en dise l'agent et le mandataire. D'un autre côté, la Charte constitutionnelle dispose que le roi seul nomme à tous les emplois de l'administration pu- blique.

Ainsi la prérogative royale franchirait ses limites constitutionnelles, si elle attribuait les fonctions municipales à ceux qu'elle juge à propos de charger de quelques parties de l'administration générale. De même, et à bien plus forte raison, les habitants d'une commune sont dans l'impuissance de conférer à celui qu'ils auraient choisi pour maire, l'exercice de la branche la plus insignifiante de cette même administration.

Cependant on ne peut pas se dissimuler que, notamment dans les circonstances actuelles, le cumul des fonctions administratives et municipales présente quelques avantages. On doit croire en effet que, voyant l'homme de leur choix honoré de la confiance du gouvernement, les habitants auront plus d'égard pour sa personne et plus de soumission aux ordres qu'il leur intimera, soit comme maire, soit en qualité d'administrateur.

L'intérêt public, l'intérêt particulier des communes, se réunissent donc pour provoquer une espèce de transaction entre les deux principes, dont l'un veut que tous les officiers municipaux et le maire lui-même soient choisis par les habitants; et l'autre, qu'aucune branche de l'administration générale ne puisse être exercée sans une délégation spéciale du roi.

Cette transaction n'est rien moins qu'impossible, et même elle peut s'effectuer de trois manières.

Le gouvernement présente trois sujets pour remplir les fonctions de maire, et les habitants choisissent.

Le droit de présenter est déféré à la commune, et celui de choisir au gouvernement (1).

Tous les habitants qui jouissent des droits civils, légalement réunis en assemblée électorale, nomment leurs officiers municipaux. Le tableau en est mis sous les yeux du gouvernement, qui signale celui d'entre eux auquel il juge à propos de donner sa confiance; et l'individu ainsi désigné est de droit investi du double titre de commissaire du roi et de maire de la commune.

De ces trois modes, je crois le dernier préférable. Il a plus de dignité que le premier; il présente plus de latitude au choix du gouvernement que le second; enfin, c'est le dernier état, l'état actuel, non pas, à la vérité, tel qu'il existe en fait, mais tel qu'il existe en droit.

En effet, le sénatus-consulte du 16 therm. an x, qui confère au chef du gouvernement le droit de nommer les maires et leurs adjoints, lui impose l'obligation de les choisir dans les corps municipaux (2).

_____

(1) Un édit du mois de mai 1765 avait adopté ce mode. Aux termes de cet édit, les notables des communes, réunis pour l'élection d'un maire, devaient présenter trois sujets au choix du roi. ( H. P. )

(2) Voici les termes du sénatus-consulte du 16 thermidor an x :

Art. 10. Dans les villes de cinq mille âmes, l'assemblée

Au surplus, ces trois modes concilient également les deux principes que nous venons de rappeler ; et, quel que soit celui que l'on adopte, il sera vrai de dire que l'administrateur est choisi par le gouvernement, et que le maire tient le pouvoir municipal du choix de ses concitoyens.

Enfin, si, après l'élection, le gouvernement ne jugeait aucun des élus digne de sa confiance, le mal ne serait pas sans remède : il pourrait déléguer les fonctions administratives à celui des habitants qu'il eût choisi pour maire. C'est ainsi qu'avant la révolution, on voyait dans quelques communes un syndic municipal, et un syndic militaire qui était chargé du logement des gens de guerre et de l'exécution des mesures relatives au tirage de la milice.

[ *Add.* ] Les lois municipales de 1831 et de 1837 présentent sur cette matière un ensemble de règles dont voici le résumé.

*Le corps municipal* se compose du maire, de ses

---

de canton présente deux citoyens pour chacune des places du conseil municipal.

Art. 12. Les conseils municipaux se renouvellent tous les dix ans par moitié.

Art. 13. Le premier consul choisit les maires et adjoints dans les conseils municipaux ; ils sont cinq ans en place : ils peuvent être renommés. ( H. P. )

adjoints et des conseillers municipaux. Le nombre des adjoints est proportionné à la population, et, dans certaines circonstances, aux difficultés de communication qui existent entre les différentes parties de la commune et le chef-lieu.

Les maires et adjoints sont nommés par le roi dans les communes qui ont 3,000 habitants et au-dessus, ainsi que dans les chefs-lieux d'arrondissement, et par le préfet au nom du roi dans les autres; ils ne peuvent être choisis que parmi les membres du conseil municipal ayant 25 ans accomplis, domiciliés réellement dans la commune, et ne se trouvant dans aucun cas d'incompatibilité. La loi adopte ici, comme on le voit, le système de la présentation par la commune, et de la nomination par l'autorité. ( *V.*, pour connaître les cas d'incompatibilité, l'article 6 de la loi du 21 mars 1831.) Les maires et adjoints sont nommés pour trois ans; mais ils peuvent être suspendus par un arrêté du préfet, et révoqués par une ordonnance du roi.

Les fonctions des maires, des adjoints et des autres membres du corps municipal, sont essentiellement gratuites, et ne peuvent donner lieu à aucune indemnité ni à aucuns frais de représentation. (L. 21 mars 1831, chap. I.)

## CHAPITRE VIII.

De la résidence des officiers municipaux.

Ce chapitre aura pour objet la résidence des officiers municipaux. Mais peut-il y avoir deux opinions sur la nécessité de cette résidence? Non, sans doute ; et si j'en parle, c'est que l'usage de donner aux communes des maires qui leur sont étrangers, a tellement prévalu dans ces derniers temps, qu'il est impossible de ne pas signaler cet abus.

Les fonctions municipales, imposant à ceux qui les exercent des obligations de tous les jours, exigent nécessairement une résidence habituelle dans la commune. Le maire surtout doit y avoir son domicile. Chargé du maintien de la police et de la conservation de tous les intérêts communs, obligé par conséquent de tout voir et de tout surveiller, sa présence est continuellement nécessaire, puisqu'à tous les instants la tranquillité publique peut être troublée, et la sûreté des habitants compromise (1).

_____

(1) L'abus signalé par M. Henrion de Pensey n'existe plus aujourd'hui. L'article 4 de la loi du 21 mars 1831 dit

Ainsi pensait Domat. Après avoir parlé des places de maire, d'échevins, il ajoute : *On les appelle charges municipales, parce qu'elles ne peuvent être exercées que par des habitants du lieu* (1).

Au surplus, nous avons sur ce point une loi très-solennelle, c'est la célèbre ordonnance de 1629, dont l'article 422 porte : « Que les élections
» des prévôts des marchands, maires, échevins,
» capitouls, jurats, consuls, procureurs-syndics,
» pairs-bourgeois, conseillers, quarteniers, et
» autres charges des villes, seront faites ès ma-
» nières accoutumées, sans brigues et monopoles,
» des personnes les plus propres et capables à
» exercer telles charges pour le bien de notre ser-
» vice, repos et sûreté desdites villes ; *ès quelles*
» *ils seront tenus de résider*, sans que, pour quelque
» cause que ce soit, lesdites charges se puissent
» résigner. »

Peut-être n'est-il pas inutile de faire remarquer que cette ordonnance, qui reconnaît si solennellement que le choix des officiers municipaux appartient aux habitants, et que tous doivent être domiciliés dans la commune, a été rendue sous

_____

en termes exprès, en parlant des maires et adjoints : « Ils
» doivent avoir leur domicile *réel* dans la commune. » (F. )
(1) Traité du droit public, liv. I, tit. 26, sect. I. (H. P. )

l'influence d'un ministre qui n'était rien moins qu'étranger à la science du pouvoir, et que l'on n'accusa jamais d'avoir sacrifié les droits de la couronne.

## CHAPITRE IX.

### De la durée des fonctions municipales.

Le peuple ne doit conférer à ses officiers municipaux que des fonctions temporaires ; autrement il se donnerait des maîtres. D'ailleurs, il faut bien que le jour de la justice se lève aussi pour lui. Ce jour est celui des élections. Alors, libre dans ses choix, il récompense le bon, le sage administrateur, en lui donnant un nouveau témoignage de sa confiance ; il punit, en les rendant à la vie privée, et l'homme insouciant et faible qui a mal administré le patrimoine commun, et celui qui, fier, arrogant et dur, a transformé des pouvoirs qu'il n'avait reçus que pour protéger, en instruments de vengeance et d'oppression. Ainsi, justice est faite, et l'ordre public n'est point troublé. Il est donc heureux que le peuple ait ce moyen d'exhaler ses ressentiments. En effet, de tous ceux auxquels, dans des moments d'exaspération, il pourrait recourir, c'est incontestablement le plus doux et celui qui a le moins d'inconvénients.

Aussi voyons-nous que chez les Romains les fonctions publiques n'étaient conférées que pour un temps très-limité. Il en était de même dans les villes municipales des Gaules. En France, tout le temps que les municipalités ont été électives, c'est-à-dire jusqu'en 1692, époque à laquelle, dans toutes les villes, les places de maire furent rendues vénales et héréditaires, la durée des fonctions municipales était bornée à deux ans, ou au plus à trois. Et même encore aujourd'hui, les maires, leurs adjoints, et les officiers municipaux, ne sont nommés par les préfets que pour l'espace de cinq années.

[ *Add.* ] Aujourd'hui les maires et adjoints sont nommés pour trois ans, et les conseillers municipaux pour six ans. ( L. du 21 mars 1831, art. 4 et 17. )

## CHAPITRE X.

### De la destitution des officiers municipaux.

Les places dans les municipalités ne sont ni des commissions, ni des offices ; ce sont des charges.

' Les commissions sont révocables à volonté ; les charges confèrent des fonctions temporaires. Les offices sont à vie ; les titulaires ne peuvent les perdre que pour forfaiture préalablement jugée.

Les charges et les commissions ont ce trait de ressemblance, qu'elles ne sont à vie ni les unes ni les autres : elles diffèrent en ce que les commissions se prolongent jusqu'à leur révocation, et que les charges s'éteignent de plein droit à une époque déterminée.

Les offices et les charges ont de même des caractères qui leur sont communs, et d'autres qui les distinguent. Il y a cette différence, que la durée des charges est irrévocablement déterminée par la loi, et que la nature, en frappant de mort les titulaires des offices, peut seule les enlever à l'exercice de leurs fonctions. Ceux qui possèdent des charges et les titulaires des offices ont cela de commun que, sauf les cas de forfaiture, la loi s'engage également à les maintenir dans leurs fonctions, les uns pendant le cours de leur vie, les autres pendant la durée d'un temps déterminé. Tels sont les juges des tribunaux de commerce, choisis par les négociants, comme les officiers municipaux doivent l'être par les habitants des communes.

Il en est donc des officiers municipaux comme

de tous les juges. La loi leur garantit également la durée de leurs fonctions; et, comme il n'est pas donné aux actes du pouvoir exécutif de prévaloir sur les lois, il faut tenir en principe que, semblables aux juges, les officiers municipaux ne peuvent être destitués que pour forfaiture, concussion et malversation, judiciairement constatées.

Cependant il faut reconnaître que la règle, ainsi appliquée dans toute son étendue, pourrait avoir de fâcheuses conséquences. L'administration a une marche si rapide, et qui prête tellement à l'arbitraire, que les maires des communes pourraient multiplier les vexations de la manière la plus scandaleuse, si, pour en arrêter le cours, le gouvernement en était réduit à recourir aux formes lentes et solennelles des tribunaux. Il faut donc un remède plus prompt. Mais ce remède n'est pas nécessairement dans une destitution : la suspension suffit; et même des formalités sévères doivent en attester la nécessité. Autrement on ne ferait que substituer l'arbitraire à l'arbitraire, et ce serait guérir un mal par un autre.

La justice, qui est un devoir pour ceux qui commandent comme pour ceux qui obéissent; les égards que les gouvernements doivent à ce que les citoyens ont de plus cher, leur réputation; et

surtout la loi qui garantit la durée des fonctions
municipales pendant un espace de temps déterminé : tout se réunit pour exiger que , toutes les fois
qu'il s'agit de la suspension d'un officier municipal, les faits qu'on lui impute lui soient commu-
niqués; qu'il ait un délai suffisant pour donner
ses réponses; que ceux qu'il dénie soient vérifiés
par une enquête administrative à la vérité, mais
du moins contradictoire avec lui; enfin , que l'arrêté qui le suspend de ses fonctions constate que
ces formalités, ont été remplies , et contienne les
motifs de sa suspension.

Ces mesures paraissent fort sages. Cependant, si
nous nous rappelons ce que nous avons vu , peut-
être les trouverons-nous insuffisantes. Interro-
geons donc nos souvenirs.

La constitution de 1791 donnait au roi la faculté de destituer les maires des communes; mais
ceux-ci avaient le droit de déférer leur destitution
à l'assemblée nationale, qui pouvait l'infirmer ou
en ordonner l'exécution. C'était placer l'administration dans le corps législatif. Les rédacteurs de
la constitution de 1795 eurent le bon sens de le
sentir. Ils abolirent ce droit d'appel. Cependant,
ne voulant pas laisser les officiers municipaux sans
garantie , ils exigèrent que les arrêtés de destitution fussent motivés. Cette précaution fut généra-

lement regardée comme suffisante ; mais le directoire exécutif trompa la prévoyance du législateur.
Il imagina des formules de destitution tellement
vagues qu'elles pouvaient frapper indistinctement
tous les officiers municipaux, et si bien appro-
priées à toutes les circonstances, que les partis qui
s'emparèrent successivement du pouvoir, en usè-
rent également et avec le même succès.

Il faut donc aux officiers municipaux une garantie de plus. Cette garantie, je crois la voir dans
une loi qui autoriserait ceux que le gouvernement
aurait suspendus de leurs fonctions, à les repren-
dre, si, dans un temps déterminé, ils n'étaient
pas mis en jugement.

On voit bien que je ne parle que des fonctions
municipales. A l'égard de celles que les maires
exercent comme délégués de l'administration publique, nul doute qu'ils peuvent en être dépouillés
sans formalités préalables. Alors ils ne seront plus
les agents du gouvernement, mais ils n'en resteront
pas moins les agents de leurs communes.

[ *Add.* ] Ce point important est ainsi réglé par l'article 3, § 3, de la loi du 21 mars 1831 :

« Ils (les maires et adjoints) peuvent être suspendus
par un arrêté du préfet ; mais ils ne sont révocables
que par une ordonnance du roi. »

La loi ne prescrit point l'instruction préalable dont parle M. Henrion de Pensey, p. 56. L'administration supérieure est donc libre d'employer les moyens qu'elle juge convenables pour s'éclairer ; ainsi la communication au maire des faits qui lui sont imputés peut avoir lieu, mais n'est point obligatoire. D'un autre côté, l'arrêté ou l'ordonnance de suspension n'est point motivé. Les dispositions de la loi se justifient par l'importance des fonctions dépendantes de l'administration générale, qui sont attribuées au maire ; l'action administrative pourrait être entravée, si le pouvoir n'avait pas le droit de suspendre et de destituer un maire à l'instant même où il refuse la coopération qu'il doit à l'administration.

M. Henrion de Pensey veut, il est vrai, que l'on distingue entre les fonctions purement municipales et celles qui ne le sont pas : les premières seules ne pourraient être enlevées sans une instruction préalable ; les secondes seraient essentiellement révocables, comme le sont toutes les fonctions administratives. Il est dans l'esprit de la loi nouvelle que les différentes fonctions dont il s'agit reposent sur la même tête. Cette réunion augmente la considération du maire, évite les rivalités qui naîtraient entre des fonctionnaires habituellement en contact, simplifie les rouages de l'administration, et diminue les dépenses publiques. Dans ce système, on ne peut admettre qu'un maire continue d'être chargé du pouvoir purement municipal, et cesse cependant d'être officier de l'état civil, officier de police judiciaire, agent de l'administration générale pour les opérations relatives aux listes électorales, au recrutement, à la perception des impôts, etc. Aucun maire, sans doute, ne voudrait conserver l'administration municipale dépouillée de ses attributions accessoires ; et, s'il s'en rencontrait, on trouverait difficilement des agents qui voulussent se charger de remplir les fonctions enlevées au maire, et dont ils ne seraient revêtus que d'une manière transitoire.

Ces considérations ont déterminé le législateur à laisser le droit de suspension et de destitution à la discrétion de l'autorité, qui a un grand intérêt à ne pas en abuser, et qui après tout est responsable de ses actes. Ce ne sera évidemment que dans des circonstances très-graves qu'elle usera de ce droit, car l'article 15 de la loi du 18 juillet 1837 lui donne les moyens de surmonter la négligence ou la mauvaise volonté passagères. Cet article porte que « dans le cas où le maire refuserait » ou négligerait de faire un des actes qui lui sont prescrits » par la loi, le préfet, après l'en avoir requis, pourra y » procéder d'office ou par un délégué spécial. »

## CHAPITRE XI.

De la mise en jugement des officiers municipaux pour délits par eux commis dans l'exercice de leurs fonctions.

En lisant, dans le chapitre VII, que les attributions des maires se composent de fonctions judiciaires, administratives, et municipales, on a dû se demander si, pour les traduire dans les tribunaux à raison des délits qu'ils peuvent commettre dans l'exercice de chacune de ces diverses fonctions, l'autorisation du Conseil d'état est également nécessaire. Je me propose de répondre à cette question ; et d'abord je suppose un maire agissant en sa qualité d'officier de l'état civil ou de police judiciaire.

Le Code civil, après avoir tracé à l'officier municipal les règles qu'il doit suivre dans la rédaction des actes de l'état civil, porte, article 50 : *Toute contravention aux articles précédents de la part des fonctionnaires y dénommés, sera poursuivie devant le tribunal de première instance, et punie d'une amende qui ne pourra excéder cent francs.*

L'article 53 ajoute : *Le procureur du roi près le tribunal de première instance sera tenu de vérifier l'état des registres lors du dépôt qui en sera fait au greffe ; il dressera un procès-verbal sommaire de ladite vérification, dénoncera les contraventions ou délits commis par les officiers de l'état civil, et requerra contre eux la condamnation aux amendes.*

Ces officiers de l'état civil sont, dans toutes les communes, le maire et ses adjoints ; et l'on voit qu'ils peuvent être traduits dans les tribunaux, jugés et punis pour contraventions ou délits par eux commis en cette qualité d'officiers de l'état civil, sans l'autorisation du gouvernement. En effet, la loi s'adresse directement aux procureurs du roi et aux juges, et commande impérativement à l'un de poursuivre, et à l'autre de juger ; et cela, sans condition, sans formalité préalable (1).

Quant aux délits ou crimes que les maires ou leurs adjoints pourraient commettre, soit comme officiers de police judiciaire, soit les premiers comme juges de police, et les seconds comme chargés du ministère public près les tribunaux de police, les art. 483 et 484 du Code d'instruction criminelle leur accordent, pour le mode de poursuites et la forme du jugement, les garanties qu'ils prescrivent en faveur de tous les tribunaux inférieurs poursuivis à raison de faits commis dans l'exercice de fonctions purement judiciaires (2).

Il en serait autrement, si le maire de la commune avait prévariqué dans l'exercice des fonc-

---

(1) Cette doctrine a été consacrée par deux avis du Conseil d'état des 4 pluviôse an xiii et 28 juin 1806, — et par trois arrêts de la Cour de cassation des 11 juin et 3 septembre 1807, 9 mars 1815. ( F. )

(2) *Sic* jugé par la Cour de cassation, le 8 février 1838.

(F.)

tions qui lui sont déléguées par le gouvernement. Pour agir contre lui, il faudrait en demander la permission au Conseil d'état, ou attendre la loi qui nous est promise sur la responsabilité des agents secondaires de l'administration publique (1).

A l'égard des délits commis dans l'exercice des fonctions municipales, je crois qu'il faut distinguer ceux qui compromettent les intérêts généraux de la commune, des vexations et autres actes arbitraires qui ne blessent que des individus.

Cette distinction me paraît résulter de la loi du 14 décembre 1789; cette loi spéciale pour les officiers municipaux est la seule qui soit directement relative à leur mise en jugement. Elle mérite donc beaucoup d'attention. En voici les termes : « Tout » citoyen *actif* pourra signer et présenter contre » les officiers municipaux la dénonciation *des* » *délits d'administration* dont il prétendra qu'ils se » seraient rendus coupables ; mais avant de porter » cette dénonciation dans les tribunaux, il sera » tenu de la soumettre à l'administration ou au » directoire de département, qui, après avoir pris » l'avis de l'administration de district ou de son

_____

(1) Cette loi n'est point encore rendue ( 1839 ), et c'est l'article 75 de la constitution de l'an viii que l'on continue à appliquer. ( F. )

» directoire, renverra la dénonciation, s'il y a
» lieu, à ceux qui en devront connaître. *Art.* 61. »

Il y a donc des délits municipaux dont la répression ne peut être demandée aux tribunaux
que sous le bon plaisir de l'autorité administrative
supérieure. Mais quels sont ces délits? On ne peut
pas s'y méprendre. Ces premiers mots de l'article :
*Tout citoyen actif peut dénoncer*, nous révèlent la
pensée du législateur.

Ces délits, qu'un citoyen actif peut seul dénoncer, ne peuvent être que ceux qui, sans blesser
directement les individus, ne froissent que les intérêts généraux de la commune : tels que le diver-
tissement des deniers communs, des fraudes pra-
tiquées dans la passation d'un bail à ferme, ou
dans un marché pour la réparation d'un édifice
public.

Il est sage, il est naturel de ne permettre qu'aux
membres de la commune de porter un œil critique
sur ces sortes d'opérations. Mais étendre cette disposition à tous les actes arbitraires que des officiers municipaux peuvent se permettre, à toutes
les vexations qu'il leur plairait de commettre, et
dire que les citoyens *actifs* sont seuls autorisés à
s'en plaindre, ce serait de toutes les injustices la
plus révoltante. En effet, tous ceux qui, faute de
résidence ou de fortune, n'auraient pas cette qualité

de *citoyen actif*, en butte à tous les outrages, et privés de la protection des lois, seraient de vrais ilotes dans leur patrie. Cependant ils n'en sont pas moins Français, ils n'en sont pas moins les enfants de la mère commune.

Au surplus, s'il pouvait rester quelque doute sur le véritable sens de cet art. 61, il serait complétement levé par l'instruction annexée à la loi du 14 décembre et décrétée le même jour; instruction qui, développant l'esprit de l'art. 61, s'exprime en ces termes : « Lorsqu'un citoyen actif, *sans arti-* » *culer des griefs qui lui soient personnels*, voudra » dénoncer les officiers municipaux comme cou- » pables *de délits d'administration*, en ce cas la » dénonciation devra être préalablement soumise » à l'administration ou au directoire du départe- » ment, qui, après avoir fait vérifier les faits par » le directoire du district, et avoir pris son avis, » renverra la poursuite, s'il y a lieu, devant les » juges qui en devront connaître. »

Si tel est l'esprit de la loi ; s'il est vrai que l'autorisation du Conseil d'état n'est indispensable que lorsqu'il s'agit de délits qui compromettent les intérêts généraux de la commune, quelle doit être la règle dans les autres circonstances ?

Avant de répondre à cette question, je crois devoir établir ce que j'ai dit plus haut, que la loi du 14 décembre 1789 est la seule qui soit directement relative aux délits commis dans l'exercice du pouvoir municipal, et que toutes celles qui parlent de la mise en jugement des administrateurs ne sont applicables qu'aux agents de l'administration publique.

L'énumération de ces lois ne sera pas longue. Elles se réduisent à cinq : la première, du 24 août 1790, article 13 ; la seconde, du 14 octobre 1790 ; la troisième, un décret du 9 pluviôse an x ; la quatrième, un autre décret du 9 août 1806 ; la cinquième, enfin, le Code pénal, article 129.

Il ne faut que jeter les yeux sur ces différents textes, pour se convaincre qu'ils ne sont applicables qu'aux agents de l'administration publique.

Je ne parle pas de l'art. 75 de la constitution de l'an viii. Comme la disposition de cet article est organique, et que la prérogative qu'elle conférait au Conseil d'état faisait partie de ses attributions constitutionnelles, l'article, le conseil, et la constitution, ont dû nécessairement éprouver le même sort (1). Au surplus, semblable aux trois

_____

(1) La jurisprudence, comme nous l'avons déjà dit, n'admet pas que l'article 75 de la constitution de l'an viii soit abrogé. *V.* l'arrêt de la Cour de cassation du 30 novembre

lois et aux deux décrets que nous venons de rappeler, cet article 75 ne serait applicable qu'à des délits administratifs commis par des agents de l'administration publique.

Je reviens à la question que je me suis proposée plus haut, celle de savoir quelle règle il faut suivre dans le cas où le maire d'une commune aurait porté atteinte à la sûreté ou à la liberté d'un individu. La réponse n'est pas difficile.

Puisqu'à cet égard, et sur ce cas particulier, les lois anciennes et nouvelles gardent le silence, il est clair que la seule règle à suivre doit être de se référer au droit commun ; et de droit commun les tribunaux sont ouverts indistinctement à tous les opprimés.

## CHAPITRE XII.

Suite du chapitre précédent. — Jurisprudence du Conseil d'état et de la Cour de cassation, concernant la mise en jugement des officiers municipaux.

On vient de voir, dans le chapitre précédent, que je ne distingue pas le maire des membres du

---

1821, et la discussion qui a eu lieu devant la chambre des pairs pendant la session de 1834. ( F. )

conseil municipal ; et que, les réunissant sous la dénomination collective d'officiers municipaux, je professe l'opinion que tous peuvent être traduits dans les tribunaux, sans l'autorisation du Conseil d'état, toutes les fois qu'ils attentent à la réputation ou à la sûreté d'un citoyen, soit par des actes de violence, soit par des expressions injurieuses consignées dans leurs délibérations. Une ordonnance royale rendue récemment, et depuis la première édition de cet ouvrage, adopte cette manière de voir, mais seulement à l'égard des membres du conseil municipal. Cependant c'est toujours un premier pas. En conséquence je vais transcrire cette ordonnance ; elle est du 2 décembre 1822. La voici :

« Louis, etc. Vu la lettre de notre procureur général près la Cour royale de Montpellier, qui, en transmettant à notre garde des sceaux une délibération du conseil municipal de la commune de Cassagnolles, département de l'Hérault, du 13 septembre dernier, laquelle aurait été dénoncée par le préfet de ce département comme attentatoire à l'ordre public et injurieuse pour divers fonctionnaires publics, demande l'autorisation de poursuivre l'adjoint au maire de Cassagnolles, et les membres du conseil municipal, signataires de ladite délibération ;

» Vu le rapport fait au conseil municipal par le sieur Contron, adjoint au maire de Cassagnolles, et la délibération qui s'en est suivie ;

» Vu l'article 75 de la loi du 22 frimaire an VIII ;

» Les décrets des 11 juin et 9 août 1806 :

» Considérant que les membres des conseils municipaux ne sont point agents du gouvernement, et que dès lors ils peuvent être poursuivis sans autorisation préalable ;

» Notre Conseil d'état entendu,

» Nous avons ordonné et ordonnons ce qui suit :

» Art. 1er. Il n'y a lieu de statuer sur la demande d'autorisation afin de poursuivre les membres du conseil municipal de Cassagnolles, signataires de la délibération du 13 septembre dernier.

» Art. 2. Notre procureur général près la Cour royale de Montpellier est autorisé à poursuivre l'adjoint au maire de Cassagnolles, à raison des faits contenus dans son rapport au conseil municipal de Cassagnolles, et dans la délibération qui s'en est suivie le 13 septembre dernier (1). »

_____

(1) Le principe sur lequel repose l'ordonnance du 2 septembre 1822 ne peut plus faire de doute, aujourd'hui que les

Cette ordonnance établit, comme l'on voit, une différence très-notable entre le maire et les membres du conseil municipal. En effet elle juge que ceux-ci peuvent être traduits en jugement sans une autorisation préalable; mais, qu'à l'égard du maire, cette autorisation est indispensable. Sur quels motifs cette distinction est-elle fondée? L'ordonnance le dit : *Considérant que les membres du conseil municipal ne sont pas agents du gouvernement.*

Ainsi le gouvernement reconnaît et proclame que le privilége de n'être poursuivi en justice qu'en vertu d'un ordre du Conseil d'état est attaché, non au pouvoir municipal, mais au pouvoir administratif; et que, si cette prérogative est accordée aux maires, c'est uniquement parce qu'ils sont investis de quelques branches de l'administration publique.

Mais, s'il en est ainsi, si cette garantie n'est accordée aux maires qu'à raison de leurs fonc-

---

membres des conseils municipaux sont électifs; mais on doit observer qu'il n'est pas applicable au membre du conseil municipal qui remplit les fonctions de maire par délégation, dans le cas prévu par l'article 14 de la loi du 18 juillet 1837; ce conseiller est alors revêtu des attributions du maire qu'il remplace, et il a droit aux mêmes garanties. ( F. )

tions administratives, est-il bien conséquent de
les en faire jouir pour les délits qu'ils peuvent
commettre dans l'exercice des fonctions municipales? L'effet peut-il avoir plus d'étendue que sa
cause?

Je ferai encore une observation.

Un individu, signalé d'une manière peu honorable dans la délibération d'un corps municipal,
croit sa réputation compromise, et veut une
réparation. Dans sa juste impatience il saisit simultanément le tribunal de police correctionnelle
et le Conseil d'état. Le tribunal condamne les
membres du conseil municipal. Le Conseil d'état,
plus indulgent ou plus éclairé, absout le maire en
refusant l'autorisation de le poursuivre. Cela peut
arriver. Cependant la délibération inculpée ne
pouvant pas être tout à la fois injurieuse et inoffensive, tous ceux dont elle est l'ouvrage sont également coupables ou également innocents. Un des
deux tribunaux aura donc nécessairement commis
une injustice : et, ce qui n'est pas moins déplorable,
le soupçon planera sur l'un et sur l'autre. C'est
d'après cette haute considération, c'est pour éviter
ce scandale judiciaire, que l'on a établi en principe
qu'un délit qui de sa nature est indivisible, ne peut
être soumis ni à la répression, ni même à la censure
de deux juridictions indépendantes, quels que

soient le nombre, le domicile, et la qualité des prévenus.

Six mois avant cette ordonnance royale, et de même postérieurement à la première édition de cet ouvrage, la Cour de cassation avait jugé d'une manière également explicite, que deux membres du conseil municipal d'une commune avaient pu être traduits en jugement sans autorisation préalable, quoique ces deux fonctionnaires eussent agi en leur qualité d'officiers municipaux. Mais cet arrêt, semblable sous ce rapport à l'ordonnance royale, en diffère sur un point très-notable. L'ordonnance royale, appliquant aux maires des règlements faits dans l'intérêt de l'administration publique, et généralisant leurs dispositions, décide que l'autorisation du Conseil d'état est indispensable pour traduire en jugement ces fonctionnaires, même pour les délits qu'ils peuvent commettre dans l'exercice des fonctions municipales. L'arrêt, interrogeant les lois directement et spécialement relatives aux municipalités, notamment celle du 14 décembre 1789, sanctionnée par le roi le 22 du même mois, en fait sortir la conséquence que cette autorisation n'est pas nécessaire, toutes les fois que le maire a agi, non comme agent de l'administration, mais en qualité d'officier municipal, et comme mandataire des habitants de sa commune.

Voici les circonstances dans lesquelles cet arrêt a été rendu. Deux membres d'un conseil municipal, traduits en police correctionnelle pour avoir enlevé la récolte d'un héritage exploité par un particulier, avaient prétendu qu'ils ne pouvaient être poursuivis qu'en vertu d'une autorisation du Conseil d'état, sur le double motif qu'ils n'avaient agi que par l'ordre du maire et en leur qualité d'officiers municipaux. Un arrêt de la Cour royale de Grenoble, du 5 janvier 1822, avait rejeté cette exception et ordonné la continuation des poursuites. Les parties s'étant pourvues en cassation, leur demande a été rejetée par arrêt du 23 mai 1822, dont voici le dispositif :

« LA COUR,

» Sur les conclusions de M. Fréteau de Pény,
» avocat-général ;

» *Sur le premier moyen*, fondé sur ce que les de-
» mandeurs n'avaient agi, dans les faits à eux im-
» putés, qu'en leur qualité de membres du conseil
» municipal et en vertu des ordres du maire ;
» qu'ils n'auraient donc pu être poursuivis que
» d'après une autorisation du Conseil d'état, con-
» formément à l'art. 75 de l'acte constitutionnel
» du 22 frimaire de l'an VIII, et qu'en rejetant les

» réclamations qu'ils avaient faites à cet égard,
» la Cour royale de Grenoble a violé les disposi-
» tions de cet article;

» Vu ledit article;

» Vu aussi l'art. 61 de la loi du 14 décembre
» 1789, relative à la constitution des municipa-
» lités, et l'instruction annexée à cette loi et pu-
» bliée avec elle;

» Attendu que ledit art. 75 a restreint sa dis-
» position aux agents du gouvernement et aux
» faits par eux commis en cette qualité; qu'il n'a
» eu pour objet, en effet, que de protéger et de
» conserver le mouvement et la force de l'action
» administrative, en accordant l'indépendance
» nécessaire à ceux que le gouvernement avait
» immédiatement ou médiatement chargés de sa
» direction;

» Que les *maires* sont investis de diverses fonc-
» tions essentiellement différentes dans leur nature
» et dans leur origine; que les unes sont une
» branche de l'administration publique, et qu'ils
» les exécutent comme délégués du gouvernement,
» dont ils sont en cette partie les agents; qu'à
» l'égard des faits relatifs à ces fonctions, l'art. 75
» de l'acte constitutionnel du 22 frimaire an VIII
» est évidemment applicable;

» Que d'autres fonctions étrangères à l'admi-

» nistration publique leur ont été attribuées par
» des lois particulières pour la tenue des registres
» de l'état civil, et la participation à la police
» judiciaire ; qu'à l'égard des délits qu'ils peuvent
» commettre dans l'exercice de ce second genre
» de fonctions, on doit suivre, pour leur traduc-
» tion dans les tribunaux civils ou criminels, les
» règles établies par les lois qui les leur ont con-
» férées ;

  » Que *les maires*, enfin, conjointement avec le
» conseil municipal, surveillent et administrent
» les intérêts de leur commune ; qu'ils délibèrent
» avec ce conseil, mais qu'ils sont seuls chargés de
» l'exécution de ces délibérations et des mesures
» qui doivent en être la suite ; que, dans *ce troisième*
» *genre de fonctions, les maires n'agissent pas dans*
» *le cercle de l'administration publique, qu'ils agissent*
» *pour les intérêts de la commune et comme ses man-*
» *dataires légaux ; qu'ils ne sont donc pas dans ces*
» *fonctions les agents du gouvernement, et que, s'ils*
» *commettent des malversations, ils ne peuvent invo-*
» *quer l'art. 75 de l'acte constitutionnel du 22 frimaire*
» *an* VIII ; *qu'ils peuvent seulement réclamer l'exécution*
» *et le bénéfice de l'art. 61 de la loi du 14 décembre*
» *1789 ;* mais que, d'après cet article, et suivant
» l'explication qu'a donnée de sa disposition l'in-
» struction annexée à ladite loi, l'autorisation

» administrative qu'il exige pour la poursuite des
» officiers municipaux , n'est relative qu'aux
» malversations qui auraient blessé les intérêts
» généraux de la commune ; qu'elle n'est point
» requise pour la poursuite *des griefs personnels à*
» *un individu ;* que ces griefs rentrent donc dans le
» droit commun , et que , par conséquent , les
» tribunaux peuvent en être saisis directement ,
» quoique les poursuites n'en aient pas été admi-
» nistrativement autorisées ;

» **Et attendu que** , dans l'espèce , le sieur Ber-
» trand ne se plaignait pas d'un délit d'adminis-
» tration générale ; qu'il se plaignait de voies de
» fait , d'enlèvement de récoltes , abatis d'arbres ,
» et de dévastations commises sur un terrain qu'il
» prétendait lui appartenir , et dont il était en pos-
» session ; que les membres du conseil municipal ,
» auxquels il imputait ces excès , pouvaient donc
» être directement poursuivis devant les tribunaux
» sans autorisation préalable , soit qu'ils eussent
» agi dans ces voies de fait d'après leur propre vo-
» lonté , soit qu'ils eussent suivi l'inspiration ou les
» ordres du maire ;

» *Sur le deuxième moyen* , fondé sur ce que les
» demandeurs soutenaient que le terrain sur lequel
» les dévastations dont il s'agit avaient été par eux
» commises , appartenait à la commune ; qu'en con-

» séquence ils avaient demandé qu'ils fussent ren-
» voyés devant les tribunaux civils pour y faire
» juger cette question de propriété, et que, jus-
» qu'à ce qu'il y eût été statué, il fût sursis aux
» poursuites correctionnelles ;

  » Attendu que la commune, qui seule avait
» qualité pour se prétendre propriétaire du ter-
» rain, fût-elle intervenue et eût-elle été autorisée
» à soutenir cette prétention devant les tribunaux,
» il n'aurait pu en résulter, en faveur des deman-
» deurs, aucune question préjudicielle, d'après
» laquelle il dût être sursis aux poursuites correc-
» tionnelles intentées contre eux ; qu'il était enfin
» reconnu, et qu'il a été jugé par la Cour royale
» de Grenoble, que Bertrand avait la possession
» dudit terrain ; que dès lors les dévastations qui
» y avaient été commises par les demandeurs au
» préjudice de cette possession, étaient des voies
» de fait, des actes de violence qui constituaient
» des délits prévus par les art. 444, 445, 449 et
» 456 du Code pénal ; que le caractère de ces actes
» de violence ne pouvait être modifié par le juge-
» ment qui aurait pu intervenir postérieurement
» en faveur de la commune, et qu'il n'y a de
» question préjudicielle qui doive donner lieu à
» surseoir devant la juridiction correctionnelle
» que celle qui porte sur un fait dont la preuve et

» la reconnaissance feraient disparaître le délit;
» d'après ces motifs, et attendu d'ailleurs la régu-
» larité de la procédure et celle de l'arrêt attaqué,
» REJETTE, etc. »

Cet arrêt fera époque. La distinction qu'il consacre entre les actes qui choquent les intérêts généraux des communes, et ceux qui blessent les particuliers, le range dans la classe de nos garanties
sociales. Ainsi, désormais les lois protectrices de la
tranquillité des citoyens pèseront de tout leur poids
sur les officiers municipaux; et, pour être autorisé
à se plaindre des vexations qu'ils pourraient commettre, il suffira de les avoir éprouvées.

Cette jurisprudence, éminemment juste et par
conséquent bonne sous tous les régimes, était surtout nécessaire dans un ordre de choses où les
maires des communes, étant nommés par le gouvernement, pourraient croire qu'ils ne doivent
rien à leurs concitoyens, parce qu'ils ne tiennent
rien d'eux.

[ *Add.* ] Ces deux chapitres se résument ainsi :

Le maire, comme *officier de l'état civil*, peut être
poursuivi sans autorisation préalable, conformément
aux articles 50 et 53 du Code civil;

Comme *officier de police judiciaire* ou comme *juge*,
il peut également être poursuivi sans autorisation, mais

dans les formes prescrites par les articles 483 et 484 du Code d'instruction criminelle ;

Comme *délégué du gouvernement*, il ne peut être poursuivi sans l'autorisation du Conseil d'état ;

Comme *administrateur* de la commune, il ne peut être poursuivi pour les délits qui froissent les intérêts généraux de la commune, que dans les formes prescrites par la loi du 14 décembre 1789.

Dans tous les autres cas, il est soumis au droit commun.

Cette énumération nous paraît incomplète, en ce qu'elle laisse de côté l'une des attributions les plus importantes du maire, nous voulons parler du droit de prendre des arrêtés pour ordonner les mesures locales sur les objets confiés par la loi à sa surveillance et à son autorité. Le maire, quand il use de ce droit, n'est pas agent *du gouvernement;* car la loi du 14 décembre 1789, dont les principes ont été consacrés en ce point par la loi du 18 juillet 1837, déclare cette attribution *propre au pouvoir municipal*, et M. Henrion de Pensey établit plus loin, partie II, chap. I, que le pouvoir de faire dans la circonscription de chaque municipalité les règlements que le maintien de la police locale exige, n'est pas une concession de la puissance publique. Il n'agit pas non plus comme *administrateur* de la commune, dans les termes de l'article 61 de la loi du 14 décembre 1789, puisqu'il ne s'agit dans cette loi que de *délits d'administration*. De là naît la question de savoir si un maire peut être librement traduit devant lès tribunaux, à l'occasion des mesures de police purement municipale qu'il a prescrites par ses arrêtés, et quelquefois même fait exécuter sur-le-champ, attendu l'urgence (1) ?

Bien que, dans la rigueur des principes, le maire ne puisse alors être considéré comme un *agent* du gouvernement, nous pensons cependant qu'il jouit encore du bénéfice de la garantie créée par l'article 75 de la constitution de l'an viii. Il n'est jamais plus nécessaire en effet d'entourer l'autorité d'une protection spéciale que lorsqu'elle est appelée à prendre ou à faire exécuter ces mesures de police locale qui sont de nature à soulever un grand nombre de mécontentements et d'animosités ; si le maire pouvait être librement traduit devant les tribunaux par tous ceux dont il froisse alors les habitudes ou les intérêts, la police municipale serait paralysée partout et deviendrait partout impossible. Il n'est pas douteux pour nous que, dans l'intention de l'auteur de la constitution de l'an viii, les mots *agents du gouvernement* doivent s'appliquer aux maires, lors même qu'ils agissent en vertu du *pouvoir de police municipale*. Il y a là sans doute un vice de rédaction, mais il s'explique très-bien par l'esprit de la constitution qui tendait à centraliser l'autorité et à la faire dériver d'une source unique. Notre interprétation a été adoptée par la Cour de cassation dans un arrêt du

(1) *V.* l'*addition* au chapitre VIII de la 2e partie.

13 novembre 1809, dont nous faisons connaître le texte parce qu'il statue sur un cas qui paraît, au premier aspect, être le même que celui de l'arrêt du 22 mai 1823, mais qui en diffère cependant en un point important. Il s'agissait en effet, dans l'un et l'autre arrêt, d'un maire qui avait donné l'ordre de s'emparer d'un terrain dont un particulier prétendait être propriétaire ; mais, dans la première espèce, il avait agi comme administrateur des biens patrimoniaux de la commune, à laquelle il soutenait que le terrain appartenait ; dans la seconde, il avait agi en vertu du *pouvoir de police municipale*, dérivant de la loi du 24 août 1790, en réprimant une usurpation faite sur un *terrain public*. De là sans doute la différence dans la solution. — Voici le texte de ce dernier arrêt :

« Le 9 août 1809, la veuve Poinsard fait citer Remy en paiement de dommages qu'il lui a causés en fauchant l'avoine croissant dans un coin de terre lui appartenant. Devant le juge de paix, intervient le maire de la commune, aux ordres duquel Remy n'avait fait qu'obéir ; il soutient la veuve Poinsard non recevable dans son action, attendu qu'elle avait usurpé une partie *du terrain public*, et qu'il avait pu faire faucher l'avoine sur l'anticipation. — Jugement qui condamne le maire à 2 fr. de dommages-intérêts et aux dépens. — Pourvoi dans l'intérêt de la loi. — Arrêt. »

« La Cour, — sur les conclusions de M. Lecontour, substitut ; — vu l'article 80 de la loi du 27 ventôse an VIII et l'article 75 de la loi du 22 frimaire même année ; — attendu qu'aux termes de ces deux articles , *les agents du gouvernement* ne peuvent être poursuivis pour raison des faits relatifs à leurs fonctions , qu'en vertu d'une décision du Conseil d'état, à peine de nullité ; — que , par le jugement du 12 août 1809 , le juge de paix du canton de Sainte-Menehould a condamné le sieur Godart pour un fait relatif *à ses fonctions de maire*, sans qu'il lui ait apparu d'une décision du Conseil d'état qui autorisât à poursuivre le sieur Godart pour raison de ce fait ; — casse , etc.

~~~~~~~~~~~~~~~~~~~~~~~~~~~~~~~~~~~~~~~~~~~~~~

# CHAPITRE XIII.

### Du rang que les officiers municipaux doivent occuper dans les cérémonies publiques. Doivent-ils précéder les juges?

Lorsque des fonctionnaires de différents ordres sont réunis en cette qualité de fonctionnaires , et qu'il s'agit d'assigner le rang qu'ils doivent tenir , ce n'est pas l'homme qu'il faut considérer en eux , mais la nature , l'étendue et l'importance de leurs fonctions ; et la préséance est due à celui qui est investi des plus hautes attributions , et qui exerce la plus grande influence. Mais, sous ce rapport, quelle différence entre le pouvoir municipal et les autres pouvoirs ; par exemple , entre les cours de justice et les municipalités ?

6

Les corps municipaux n'ont d'action que dans les limites de leurs communes respectives. Les cours judiciaires agissent sur la masse entière des citoyens.

Les municipalités n'ont que quelque point de contact avec l'ordre public; et l'ordre public tout entier est sous la garde des tribunaux.

Chargés par les lois de faire jouir leurs communes des avantages d'une bonne police, les corps municipaux sont autorisés à faire des règlements qui sont obligatoires pour tous les habitants de la commune. Envisagés sous ce point de vue, il est vrai de dire qu'ils appartiennent à la classe des fonctionnaires publics. Mais cela se réduit à maintenir dans l'enceinte des habitations la propreté, la salubrité, la sûreté, la tranquillité.

Que les fonctions judiciaires ont bien une autre importance!

Organe de la puissance législative, c'est l'autorité judiciaire qui lui donne la vie, et qui la met en action; c'est elle qui, faisant prévaloir les droits du plus faible sur les prétentions du plus fort, assure le règne de la loi et la paix entre les citoyens; c'est elle enfin qui forme la morale publique, en flétrissant les actions malhonnêtes, et en retranchant de la société ceux qui en ont commis de criminelles.

Cependant nous voyons les maires précéder les juges dans les cérémonies publiques : même cela est établi par un décret spécial.

Voudrait-on justifier ce décret par la circonstance qu'indépendamment des fonctions municipales, le maire est investi de quelques parties de l'administration publique? La méprise ne serait pas moins choquante.

La justice et l'administration émanent également du Roi ; l'une et l'autre sont également dans les attributions du pouvoir exécutif ; mais des caractères bien différents les distinguent.

Il y a deux sortes d'administrations, l'une générale, l'autre particulière ; l'une qui délibère, l'autre qui exécute.

La première, que l'on appelle la haute administration, ou, en d'autres termes, le gouvernement, établit les relations extérieures, surveille et dirige dans l'intérieur tous les mouvements du corps politique, pourvoit à tous les besoins généraux de la société, prévient les attentats à la sûreté publique, maintient l'harmonie entre les différents pouvoirs, et fait les règlements nécessaires pour l'exécution des lois.

Au-dessous de cette haute administration, et dans un degré fort inférieur, figure l'administration proprement dite, qui, placée sous la direction du gouvernement, est, sous plusieurs rapports, à cette grande autorité, ce que le pouvoir exécutif est à la puissance législative.

Cette administration, dont la présence est partout nécessaire, se compose d'une foule d'agents disséminés sur tous les points. Chacun d'eux exerce, dans une circonscription déterminée, les fonctions plus ou moins importantes qu'il plaît au suprême administrateur de leur conférer. Mais, quelque place qu'ils occupent dans la hiérarchie administrative, il est un devoir qui leur est commun à tous; c'est une soumission aveugle aux ordres du gouvernement. Obligés de les exécuter à l'instant où ils en ont la connaissance officielle, toute délibération leur est interdite. Ce n'est pas pour vouloir qu'ils sont établis, c'est surtout pour agir. Dociles à l'impulsion qui leur est donnée, ils doivent constamment la suivre; et si quelquefois il leur est permis d'avoir une volonté, c'est dans deux cas seulement : lorsqu'il y a urgence, ou qu'il ne s'agit que de simples mesures d'exécution que le ministre n'a pas jugé à propos d'indiquer ; et même, dans ces deux circonstances, la décision de l'administrateur n'est que provisoire, et ne devient définitive que par l'autorisation de l'administration supérieure.

Le magistrat est dans une tout autre position.

Le gouvernement n'a aucune action sur lui. Comme le gouvernement, il ne voit au-dessus de lui qu'une seule autorité, celle des lois. Chargé de les appliquer, de suppléer à leur insuffisance, et d'interpréter celles qui sont obscures, il est lui-même une loi vivante. Ce n'est pas, comme les administrateurs, un mandat qu'il exécute, c'est une juridiction qu'il exerce. En vertu de cette juridiction, il commande à tous et ne reçoit d'ordre de personne. Enfin, telle est l'importance de l'autorité judiciaire, que la plupart des publicistes la regardent comme l'un des grands pouvoirs de la société, et la placent à côté de la puissance législative et du pouvoir exécutif.

Et ce sont des hommes revêtus de ce grand caractère que nous voyons, dans les cérémonies publiques, précédés par des administrateurs du second, du troisième, et même du quatrième ordre. Je ne sais si je me trompe, mais il me semble que de toutes les inconséquences de nos lois nouvelles, il n'en est pas de plus choquante.

[*Add.*] Il nous semble que le décret du 24 messidor an XII sur les préséances ne mérite pas les reproches qui lui sont adressés ici. En effet, ce décret divise les personnes qu'il appelle aux cérémonies publiques, en deux séries : l'une comprend les hauts dignitaires et les fonctionnaires éminents parmi lesquels figurent les *chefs de corps ;* l'autre est composée des corps eux-mêmes et des fonctionnaires qui ne font pas partie de la première série. Cette distinction admise, n'est-il pas évident que l'on devait placer dans la première série le maire, représentant et chef du corps municipal ? Certes, le rang qu'on lui donne n'a rien qui puisse exciter l'envie, car ce rang est l'un des derniers; et le maire, qui vient après le président du tribunal de commerce, ne peut avoir au-dessous de lui que le commandant d'armes et le président du consistoire. ( Décret du 24 messidor an XII, art. 1.) Dans la seconde série, le corps municipal marche après les membres des tribunaux de première instance. (*Id.* art. 8. )

## CHAPITRE XIV.

### De quelle manière les actes des corps municipaux doivent-ils être intitulés?

Il devrait en être de l'intitulé des actes administratifs comme du costume des administrateurs. De même que l'un indique la qualité du fonctionnaire, l'autre devrait faire connaître la nature du pouvoir dont l'acte est émané.

C'était sans doute la pensée des rédacteurs de la Charte constitutionnelle, lorsqu'ils ont donné la

qualification de loi aux délibérations du corps législatif, et celle d'ordonnance et règlement aux
actes du pouvoir exécutif.

Mais s'il en est ainsi, si telles sont nos formes
constitutionnelles pour les grandes autorités, ne
peut-on pas dire que ces qualifications sont interdites aux pouvoirs secondaires? A la vérité, la défense n'est pas explicite; mais était-il nécessaire
qu'elle le fût? D'ailleurs ce point était réglé depuis
longtemps : bien avant la Charte, les lois avaient
défendu aux administrations de département,
d'arrondissement, et de commune, de donner à
leurs actes d'autre dénomination que celle d'arrêté, d'avis, et de délibération. La loi du 19 juillet
1791, spéciale pour les municipalités, porte, article 46 : « *Aucun tribunal de police municipale, ni*
» *aucun corps municipal, ne pourra faire de règle-*
» *ment. Le corps municipal néanmoins pourra, sous le*
» *nom et l'intitulé de délibération, et sauf la réforma-*
» *tion, s'il y a lieu, par l'administration de départe-*
» *ment, faire des arrêtés sur les objets qui suivent,*
» *etc.* »

Cependant les mots *ordonnance* et *règlement* sont
dans le protocole de toutes les préfectures et de
toutes les municipalités, et tous les jours nous
voyons des *ordonnances* de simple police, qui cependant ne sont autre chose que des actes du pou-

voir municipal, affichées à côté des *ordonnances* du Roi.

[*Add.*] Aux termes de l'art. 11 de la loi du 18 juillet 1837, les actes du maire sont intitulés *arrêtés*. Le mot de *règlement* peut être aussi employé, car la loi reconnaît des *arrêtés* qui portent *règlement* (*id.*). Les conseils municipaux, aux termes de l'art. 12, *règlent* par leurs *délibérations* les objets que cet article énumère. — Les actes des préfets sont aussi qualifiés d'*arrêtés*, et ces *arrêtés* peuvent porter *règlement*. — Enfin l'arrêté du 12 thermidor an VIII, qui détermine les fonctions de préfet de police de Paris, dit, art. 2 : « Le préfet de police pourra publier de nouveau les lois et règlements de police, et rendre les *ordonnances* tendant à en assurer l'exécution. » Quoique depuis 1814 le mot *ordonnance* ait été consacré dans le langage du droit public à exprimer les actes du Roi, le préfet de police de la Seine a conservé cependant l'usage d'intituler ses actes *ordonnances de police*.

---

## CHAPITRE XV.

### Objets dont se composent les attributions du pouvoir municipal.

Nous avons cet avantage que tout ce que nous allons dire est sanctionné par une loi qui est peut-être la plus sage, la mieux méditée de toutes celles que nous devons à l'assemblée constituante. C'est la loi des 14 et 28 décembre 1789.

Aux termes de cette loi, les fonctions propres au pouvoir municipal sont :

De régir les biens et revenus communs des villes, bourgs, paroisses, et communautés ;

De régler et d'acquitter celles des dépenses locales qui doivent être payées des deniers communs ;

De diriger et de faire exécuter les travaux publics qui sont à la charge de la communauté ;

D'administrer les établissements qui appartiennent à la commune, qui sont entretenus de ses deniers, ou qui sont particulièrement destinés à l'usage des citoyens dont elle est composée.

Il entre également dans les attributions des corps municipaux de délibérer :

Sur des acquisitions ou aliénations d'immeubles ;

Sur des impositions extraordinaires pour des dépenses locales ;

Sur des emprunts ;

Sur des travaux à entreprendre ;

Sur l'emploi du prix des ventes, des remboursements ou des recouvrements ;

Sur les procès à intenter ;

Même sur les procès à soutenir.

C'est également pour tous les officiers municipaux un droit et un devoir de faire jouir les habitants de leurs communes des avantages d'une bonne police, notamment de la propreté, de la salubrité, de la sûreté, et de la tranquillité dans les rues, lieux et édifices publics.

On voit par cette nomenclature des objets confiés à la vigilance et à l'autorité des officiers municipaux, que ces fonctionnaires ne peuvent pas être de simples agents d'une administration supérieure; et que pour remplir les fonctions qui leur sont propres, ils doivent nécessairement avoir tout à la fois le pouvoir de délibérer et d'exécuter leur délibération. Mais comment exerceront-ils cette double prérogative? tous se réuniront-ils également pour délibérer et pour agir, ou le pouvoir exécutif sera-t-il exclusivement confié à l'un des membres du corps municipal? C'est ce que nous examinons dans le chapitre suivant.

[*Add.*] La loi du 18 juillet 1837 sur les attributions municipales a conservé les principes de l'assemblée constituante, principes qui sont puisés dans la nature même de l'institution; mais comme elle a été rendue après 48 années de pratique, elle est entrée dans plus de détails et a précisé d'une manière plus complète les attributions des conseils municipaux et des maires. Nous ferons connaître, à la suite du chapitre XVI, la manière dont la loi nouvelle a fait l'application des principes généraux et résolu les difficultés de détail.

## CHAPITRE XVI.

Que les corps municipaux se divisent en pouvoir délibérant, et en pouvoir exécutif; que ce dernier appartient exclusivement aux maires des communes.

Comme c'est l'existence d'une municipalité dans une enceinte quelconque, qui, semblable à une sorte de ciment politique, réunit ses habitants en un seul corps, et en forme un individu moral, à l'instant où les officiers municipaux sont légalement installés, ils deviennent les mandataires de la commune, les dépositaires et les agents de la volonté de leurs concitoyens ; et tous les droits, tous les intérêts communs se concentrent dans leurs personnes.

Pour l'exercice de ces droits, pour l'administration du patrimoine commun, il faut d'abord délibérer; il faut ensuite faire exécuter les délibérations. Ces deux obligations pèsent également sur les corps municipaux.

Comme toute délibération suppose un concours

de lumières, et que, dans toutes, une sage lenteur est toujours nécessaire, tous les membres du corps municipal doivent être convoqués chaque fois qu'il s'agit de délibérer. Mais les mesures d'exécution étant le plus souvent de nature à exiger une grande célérité, les délibérations une fois prises, un seul doit être chargé de les faire exécuter.

Les corps municipaux se réunissent sous la présidence d'un chef auquel on donne la dénomination de maire; et c'est encore ce chef qui seul est chargé de toutes les mesures d'exécution.

Le maire convoque les assemblées, en expose les motifs, en dirige les délibérations, et là finit son influence. Son avis ne pèse pas plus que celui des autres dans la balance des opinions; et les résultats de l'assemblée sont des actes, non du maire, mais du corps municipal (1).

Une fois que la délibération est arrêtée, c'est le maire seul qui est chargé de la faire exécuter. Mais alors il prend un autre caractère; il n'est plus que l'agent du corps municipal, et un agent purement

---

(1) L'article 27 de la loi du 18 juillet 1837 apporte à cette proposition une légère modification : les délibérations des *conseils municipaux* se prennent à la majorité des voix ; en cas de partage, la voix du maire, comme président, est *prépondérante.* (F.)

passif. Circonscrit dans les termes de la délibération, il doit rigoureusement s'y conformer. Cette
délibération est pour lui un mandat impératif.
Toutes les fois qu'il s'en écarte, il se place dans
la position d'un mandataire qui excède ses pouvoirs. Tout ce qu'il fait est étranger à la municipalité, et il en demeure responsable en son nom
personnel.

On va voir cette distinction entre le pouvoir délibérant et le pouvoir exécutif, entre le président
et l'agent du corps municipal, clairement établie
par les lois qui ont successivement organisé, réorganisé, et modifié le régime municipal sous lequel nous vivons aujourd'hui.

Voici d'abord ce que porte la loi du 14 décembre
1789, sanctionnée le 28 du même mois.

Aux termes de cette loi les corps municipaux se
divisent en conseil et en bureau; le bureau est
formé du tiers des officiers municipaux, dont le
maire fait nécessairement partie; les deux autres
tiers forment le conseil.

*Le bureau seul est chargé de tous les détails d'exécution, et des actes de simple régie.*

Le conseil seul se réunit lorsqu'il s'agit d'examiner et de recevoir les comptes de la gestion du
bureau.

Le conseil et le bureau se réunissent pour pren

dre les autres délibérations relatives aux fonctions du corps municipal.

Enfin le corps municipal se forme en conseil général de la commune par l'adjonction d'un certain nombre de notables habitants, toutes les fois qu'il le juge convenable, et nécessairement lorsqu'il s'agit de délibérer sur certains objets que la loi prend soin de signaler.

Voilà bien le droit de délibérer distingué du droit d'exécuter. Celui-ci est confié à un bureau qui l'exerce collectivement.

Dans le cours des débats auxquels donna lieu la constitution de 1791, un orateur avait proposé de réunir plusieurs communes en une seule municipalité ; cette proposition, quoique raisonnable, et peut-être parce qu'elle était raisonnable, avait été rejetée.

Lorsqu'en 1795, on sentit le besoin de chercher un meilleur ordre de choses sous une constitution nouvelle, la même proposition reproduite fut accueillie ; et il n'y eut plus qu'un corps municipal dans chaque arrondissement de justice de paix.

Ces corps municipaux étaient composés d'un président, et d'un nombre d'agents égal à celui des communes de l'arrondissement. Le président était nommé par l'assemblée primaire du canton, et les agents par leurs communes respectives.

Le président et les agents, réunis au chef-lieu du canton, exerçaient le pouvoir municipal par des délibérations prises à la pluralité des voix; et chaque agent rentré dans sa commune y faisait exécuter, en sa qualité d'agent, les décisions auxquelles il avait concouru comme officier municipal. Il était encore dans ses attributions de faire jouir les habitants de sa commune des avantages d'une bonne police, c'est-à-dire de maintenir dans les rues et dans les lieux publics la propreté, la salubrité, la sûreté, la tranquillité.

Ces obligations lui étaient imposées par l'art. 1er de la loi du 21 fructidor an III. Les agents des communes, porte cet article, *outre les actes auxquels ils concourent dans la municipalité du canton, exerceront les fonctions de police dans leurs communes respectives. Ils y constateront, par des procès-verbaux, les contraventions aux lois de police, et y feront exécuter les arrêtés pris par l'administration municipale.*

En l'an VIII encore une constitution nouvelle, et par suite une nouvelle organisation municipale. Les municipalités collectives sont supprimées, et chaque commune a un corps municipal.

Ces corps sont composés d'un maire, d'un ou de deux adjoints, suivant la population, et d'un conseil municipal.

La loi du 28 pluviôse an VIII détermine avec beaucoup de soin les fonctions des conseils municipaux. A l'égard des maires, elle dit, et rien de plus : « Dans les villes, bourgs, et autres lieux » pour lesquels il y a maintenant un agent mu- » nicipal et un adjoint, et dont la population n'ex- » cèdera pas deux mille cinq cents habitants, il » y aura un maire et un adjoint ; dans les villes ou » bourgs de deux mille cinq cents à cinq mille » habitants, un maire et deux adjoints ; dans les » villes de cinq mille habitants à dix mille, un » maire, deux adjoints, et un commissaire de » police ; dans les villes dont la population excè- » dera dix mille habitants, outre le maire, deux » adjoints, et un commissaire de police, il y aura » un adjoint par vingt mille habitants d'excédant, » et un commissaire par dix mille d'excédant. » *Art.* 12. »

Voilà des maires substitués aux agents ; quelles seront leurs attributions ? sans doute celles des fonctionnaires qu'ils remplacent. C'est en effet ce que porte l'art. 13 de la loi ; et l'on se rappelle qu'aux termes de l'art. 1er de celle du 21 fructidor an III, article que nous venons de transcrire, les agents, indépendamment des délibérations aux- quelles ils concourent dans la municipalité, étaient chargés de la police dans l'intérieur de leurs communes, et de tous les actes d'exécution et de simple régie. Cette police, ces actes d'exécution, appartiennent donc exclusivement aux maires actuels.

Il appartient encore aux maires, *en l'absence du gouverneur de la ville, ou quand il n'y en a pas, de garder les clefs de la ville, d'ordonner la garde des portes, et des guets nocturnes, et par conséquent de donner le mot du guet.* Cette observation est du judicieux Loyseau, dans son *Traité des offices*, l. 5, ch. 7, n° 49.

[*Add.*] Les attributions du maire ont, comme nous l'avons dit, des sources diverses : les unes dérivent de l'administration générale ; les autres tiennent à l'essence même du pouvoir municipal. Sous le premier rapport, le maire est soumis *à l'autorité* des administrateurs supérieurs ; sous le second, il est seulement placé sous la *surveillance* de la haute administration, qui exerce à l'égard des communes une autorité de tutelle. Cette distinction est parfaitement établie dans les art. 9, 10 et 11 de la loi du 18 juillet 1837, qu'on peut lire à l'appendice.

Le maire a le droit de prendre des arrêtés pour publier de nouveau les lois et règlements de police, et pour rappeler les citoyens à leur observation, pour ordonner des mesures locales sur les objets confiés par les lois à sa vigilance et à son autorité (*id.* art. 11). Nous verrons, livre 2, chap. 7, ce qui est relatif à cette portion intéressante de ses attributions. Il nomme aux emplois com-

7

munaux pour lesquels la loi ne prescrit pas un mode spécial de nomination ; il suspend et révoque les titulaires de ces emplois. On peut voir, pour ces détails et pour le mode de remplacement du maire, la loi du 18 juillet 1837, art. 10 à 17, et celle du 21 mars 1831, art. 5. (*Appendice.*)

## CHAPITRE XVII.

### Des conseils municipaux, de leur composition, et des objets qui doivent être soumis à leur délibération.

Avant de parler, comme je viens de le faire, du pouvoir qui exécute, j'aurais dû m'occuper de celui qui délibère. L'ordre naturel des idées m'indiquait cette marche ; j'en ai été détourné par la loi du 28 pluviôse an VIII.

Cette loi substitue, aux municipalités collectives créées par la constitution de l'an III, un maire et un conseil municipal dans chaque commune ; et ce n'est qu'après avoir chargé le maire de la police et des autres fonctions exercées par les agents dans leurs communes respectives, c'est-à-dire des actes d'exécution et de simple régie, qu'elle ajoute :

Art. 15. Il y aura un *conseil municipal* dans

chaque ville ou autre lieu pour lequel il existe un *agent municipal* et un *adjoint.*

Le nombre de ses membres sera de dix, dans les lieux dont la population n'excède pas deux mille cinq cents habitants ; de vingt, dans ceux où elle n'excède pas cinq mille ; de trente, dans ceux où la population est plus nombreuse.

Ce conseil s'assemblera chaque année le 15 pluviôse, et pourra rester assemblé quinze jours.

Il pourra être convoqué extraordinairement par ordre du *préfet.*

Il entendra et pourra débattre le compte des recettes et dépenses municipales, qui sera rendu par le *maire* au *sous-préfet*, lequel l'arrêtera définitivement ;

Il règlera le partage des affouages, pâtures, récoltes, et fruits communs ;

Il réglera la répartition des travaux nécessaires à l'entretien et aux réparations des propriétés qui sont à la charge des habitants ;

Il délibèrera sur les besoins particuliers et locaux de la municipalité, sur les emprunts, sur les octrois ou contributions, et centimes additionnels qui pourront être nécessaires pour subvenir à ses besoins ; sur les procès qu'il conviendra d'intenter ou de soutenir pour l'exercice et la conservation des droits communs.

Quant à cette dernière disposition, qui veut que les conseils municipaux délibèrent sur les procès à entreprendre et à soutenir, j'observe qu'elle n'est rien moins que nouvelle; qu'on la trouve dans plusieurs lois antérieures, notamment dans celles des 14 décembre 1789 et 29 vendémiaire an V. Cette dernière, après avoir réglé la manière dont les procès qui intéressent les communes doivent être suivis, exige de même une délibération préalable de l'administration municipale. En voici les termes : « Le droit de suivre les actions qui in- » téressent uniquement les communes, est confié » aux agents desdites communes, et à leur défaut » à leurs adjoints..... » — « ..... Les agents et » leurs adjoints ne pourront suivre aucune action » devant les autorités constituées, sans y être » préalablement autorisés par l'administration » centrale du département, après avoir pris l'avis » de l'administration municipale. »

La loi du 14 décembre, qui veut de même que les conseils généraux des communes délibèrent sur les procès à intenter et à soutenir, et qui l'exige de la manière la plus impérieuse, est encore remarquable en ce qu'elle soumet à ces délibérations des objets que l'on regrette de ne pas trouver dans la loi du 28 pluviôse, mais qu'il faut y supposer, parce qu'ils sont de la même nature que ceux dont elle renferme l'énumération. Ces objets sont les acquisitions, les travaux à entreprendre, l'emploi du prix des ventes, etc. Au surplus, voici le texte de la loi :

Art. 54 : « Le conseil général de la commune » sera convoqué toutes les fois que la municipalité » ( aujourd'hui le maire ) le jugera convenable. » *Elle ne pourra se dispenser de le convoquer* lorsqu'il » s'agira de délibérer :

  » Sur des acquisitions ou aliénations d'immeu- » bles ;

  » Sur des impositions extraordinaires pour dé- » pense locale ;

  » Sur des emprunts ;

  » Sur des travaux à entreprendre ;

  » Sur l'emploi du prix des ventes, des rem- » boursements ou des recouvrements ;

  » Sur les procès à intenter ou à soutenir. »

Cependant ces lois présentaient encore quel- ques lacunes, qui sont remplies par le décret que l'on va lire ; il est du 4 thermidor an x.

Art. 2. Chaque conseil municipal formera et arrêtera l'état du passif de la commune.

Chaque article portera la date à laquelle la dette a été contractée.

Art. 3. Chaque conseil indiquera également l'actif de la commune.

Il en divisera l'état par chapitres.

Le premier comprendra les créances arriérées ;

Le deuxième , les revenus fixes existants ;

Le troisième , les revenus variables.

Art. 4. Les conseils municipaux détermineront le nombre de centimes qui seront perçus additionnellement aux contributions, pour les dépenses de l'année suivante , dans les limites établies par la loi.

Art. 5. Les conseils municipaux ne pourront demander ni obtenir aucune imposition extraordinaire pour les dépenses ordinaires des communes.

Art. 6. Les chemins vicinaux sont à la charge des communes.

Les conseils municipaux émettront leur vœu sur le mode qu'ils jugeront le plus convenable pour parvenir à leur réparation. Ils proposeront à cet effet l'organisation qui leur paraîtrait devoir être préférée pour la prestation en nature.

Art. 7. Les conseils municipaux indiqueront les moyens d'accroître les revenus ordinaires de la commune : 1° par la location des places aux halles appartenant aux communes, et aux foires et marchés; 2° par l'établissement d'un poids public; 3° par des octrois sur les consommations, perçus par abonnement, par exercice ou à l'entrée.

Art. 8. En aucun cas, la fixation de la dépense

présumée des communes ne pourra excéder le montant du revenu aussi présumé.

Art. 9. Tous les centimes perçus, tous les revenus appartenant à une commune, seront toujours employés exclusivement pour l'utilité de cette commune, de l'avis de son conseil municipal. Lorsqu'il y aura un excédant à la fin de l'année, cet excédant sera employé aux améliorations, réparations et embellissements, d'après l'avis du conseil municipal, celui du sous-préfet, et la décision du préfet.

Art. 10. L'aperçu des recettes et dépenses des communes sera adressé par le maire, en double expédition, au sous-préfet.

Art. 11. L'aperçu des recettes et dépenses sera divisé par chapitres, suivant la nature des unes et des autres.

Art. 12. Les frais d'administration de la commune seront toujours portés dans un chapitre séparé des autres dépenses.

[*Add.*] D'après la loi du 21 mars 1831, le conseil municipal est composé :

De dix membres dans les communes de 500 habitants et au-dessous ;

De douze dans celles de 500 à 1,500 ;

De seize dans celles de 1,500 à 2,500 ;

De vingt et un dans celles de 2,500 à 3,500 ;

De vingt-trois dans celles de 3,500 à 10,000 ;

De vingt-sept dans celles de 10,000 à 30,000 ;

Et de trente-six dans celles d'une population de 30,000 âmes et au-dessus.

Dans les communes où il y a plus de trois adjoints, le conseil municipal est augmenté d'un nombre de membres égal à celui des adjoints au-dessus de trois.

Dans celles où il y a un ou plusieurs adjoints spéciaux et supplémentaires, en vertu du second paragraphe de l'art. 2 de la loi du 21 mars 1831, le conseil municipal est également augmenté d'un nombre de membres égal à celui de ces adjoints. (Art. 9.)

(Aux termes de l'art. 14 de la loi du 20 avril 1834 sur l'organisation spéciale de la municipalité de Paris, le conseil municipal de cette ville se compose des trente-six membres qui, en exécution des art. 2 et 3 de cette même loi, sont élus par les douze arrondissements de Paris pour faire partie du conseil général du département de la Seine. )

Comme on le voit, sauf une différence en moins dans le *maximum* des membres du conseil municipal, la loi nouvelle a adopté le système proposé par M. Henrion de Pansey, chap. V, p. 37.

Le conseil municipal se réunit quatre fois l'année, au commencement des mois de février, mai, août et novembre, pour s'occuper de toutes les matières qui rentrent dans ses attributions. Chaque session peut durer dix jours. Dans l'intervalle des sessions, le conseil est convoqué par le préfet ou par le sous-préfet, soit d'office, soit sur la demande du maire, toutes les fois que l'intérêt de la commune l'exige. La convocation peut aussi être provoquée par le tiers des membres du conseil pour un objet spécial et déterminé. La demande en est alors adressée directement au préfet, qui ne peut refuser que par un arrêté motivé notifié aux réclamants, et dont ils peuvent appeler devant le Roi. Dans le cas de réunion extraordinaire, le conseil ne peut s'occuper que des objets pour lesquels il a été spécialement convoqué. (Loi du 21 mars 1831, art. 23, 24.)

D'après l'article 25 de la loi de 1831, le conseil ne peut délibérer qu'autant que la *majorité* des membres est présente : pour savoir d'après quelles bases cette majorité doit être calculée, il faut se rappeler qu'aux termes de l'art. 22, en cas de vacances dans l'intervalle des élections triennales, il n'y a obligation de procéder au remplacement qu'autant que le conseil municipal se trouve réduit aux trois quarts de ses membres ; par conséquent la majorité doit être calculée eu égard, non au chiffre légal, mais au chiffre réel des conseillers en exercice.

L'expérience ayant prouvé qu'il était difficile de réunir la majorité requise, et que par conséquent un grand nombre d'affaires restait en souffrance, l'art. 26 de la loi du 18 juillet 1837 a décidé qu'après deux convocations successives faites par le maire à huit jours d'intervalle, et dûment constatées, si les membres du conseil n'étaient pas réunis en nombre suffisant, la délibération pouvait être valablement prise après la troisième convocation, quel que fût le nombre des membres présents.

Le conseil est présidé par le maire ou l'adjoint, excepté lorsqu'il délibère sur le compte d'administration ; dans ce cas, la présidence n'appartient ni au maire, ni même à l'adjoint qui peut avoir coopéré à l'administration, mais à un des membres du conseil qui est désigné au scrutin. Le secrétaire est toujours nommé au scrutin à l'ouverture de chaque section. Les délibérations sont prises à la majorité des voix ; en cas de partage, la voix du président est prépondérante. Le vote a lieu au scrutin secret toutes les fois que trois membres présents le réclament. Les délibérations sont inscrites par ordre de date sur un registre coté et paraphé par le sous-préfet ; elles sont signées par tous les membres présents à la séance, ou mention est faite de la cause qui les a empêchés de signer. Les séances ne sont pas publiques ; mais comme les délibérations du conseil intéressent tous les citoyens, ceux qui sont inscrits sur le rôle des contributions directes peuvent en prendre communication sans déplacement. La publication officielle des débats ne pourrait avoir lieu qu'avec l'approbation de l'autorité supérieure. (Loi du 21 mars 1831, art. 24-25 ; du 18 juillet 1837, art. 25, 27, 28, 29.)

Les conseils municipaux n'ont d'autorité, et ne peuvent prendre de délibérations valables, qu'autant qu'il s'agit d'une affaire qui rentre dans leurs attributions et qu'ils sont légalement réunis ; toute délibération rendue sans le concours de ces deux conditions est infectée d'une nullité radicale qui doit être prononcée par le préfet en conseil de préfecture. Il y a cependant une différence entre le cas où le conseil a délibéré sans être convoqué, et celui où, étant convoqué, il a statué sur une matière qui ne rentrait pas dans sa compétence. Dans le premier cas, il ne s'agit que de l'appréciation d'un fait, et la décision du préfet n'est soumise à aucun recours; dans le second, il s'agit de la solution d'une question plus délicate, à l'occasion de laquelle l'erreur est possible; en conséquence, le conseil peut se pourvoir devant le Roi contre la décision du préfet. (L. du 21 mars 1831, art. 28, 29.)

Le Roi, auquel la constitution donne le droit de dissoudre la chambre des députés, peut à plus forte raison dissoudre un conseil municipal. Le préfet a même le droit de le suspendre provisoirement, lorsqu'il se met en correspondance avec un ou plusieurs conseils, ou qu'il publie des proclamations ou des adresses aux citoyens. Lorsqu'un conseil municipal est dissous parce qu'il a délibéré hors de sa réunion légale, ou parce qu'il s'est mis en correspondance ou a publié des proclamations, ceux de ses membres qui ont participé aux actes illégaux peuvent être poursuivis devant les tribunaux conformément aux lois pénales en vigueur. L'ordonnance de la dissolution fixe l'époque de la réélection, qui doit avoir lieu dans le délai de trois mois. Si le maire ou les adjoints cessent leurs fonctions après la réélection, ils peuvent être provisoirement remplacés par des citoyens choisis sur la liste des électeurs de la commune par le

Roi ou par le préfet en son nom. ( L. du 21 mars 1831,
27, 29, 30.)

La loi du 18 juillet 1837 a résumé les principales
attributions des conseils municipaux, dans plusieurs
articles qui forment le complément naturel et indispensable des citations de M. Henrion de Pansey. Ce
sont les art. 17, 19, 21, 22, 23, 24 de la loi du 18
juillet 1837, qu'on peut lire à l'appendice.

*V.* aussi l'addition au chap. XIX.

# CHAPITRE XVIII.

De la loi du 15 mars 1818 qui veut que, toutes les fois qu'il
s'agit de délibérer sur des impositions extraordinaires, le
conseil municipal soit doublé par l'adjonction d'un nombre
égal de propriétaires, choisis parmi les plus imposés de la
commune.

Voici d'abord le texte de la loi :

Art. 39. Dans le cas où , les cinq centimes
additionnels imposés pour les dépenses des communes étant épuisés, une commune aurait à pourvoir à une dépense véritablement urgente, le
maire, sur l'autorisation du préfet, convoquera le
conseil municipal et les plus forts contribuables
aux rôles de la commune, en nombre égal à celui
des membres de ce conseil, pour reconnaître l'urgence de la dépense, l'insuffisance des revenus

municipaux, et des cinq centimes ordinaires, à l'effet d'y pourvoir.

Art. 40. Lorsque les plus forts contribuables seront absents, ils seront remplacés, en nombre égal, par les plus forts contribuables portés après eux sur le rôle.

Art. 41. Le conseil municipal, auquel, aux termes de l'art. 39, auront été adjoints les plus forts contribuables, votera sur les centimes extraordinaires proposés. Dans le cas où ils seraient consentis, la délibération sera adressée au préfet qui, après l'avoir revêtue de son autorisation, la transmettra au ministre secrétaire d'état de l'intérieur, pour y être définitivement statué par une ordonnance du Roi.

[*Add.*] Il faut ajouter à cette loi le texte des art. 42 et 40 de la loi du 18 juillet 1837, qui modifient la loi du 15 mai 1818 ; ils sont ainsi conçus :

Art. 42. « Dans les communes dont les revenus sont inférieurs à *cent mille francs*, toutes les fois qu'il s'agira de contributions extraordinaires ou d'emprunts, les plus imposés au rôle de la commune seront appelés à délibérer avec le conseil municipal en nombre égal à celui des membres en exercice.

» Ces plus imposés seront convoqués individuellement par le maire, au moins dix jours avant celui de la réunion.

» Lorsque les plus imposés appelés seront absents, ils seront remplacés en nombre égal par les plus imposés portés après eux sur le rôle. »

Art. 40. « Les délibérations du conseil municipal concernant une contribution extraordinaire destinée à subvenir aux dépenses obligatoires, ne seront exécutoires qu'en vertu d'un arrêté du préfet, s'il s'agit d'une commune ayant moins de cent mille francs de revenus, et d'une ordonnance du Roi, s'il s'agit d'une commune ayant un revenu supérieur.

» Dans le cas où la contribution extraordinaire aurait pour but de subvenir à d'autres dépenses que les dépenses obligatoires, elle ne pourra être autorisée que par une ordonnance du Roi, s'il s'agit d'une commune ayant moins de cent mille francs de revenus, et par une loi s'il s'agit d'une commune ayant un revenu supérieur. »

Cette mesure (l'adjonction des plus forts imposés) était nécessaire. Les membres des conseils municipaux appartenant à la classe des petits propriétaires, au moins dans un grand nombre de communes, votaient sans examen des charges qui ne devaient peser sur eux que d'une manière insensible.

Mais l'application de cette loi a fait naître plusieurs difficultés : on en trouve la solution dans une circulaire du ministre de l'intérieur adressée aux préfets, sous la date du 18 juillet 1818. Je vais en donner l'extrait :

1° La loi dit qu'en cas d'absence des plus imposés, ils seront remplacés par les plus forts contribuables après eux. Quel est, dans l'esprit du législateur, le sens de ce mot *absence ?* Doit-on l'appliquer à tous les non domiciliés, ou doit-on réputer présents, et celui qui se trouve accidentellement dans la commune, et ceux dont l'habitation en est assez voisine pour que leur convocation n'apporte aucun retard aux opérations du conseil municipal ?

De ces deux alternatives, l'instruction ministérielle adopte la seconde. La raison qu'elle en donne c'est qu'*il entre dans l'esprit de la loi de faire concourir les domiciliés et les non résidants aux délibérations que les conseils municipaux ont à prendre en matière d'impositions locales.*

[*Add.*] La même solution a été donnée à cette difficulté par la circulaire du ministre de l'intérieur du 21 avril 1823. Je ferai encore observer, dit le ministre, que la loi, en appelant les plus forts contribuables, n'exige point qu'ils soient domiciliés dans la commune ; qu'il suffit qu'ils soient Français et qu'ils ne se trouvent point en état d'interdiction, soit pour leurs droits civils, soit pour leurs droits politiques.

2° La présence des *deux tiers* (aujourd'hui de la majorité, art. 25 de la loi du 21 mars 1831) des membres du conseil municipal est nécessaire pour valider ses délibérations. En est-il de même de ceux que la loi leur adjoint ? L'affirmative est sans difficulté.

3° Que fera le conseil municipal si, au jour indiqué, les adjoints ne se présentent pas ? Il conviendra d'ajourner la délibération, de faire une nouvelle convocation, et de choisir les plus forts imposés parmi les contribuables *présents* dans la commune. (V. art. 42 de la loi du 18 juillet 1837.)

[ *Add.* ] L'art. 40, dit la circulaire du 21 avril 1823, veut que lorsque les plus forts contribuables sont absents, ils soient remplacés par les plus forts imposés qui viennent après eux ; il suit de là que l'adjonction est personnelle, et que les contribuables ne sont point admis à se faire représenter. — Toutefois il y a des représentations qui sont de droit parce qu'elles résultent d'autres branches de la législation auxquelles celle-ci ne saurait faire obstacle. Je veux parler, 1° de la femme en puissance du mari, qui est toujours légalement représentée par ce dernier ; 2° des mineurs, qui le sont de même par leurs tuteurs, subrogés tuteurs ou curateurs ; 3° enfin des établissements publics régulièrement constitués, qui doivent aussi être représentés par un de leurs administrateurs.

4° Par qui doit être dressée la liste des plus forts contribuables?

L'instruction ministérielle répond que, la loi chargeant le maire de la convocation, il semble que c'est à lui qu'il appartient de dresser la liste des plus forts imposés, de concert avec le percepteur des contributions.

La liste, toutefois, des plus forts imposés doit être par lui soumise à l'approbation du préfet, qui pourra, s'il y a lieu, faire faire aux listes les rectifications que l'exécution de la loi rendrait nécessaires.

[*Add.*] La circulaire ministérielle du 21 avril 1823 règle ainsi ce point d'exécution : « Le percepteur de chaque commune doit chaque année, immédiatement après la confection du rôle des contributions, dresser la liste des trente plus imposés, laquelle, certifiée véritable par le directeur et visée par le préfet, doit être rendue publique immédiatement par affiches apposées aux chefs-lieux de la mairie, de la justice de paix, de la sous-préfecture et de la préfecture. » Aujourd'hui, que le nombre des membres du conseil municipal peut excéder trente (*v.* art. 9 de la loi du 21 mars 1831), il est évident que la liste des plus forts imposés doit contenir au moins autant de noms qu'il peut être nécessaire d'appeler de contribuables; il serait même à désirer qu'elle en contînt un certain nombre de plus, afin d'indiquer ceux qu'il pourrait être nécessaire de convoquer en cas d'absence des premiers appelés.

5° Lorsque les impositions ont pour objet des dépenses imposées par des lois et des jugements, ou qui sont communes à plusieurs municipalités, il importe que le maire veille à ce que les motifs du refus soient consignés exactement dans les délibérations. Ces délibérations seront par lui remises aux sous-préfets qui les transmettront aux préfets, pour être envoyées, avec leurs avis respectifs, au ministre de l'intérieur, afin qu'il puisse être pris par le gouvernement telle détermination qu'il appartiendra.

6° Les contributions destinées à la conservation et à la réparation des digues et autres ouvrages d'art intéressant les communautés de propriétaires ou d'habitants, doivent-elles être délibérées dans les formes prescrites par la loi du 15 mai dernier?

La circulaire répond :

Les règles admises par la loi du 15 mai dernier, en matière d'impositions communales, ne sont point applicables aux contributions relatives aux travaux à faire pour la conservation et la réparation des digues et autres ouvrages d'art mentionnés en l'art. 132 de la loi du 25 mars 1817.

Les dispositions de cet article ne sont point abrogées ; on doit conséquemment continuer de s'y conformer, tant pour la dépense de ces travaux que pour tous ceux qui s'exécutent, en conséquence des lois des 14 floréal an XI et 16 septembre 1817.

7° C'est une règle en administration que les prestations en nature, exigées pour la restauration des chemins vicinaux, doivent être portées en recette et en dépense pour leur valeur estimative dans les budgets des communes ; qu'elles doivent être délibérées de la même manière que toutes les autres impositions locales (1), et qu'elles sont soumises aux mêmes règles ; et, dans le cas de l'autorisation du gouvernement, on a demandé si ces règles devaient être appliquées aux rôles de prestations en nature, approuvées par les préfets pour l'an 1818, en exécution de la circulaire du 7 novembre dernier ; l'on a pareillement demandé si le prix représentatif des prestations en nature pouvait être ajouté à l'état collectif des impositions

---

(1) Aux termes de l'article 2 de la loi du 21 mai 1836 sur les chemins vicinaux, le concours des plus imposés n'est plus nécessaire aujourd'hui pour voter les prestations en nature et les centimes spéciaux ordinaires affectés aux chemins vicinaux ; ces charges sont devenues obligatoires pour les communes. (F.)

annuelles réclamées par les communes, et dont le modèle était joint à l'instruction du 18 septembre 1816.

La réponse est que MM. les préfets peuvent comprendre les prestations en nature dans l'état dont le modèle était annexé à la circulaire du 18 septembre 1816, en y ajoutant une colonne distincte et particulière, qui pourrait être placée avant le total des charges et dépenses, sous le titre de *Frais d'entretien et de restauration des chemins*, tant en deniers qu'en prestations en nature. Il est bon toutefois qu'ils se pénètrent bien que l'on ne doit réputer charges communales que les frais de restauration et d'entretien des chemins qui intéressent l'ensemble de la communauté et l'universalité des contribuables.

## CHAPITRE XIX.

De la subordination des corps municipaux. Que de leurs différents actes, les uns sont soumis à l'autorité de l'administration supérieure; que cette administration supérieure n'a sur les autres qu'un simple droit de surveillance.

Nous l'avons déjà dit plusieurs fois : dans notre organisation actuelle, les officiers municipaux, et

particulièrement les maires des communes, exercent deux sortes de fonctions, les unes d'ordre
public, les autres domestiques et privées. Les
premières, qui sont des branches de l'administration générale, leur sont conférées par le gouvernement ; les autres, qui n'embrassent que les
intérêts de la commune, dérivent du pouvoir
municipal.

Il ne faut pas beaucoup de réflexion pour sentir
que des fonctions aussi différentes, et par leur
objet et par leur origine, ne peuvent pas être
assujéties au même régime. Quelle doit donc être
la règle ?

Les délibérations que prennent les maires et les
corps municipaux dans le cercle des attributions
qui leur sont respectivement déléguées par le
gouvernement, sans force par elles-mêmes, ne
sont obligatoires qu'après qu'elles ont reçu la
sanction de l'administration supérieure ; et même
elles doivent lui être soumises avant que la connaissance officielle en soit donnée aux habitants
de la commune.

Il n'en est pas de même lorsque les officiers municipaux agissent en qualité de mandataires de
leurs concitoyens. Comme alors leurs fonctions dérivent du pouvoir municipal ; que ce pouvoir a une
existence qui lui est propre, et qu'il n'émane ni de

la puissance législative ni du pouvoir exécutif, il n'a besoin ni de leur autorisation pour délibérer, ni de leur sanction pour rendre ses délibérations obligatoires (1).

En conséquence, toutes les fois qu'un corps municipal statue dans l'intérêt particulier de sa commune, et pour la conservation des droits dont la garde lui est confiée, ses décisions sont des ordres, et tous les habitants devront les exécuter, tout le temps que la délibération ne sera pas infirmée par le préfet; ce qu'il ne peut faire que sur la réclamation des parties intéressées.

Cependant cette règle reçoit des exceptions. Dans le nombre des délibérations que peuvent prendre les officiers municipaux, il en est qui, bien que dans le cercle des fonctions municipales, ne peuvent être exécutées qu'avec l'approbation de l'administration supérieure.

Ces délibérations sont celles qui ont pour objet :

Des acquisitions ou des aliénations d'immeubles ;

Des impositions extraordinaires pour des dépenses locales ;

---

(1) *V.*, quant aux arrêtés des maires, l'*add.* aux chap. **IV** et **V** de la 2ᵉ partie. ( F. )

Des emprunts;

Des travaux à entreprendre;

L'emploi du prix des ventes, des rembourse-ments ou des recouvrements;

Des procès à intenter, ou même à soutenir (1).

Les délibérations des officiers municipaux sur ces différents objets ne peuvent, comme nous venons de le dire, être exécutées sans une autorisation préalable. Longtemps ces autorisations ont été données par les administrations départementales. Elles statuaient définitivement; et les affaires étaient terminées sur le lieu même, sans déplace, ment, sans lenteur et sans frais.

En l'an VIII, de grands changements s'opérèrent. La France reçut une constitution nouvelle; un nouveau chef lui fut donné sous la dénomination de premier consul; et le Conseil d'état, aboli par la constitution de 1791, fut rétabli.

Alors tout changea de face. Comme il entrait dans les vues du premier consul de concentrer tous les pouvoirs dans sa personne, et de réunir sous sa main toutes les branches, tous les ressorts de l'administration, bientôt le nouveau Conseil d'état devint le régulateur et le juge de toutes les affaires

---

(1) *V. l'addition* qui est à la fin de ce chapitre. (F.)

administratives ; rien ne se fit plus , même dans les communes les plus éloignées , que par lui , et sous sa direction : et le gouvernement, jusqu'alors trop démocratique , pencha fortement vers le despotisme.

Cet ordre de choses qui s'était maintenu depuis la restauration , fut modifié par une ordonnance royale du 8 août 1821 , dont voici les dispositions :

Art. 1er. Les délibérations des conseils municipaux seront exécutées sur la seule approbation des préfets , toutes les fois qu'elles seront relatives à l'administration des biens de toute nature appartenant à la commune , à des constructions , réparations , travaux , et autres objets d'intérêt communal , et que les dépenses pour ces objets devront être faites au moyen des revenus propres à la commune , ou au moyen des impositions affectées par la loi aux dépenses ordinaires communes. Les préfets rendront compte à notre ministre secrétaire d'état de l'intérieur des délibérations qu'ils auront approuvées.

Art. 2. Toutefois , les budgets des villes ayant plus de 100,000 francs de revenus continueront à être soumis à notre approbation. Les acquisitions, aliénations , échanges , et baux emphytéotiques , continueront également à être faits conformément aux règles actuellement établies.

Art. 3. Lorsque les préfets, après avoir pris l'avis écrit et motivé du conseil de préfecture, jugeront que la délibération n'est pas relative à des objets d'intérêt communal, ou s'étend hors de cet intérêt, ils en référeront à notre ministre secrétaire d'état de l'intérieur.

Art. 4. Les réparations, reconstructions, et constructions de bâtiments appartenant aux communes, hôpitaux, et fabriques, soit qu'il ait été pourvu à la dépense sur les revenus ordinaires de ces communes ou établissements, soit qu'il y ait été pourvu au moyen de nouveaux droits, d'emprunts, de contributions extraordinaires, d'aliénations, ou par toute autre voie que nous aurions autorisée, pourront désormais être adjugées et exécutées sur la simple approbation du préfet. Cependant, lorsque la dépense des travaux de construction ou de reconstruction à entreprendre s'élèvera au-dessus de 20,000 francs, les plans et devis devront être soumis à notre ministre secrétaire d'état de l'intérieur.

Art. 5. Les dispositions des décrets et ordonnances sur l'administration des communes, des hôpitaux, et fabriques, auxquelles il n'est point dérogé par les articles ci-dessus, et notamment les dispositions des décrets du 5 novembre 1805 (10 brumaire an xiv), du 17 juillet 1808, et de notre ordonnance du 28 janvier 1815, continueront à recevoir leur exécution.

Art. 6. La présente ordonnance n'est point applicable à notre bonne ville de Paris, à l'égard de laquelle il sera particulièrement statué.

Il s'en faut bien que cette ordonnance ne laisse rien à désirer ; mais on aime à y voir que le gouvernement sent très-bien ce qui lui reste à faire pour donner au régime municipal une organisation constitutionnelle.

[ *Add.* ] La théorie développée par M. Henrion de Pansey, dans ce chapitre, n'a point été complétement adoptée par les chambres.

D'après la loi du 18 juillet 1837, les attributions actuelles des conseils municipaux peuvent se ranger dans quatre classes :

Délibérations ;

Avis ;

Contrôle ;

Réclamations et vœux.

*Les délibérations* elles-mêmes se subdivisent suivant l'importance de leur objet ; les unes statuant sur des matières qui ne sortent pas des limites ordinaires d'une simple administration, produisent leur effet indépendamment de toute autorisation, mais peuvent cependant être annulées par l'autorité supérieure, soit d'office, soit sur la réclamation des parties intéressées (art. 17 et 18); les autres étant de nature à modifier gravement la fortune communale, ne produisent d'effet qu'autant qu'elles sont revêtues d'une autorisation (19-20. — V. *Appendice.*)

*Les avis* donnés par les conseils municipaux, dans un grand nombre de cas prévus par les lois, ne sont que des actes d'instruction destinés à éclairer l'administration supérieure (21).

Les actes de *contrôle* des conseils municipaux portent sur les comptes d'administration des maires et sur les comptes de deniers des receveurs, sauf règlement définitif des budgets par le conseil de préfecture ou la Cour des comptes, suivant les circonstances (23-66).

Les conseils municipaux *réclament* contre les contingents assignés aux communes dans l'établissement des impôts de répartition, et expriment leurs *vœux* sur tous les objets d'intérêt local (22 et 24).

Parmi les délibérations du conseil municipal, celles qui sont énumérées dans l'article 17 de la loi sont exécutoires si, dans les trente jours qui suivent la date de leur réception par le sous-préfet, le préfet ne les a pas annulées, soit d'office pour violation d'une disposition de loi ou d'un règlement d'administration publique, soit sur la réclamation d'une partie intéressée : le préfet peut aussi, lorsqu'il veut se donner du temps pour délibérer, suspendre leur exécution pendant un second délai de trente jours (art. 18).

Les délibérations énumérées dans l'article 19, ayant plus d'importance, ne sont exécutoires qu'autant qu'elles ont obtenu l'approbation soit du préfet, soit du ministre, soit du Roi, suivant les distinctions établies par les lois sur la matière (art. 20). (Pour le mode de réformation des arrêtés voir ch. XXI.)

Voici le résumé de la législation actuelle relativement à l'étendue des pouvoirs des conseils municipaux, quant aux différentes matières sur lesquelles ils sont appelés à délibérer.

*Acquisitions à titre gratuit.* La délibération du conseil municipal tendant à l'acceptation d'un don ou d'un legs est exécutoire en vertu d'un arrêté du préfet, si la libéralité consiste dans des objets mobiliers ou dans une somme d'argent dont la valeur n'excède pas trois mille francs, et s'il n'y a pas de réclamations de la part des prétendants-droit à la succession; il faut une ordonnance du Roi dans tous les autres cas. Le maire peut toujours, à titre conservatoire, accepter les dons ou legs en vertu de la délibération du conseil municipal; l'autorisation qui intervient ensuite a effet du jour de cette acceptation.

La délibération portant refus n'est exécutoire, quelles que soient la nature et la valeur des choses données, qu'en vertu d'une ordonn. du Roi. (L. 18 juillet 1837, art. 48.)

*Les acquisitions à titre onéreux, les ventes ou échanges d'immeubles, le partage de biens indivis,* sont rangés sur la même ligne. Les délibérations qui ont pour objet ces différents actes sont exécutoires sur arrêté du préfet en conseil de préfecture, quand il s'agit d'une valeur n'excédant pas *trois mille* francs, pour les communes dont le revenu est au-dessous de cent mille francs, et vingt mille francs pour les autres. S'il s'agit d'une valeur supérieure, il est statué par ordonnance du Roi.

Quand le créancier d'une commune est porteur d'un titre exécutoire, il peut faire autoriser la commune à vendre, pour le payer, des biens mobiliers ou immobiliers, autres que ceux qui servent à un usage public; l'autorisation alors est donnée par une ordonnance du Roi, sans distinction de la nature et de la valeur de la chose. ( Loi du 18 juillet 1837, art. 46. )

Une autre exception au principe général a été faite par l'article 16 de la loi du 21 mai 1836, qui porte que les travaux d'ouverture et de redressement des chemins vicinaux sont autorisés par le préfet; d'où il résulte que l'arrêté du préfet suffit pour autoriser les acquisitions et même l'expropriation des terrains nécessaires pour l'ouverture et le redressement de ces chemins, à quelque somme que le prix de ces terrains puisse s'élever. ( Loi du 21 mai 1836, art. 16, et instruction ministérielle du 24 juin 1836.)

*Biens communaux.* Les délibérations relatives au mode d'administration des biens communaux, aux conditions des baux à ferme ou à loyer dont la durée n'excède pas dix-huit ans pour les biens ruraux et neuf ans pour les autres biens, au mode de jouissance et à la répartition des pâturages et fruits communaux autres que les bois, aux conditions à imposer aux parties prenantes, au règlement des affouages conformément aux lois forestières, sont exécutoires si, dans les trente jours de leur réception par le sous-préfet, le préfet ne les a pas annulées ou n'en a pas suspendu l'exécution. (Loi du 18 juillet 1837, art. 17 et 18.)

Les délibérations ayant pour objet les baux qui excèdent dix-huit ans pour les biens ruraux et neuf ans pour les autres biens, ne sont exécutoires qu'en vertu d'une ordonnance du Roi.

Enfin, quelle que soit la durée du bail, l'acte qui en est passé par le maire n'est exécutoire qu'après l'approbation du préfet. (*Id.* art. 47, et ordonnance du 7 octobre 1818.)

*Travaux.* Les projets et devis des constructions nouvelles ou des reconstructions sont soumis à l'approbation du préfet quand la dépense est inférieure à trente mille francs, et à celle du ministre quand elle est supérieure à cette somme. (Loi du 18 juillet 1837, art. 45. D'après l'ordonnance du 8 août 1821, l'autorisation du préfet ne suffisait que jusqu'à vingt mille francs.)

Les plans et devis ne sont pas nécessaires quand il ne s'agit que de réparations locatives ou de constructions et réparations urgentes dont la dépense n'excède pas cent cinquante francs. (Instruction ministérielle du 13 vendémiaire an XIII.)

Lorsque les travaux de réparation n'excèdent pas trois cents francs, ils peuvent être ordonnés et exécutés sans que l'approbation préalable du préfet soit nécessaire. (Décret du 1er novembre 1805, rappelé dans une instruction ministérielle du 10 novembre 1821.)

Les travaux d'ouverture et de redressement des chemins vicinaux sont autorisés par un arrêté du préfet, quelle que soit leur valeur. (L. du 21 mai 1836, art. 16.)

*Marchés.* En thèse générale, les marchés des communes se font aux enchères par une adjudication qui est subordonnée à l'approbation du préfet. (Ordonnance des 14 novembre et 12 décembre 1837, art. 10.)

Cependant il peut être traité de gré à gré, sauf l'approbation du préfet, pour les travaux et fournitures dont la valeur n'excède pas trois mille francs.

Il peut être aussi traité de gré à gré, à quelque somme que s'élèvent les travaux et fournitures, mais avec l'approbation du ministre de l'intérieur : 1° pour les objets dont la fabrication est exclusivement attribuée à des porteurs de brevet d'invention ou d'importation ; 2° pour les objets qui n'auraient qu'un possesseur unique ; 3° pour les ouvrages et les objets d'art et de précision dont l'exécution ne peut être confiée qu'à des artistes éprouvés ; 4° pour les exportations, fabrications ou fournitures qui ne seraient faites qu'à titre d'essai ; 5° pour les matières ou denrées qui, à raison de leur nature particulière et de la spécialité de l'emploi auquel elles sont destinées, doivent être achetées et choisies aux lieux de production ou livrées sans intermédiaires par les producteurs eux-mêmes ; 6° pour les fournitures ou travaux qui n'auraient été l'objet d'aucune offre aux adjudications, ou à l'égard desquels il n'aurait été proposé que des prix inacceptables ; 7° pour les fournitures et travaux qui, dans les cas d'urgence absolue et dûment constatée, amenée par des circonstances imprévues, ne pourraient pas subir les délais des adjudications. ( Ordon. des 14 novembre et 12 décembre 1837. )

*Budget.* Le budget est présenté par le maire , voté par le conseil municipal , et définitivement réglé par arrêté du préfet dans les villes dont le revenu est inférieur à cent mille francs , et par ordonnance du Roi dans celles dont le revenu est égal ou supérieur à cette somme. ( Loi du 18 juillet 1837 , art. 33. )

*Crédits supplémentaires.* Si, après le règlement du budget, de nouveaux crédits sont reconnus nécessaires , ces crédits sont votés par le conseil municipal , et autorisés par le préfet dans les communes dont il est appelé à régler le budget, et par le ministre dans les autres. Cependant, même dans ces dernières communes, si les dépenses sont urgentes , le crédit peut n'être approuvé que par le préfet ( 34 ).

*Dépenses obligatoires et facultatives.* Quoique le conseil municipal soit appelé à voter le budget, il n'est pas le maître de disposer des fonds comme il le juge convenable. Il existe , en effet, des dépenses qui sont obligatoires , parce qu'elles affectent l'État ou les intérêts généraux, qu'elles sont essentielles à l'existence de la commune, qu'elles ont pour objet l'exécution d'une loi, l'accomplissement d'une obligation publique ou privée. Si le conseil municipal n'alloue pas les fonds nécessaires pour y subvenir , ou s'il ne vote que des sommes insuffisantes, il est appelé de nouveau à délibérer , et, en cas de refus de sa part, la dépense est inscrite au budget par un arrêté du préfet , rendu en conseil de préfecture , pour les communes dont le revenu est inférieur à cent mille francs, et par une ordonnance du Roi pour les autres.

Quant aux autres dépenses qui sont qualifiées de *facultatives*, le conseil municipal est libre de ne pas les voter ; elles ne sont jamais établies d'office, et peuvent seulement, quand elles ont été votées, être réduites ou rejetées par l'autorité qui règle le budget. ( Loi du 18 juillet 1837, art. 36, 38 ; pour connaître quelles sont les dépenses obligatoires, voir *id.*, art. 30. )

*Comptes.* Après la clôture de chaque exercice, le maire doit un *compte d'administration ;* ce compte, après avoir été soumis à la délibération du conseil municipal, est définitivement approuvé par le préfet pour les communes dont le revenu e t inférieur à cent mille francs, et par le ministre pour les autres. ( *Id.* art. 23-60. )

Le *receveur* rend chaque année un *compte de caisse* qui est débattu et arrêté par le conseil municipal, puis apuré, savoir par le conseil de préfecture, sauf recours à la Cour des comptes, pour les communes dont le revenu n'excède pas trente mille francs, et par la Cour des comptes directement pour les communes dont le revenu excède trente mille francs. ( Art. 23-66. )

*Tarifs et taxes.* Le conseil municipal délibère sur les tarifs et les règlements de perception des revenus communaux ; ces tarifs sont approuvés : ceux d'octroi et de voirie par une ordonnance du Roi ( *id.* art. 43, et ord. du 9 décembre 1814, art. 85, 86, 87 ) ; ceux de place dans les halles, foires et marchés, par le ministre de l'intérieur ;

9

ceux des autres taxes locales par le préfet. (Art. 44.)

*Contributions extraordinaires.* Lorsque les revenus d'une commune sont insuffisants pour subvenir aux dépenses obligatoires, le conseil municipal peut voter une contribution extraordinaire dans les limites d'un *maximum* fixé chaque année par la loi des finances, ou en vertu d'une loi spéciale, si la quotité de la contribution excède ce *maximum*. ( *V.* pour l'adjonction des plus imposés, le chap. XVIII.) La délibération n'est exécutoire qu'en vertu d'un arrêté du préfet, s'il s'agit d'une commune ayant moins de cent mille francs de revenus, et d'une ordonnance du Roi s'il s'agit d'une commune ayant un revenu supérieur. Si la contribution a pour but de subvenir à une dépense non obligatoire, il faut une ordonnance du Roi pour la première classe de commune et une loi pour la seconde. (Art. 40.)

*Emprunts.* Les emprunts votés par les conseils municipaux ne peuvent être autorisés que par une ordonnance du Roi rendue dans la forme des règlements d'administration publique à l'égard des communes qui ont moins de cent mille francs de revenus, et par une loi s'il s'agit d'une commune ayant un revenu supérieur. Cependant, en cas d'urgence et dans l'intervalle des sessions, une ordonnance du Roi rendue dans la forme des règlements d'administration publique peut autoriser les communes dont le revenu est de cent mille francs et au-dessus à contracter un emprunt jusqu'à concurrence du quart de leurs revenus. (Art. 41. *V.* chap. XVIII, pour l'adjonction des plus imposés.)

*Actions.* Aucune action ne peut être intentée ou soutenue par une commune sans une autorisation qui est donnée par le conseil de préfecture. (Art. 49 à 54.)

Les *transactions* consenties par le conseil municipal ont besoin, pour être exécutoires, d'un arrêté du préfet en conseil de préfecture, s'il s'agit d'objets mobiliers d'une valeur inférieure à trois mille francs, et d'une ordonnance du Roi dans les autres cas. ( Art. 59.)

## CHAPITRE XX.

Que les officiers municipaux peuvent choquer des intérêts individuels de deux manières : par des délibérations, et par des actes d'exécution et de simple régie. Que dans les deux cas la manière de se pourvoir n'est pas la même.

Les officiers municipaux peuvent choquer des intérêts individuels de deux manières : par des délibérations collectives, et par des actes d'exécution et de simple régie, tels que des baux à ferme, des marchés pour des constructions, des réparations, etc. La défense est également autorisée dans les deux cas ; mais comme dans l'un la réclamation doit être portée devant l'administration supérieure, et que dans l'autre c'est aux tribunaux ordinaires qu'il appartient de statuer, ce que nous avons à dire à cet égard fera la matière de deux chapitres différents.

~~~~~~~~~~~~~~~~~~~~~~~~~~~~~~~~~~~~~~~~~~~~

## CHAPITRE XXI.

Que les particuliers lésés par des délibérations des corps municipaux doivent adresser leurs réclamations à l'administration supérieure.

Nous avons étendu aux délibérations des municipalités la règle qui défend aux tribunaux de s'immiscer dans la connaissance des actes administratifs. Il en devait être ainsi. En effet, comme le remarque très-judicieusement Loyseau (1), « les actes que font les échevins étant actes de gouvernement et non de justice, doivent être expédiés sommairement et en forme militaire, sans qu'il soit besoin de les verbaliser au long et y garder les procédures et formalités de la justice contentieuse : et s'ensuit aussi que, de ces actes, il ne doit point y avoir d'appel, pour ce que l'appel n'a lieu proprement qu'ès actes de justice contentieuse; mais il se faut pourvoir contre iceux par voie de plainte qu'on

_____

(1) Des Offices, liv. V, chap. 7, n° 51. (H. P.)

peut faire aux supérieurs, et principalement au Roi et à son conseil; et il faut en ce cas, si le Roi l'ordonne, que les échevins viennent rendre raison de ce dont on se plaint d'eux. »

Enfin, ainsi le veut la loi. L'article 60 de celle du 14 décembre 1789 porte : « Si un citoyen croit » être personnellement lésé par quelque acte du » corps municipal, il pourra exposer ses sujets de » plainte à l'administration ou au directoire de » département, *qui fera droit*, sur l'avis de l'ad- » ministration de district, qui sera chargée de » vérifier les faits. »

Peut-être n'est-il pas inutile d'appeler un moment l'attention sur la différence qui existe entre cet article et le 61ᵉ de la même loi. Aux termes de ce dernier, si l'administration supérieure croit que la plainte est fondée, elle doit la renvoyer devant les tribunaux : elle n'a pas le droit de la juger. Au contraire, l'art. 60 l'autorise à faire droit sur les réclamations qui sont portées devant elle, après avoir vérifié les faits et pris l'avis du sous-préfet.

Le motif de cette différence s'aperçoit aisément. Dans l'art. 60, le législateur n'a en vue que le préjudice que peuvent occasionner à des tiers les délibérations d'un corps municipal; préjudice qui peut être réparé par une délibération qui annule la première. L'objet de l'art. 61 est d'une tout autre gravité, il y est question de délits ou de crimes qui ne peuvent être jugés et punis que par des cours d'assises ou des tribunaux de police correctionnelle.

[*Add.*] Nous avons déjà dit que la loi du 18 juillet 1837 distinguait les délibérations des corps municipaux en deux classes ; que celles de la première étaient valables quand elles n'avaient pas été annulées dans un délai déterminé (loi du 18 juillet 1837, art. 17 ; *v.* addit. au chap. XVII), et que celles de la seconde avaient besoin d'une autorisation supérieure. (Loi du 18 juillet 1837, art. 17, 18, 19, 20, 21 ; *v.* addit. aux chap. XVII et XIX.)

Cette distinction a donné lieu à une ordonnance promulguée le 1er janvier 1839, qui veut que toutes les fois que les conseils municipaux ont pris une délibération de la première espèce, le maire, avant de la soumettre au sous-préfet, avertisse les habitants par la voie des annonces et publications usitées dans la commune, qu'ils peuvent se présenter à la maison commune pour prendre connaissance de la délibération, conformément à l'art. 25 de la loi du 21 mars 1831. L'accomplissement de cette formalité est constaté par un certificat du maire, qui est joint à la délibération transmise au sous-préfet.

L'ordonnance du 1er janvier 1839 ne parle que des

délibérations de la première classe ; quant aux autres, comme elles ne sont pas valables par elles-mêmes, les particuliers qui ont intérêt à s'y opposer peuvent faire parvenir les motifs de leur opposition au sous-préfet, au préfet, au ministre ou au Roi, suivant les circonstances. Lorsque la délibération porte sur une mesure qui est de nature à influer sur des intérêts privés, telle qu'une acquisition ou une aliénation, la procédure administrative exige une information *de commodo aut incommodo*, dans laquelle tous les intéressés sont mis en demeure de donner leur avis.

# CHAPITRE XXII.

**Des actes d'exécution et de simple régie faits par le maire et ses adjoints ; que les difficultés qui peuvent s'élever sur l'application et l'interprétation de ces actes doivent être portées devant les tribunaux ordinaires. Arrêt de la Cour de cassation conforme à cette règle, et qui juge en outre 1° qu'elle est applicable à ceux de ces actes qui seraient revêtus de l'approbation du préfet ; 2° que les revenus patrimoniaux des communes ne doivent pas être assimilés aux deniers publics, et n'en partagent pas les priviléges.**

Ici se reproduit notre distinction entre les officiers municipaux délibérant collectivement sous la présidence du maire, et ce même fonctionnaire ou ses adjoints agissant comme chargés de tous les actes d'exécution et de simple régie.

On a vu, dans le chapitre précédent, que les délibérations des corps municipaux, assimilées aux actes émanés du pouvoir administratif, et, par ce motif, soustraites à la juridiction ordinaire, ne peuvent être annulées, interprétées ou modifiées que par les corps administratifs supérieurs.

Mais on n'est pas allé jusqu'à couvrir de la même faveur les actes d'exécution et de simple régie faits par les maires ou leurs adjoints. On a senti que le bail à ferme d'une propriété communale, ou un marché pour des réparations à la maison commune, n'avaient rien qui les fît sortir de la classe des conventions privées, puisque le maire n'y avait figuré que comme le représentant du corps municipal, qui, lui-même, n'est que le mandataire des habitants de la commune.

Enfin, et cela nous dispense d'une plus longue discussion, cette question vient d'être solennellement jugée par un arrêt de la Cour de cassation du 2 janvier 1817.

Cet arrêt, mûrement délibéré et rédigé avec beaucoup de soin, jette un si grand jour sur cette matière, que je vais le rapporter tel qu'il est consigné dans le bulletin des arrêts de la Cour de cassation.

Par acte d'adjudication du 10 décembre 1814, fait par l'un des adjoints de la municipalité de Rouen, Lecardé prit à titre de ferme, pour six années, qui durent commencer le 1<sup>er</sup> janvier 1815, la perception des droits d'étalage dans les halles aux toiles et aux cotons de ladite ville. Le prix de ferme annuelle fut porté à 45,000 fr.

Le prix de chaque place dans la halle aux toiles fut fixé par année, à 24 francs par chaque mètre de longueur ; et pour la halle aux cotons, il fut porté à 12 francs par an, et pour chaque mètre.

Il fut fait défense à Lecardé de percevoir des marchands de plus fortes contributions, sous peine d'être considéré comme concussionnaire, et d'être traduit devant les autorités compétentes.

On lui défendit d'exiger des marchands aucune somme pour le dépôt, dans les halles, des marchandises qui y seraient laissées d'un marché à l'autre.

Et on lui imposa diverses obligations, notamment 1° de tenir les halles ouvertes les jeudi et vendredi de chaque semaine, aux heures indiquées ; 2° de veiller à ce que personne, autre que les forains, ne pût s'introduire par le petit escalier ; 3° d'éclairer à ses frais les halles et les escaliers, les vendredi soir et jeudi matin ; 4° de veiller en bon père de famille à la conservation des marchandises qui seraient laissées dans les halles d'un marché à l'autre, de n'y laisser entrer ni feu, ni mendiants, etc.

On le chargea encore de rembourser au fermier sortant la valeur estimative des bancs mobiles et petits magasins qu'il avait fait construire à ses frais, pour le service de la halle aux cotons, sauf à Lecardé à user de la même faculté lors de sa sortie; et, en conséquence de cette clause, Lecardé a remboursé à ses prédécesseurs une somme de dix-neuf cents et quelques francs pour cet objet, et, par ce moyen, il est devenu propriétaire desdits bancs mobiles et magasins.

Enfin, il fut dit dans le bail que tout marchand qui, n'ayant point de place dans les halles, voudrait y vendre à bras, paierait au fermier le même prix déterminé pour chaque mètre de longueur, et que toutes difficultés qui pourraient s'élever dans l'interprétation ou l'exécution dudit bail seraient portées devant le maire, pour être par lui décidées administrativement, et ses décisions exécutées provisoirement, sauf le recours de droit et sans y préjudicier.

Ce bail à ferme fut approuvé par le préfet du département.

Il faut observer qu'avant cette dernière adjudication, les droits de hallage se percevaient sur chaque pièce de toile, à la sortie de la halle.

Lecardé, voulant prévenir les marchands forains du changement dans le mode de perception, fit imprimer et afficher dans la halle, de l'approbation du maire, des placards indiquant qu'à commencer du 1er janvier 1815, les droits de hallage seraient perçus à raison de 24 francs par an, et par place d'un mètre de longueur.

Il paraît que les marchands forains fréquentant les halles de Rouen, désiraient qu'il fût pris de nouvelles mesures, telles qu'ils ne pussent avoir aucune inquiétude sur la sûreté des marchandises qu'ils étaient obligés de laisser dans la halle d'un marché à l'autre : en conséquence, ils engagèrent Lecardé à faire éclairer la halle aux toiles toutes les nuits de l'année, et à la faire veiller chaque nuit par des hommes armés ; et ils promirent de l'indemniser de ces nouveaux tarifs.

Lecardé accepta ces propositions faites par plus de six cents fabricants, avec la plupart desquels il passa des baux à loyer, sur le pied de 40 francs par chaque mètre de longueur, après avoir calculé, dit-il, que le taux des nouveaux frais qu'il était obligé de faire s'élevait à près de 16 francs par chaque place.

Ces conventions furent réciproquement exécutées pendant quelques mois ; mais ensuite plusieurs fa-

bricants s'appuyant des conditions du bail fait à
Lecardé, se refusèrent au paiement de leur location sur le pied de 40 francs par mètre, lorsque
le bail de Lecardé en fixait le prix à 24 francs seulement.

Lecardé traduisit ces refusants devant la justice
de paix, où ils furent condamnés, conformément
à leurs propres conventions : ces jugements, dit
Lecardé, ont été exécutés.

Bientôt après, vingt-huit à trente fabricants,
parmi lesquels on voit figurer plusieurs de ceux
qui avaient été déjà condamnés en justice de paix,
adressèrent au procureur du roi près le tribunal
de Rouen, un mémoire par lequel, après avoir
rappelé les principales conditions du bail fait à
Lecardé, notamment la fixation du prix de chaque
place d'un mètre à 24 francs dans la halle aux
toiles, et à 12 francs dans la halle aux cotons, et
la défense expresse d'excéder les prix, sous peine
de concussion, ils dénoncèrent ledit Lecardé
comme ayant abusé de leur bonne foi, et ayant
employé vis-à-vis d'eux la surprise et même la
violence pour leur faire souscrire des baux à des
prix beaucoup plus élevés que ceux que déterminait
son bail, comme ayant exigé d'eux des prix exces-
sifs, et s'étant ainsi rendu coupable de concussion.

Après une instruction préliminaire, Lecardé

fut renvoyé devant le tribunal correctionnel de Rouen.

Il établit sa défense sur les faits ci-dessus rappelés, sur d'autres encore, particuliers à la halle aux cotons ; il s'appuya sur les propositions à lui faites par les fabricants pour la plus grande sûreté de leurs marchandises, et sur les conventions réciproques qui avaient été la suite de ces propositions ; conventions qu'il soutint avoir été faites de bonne foi, librement et volontairement, entre les contractants.

Et il dit que, s'il s'agissait d'examiner et de juger si ces conventions étaient permises ou interdites par son bail, ou si elles en violaient ou non les clauses et conditions, il n'appartenait qu'à l'autorité administrative de décider ces questions, parce qu'elle seule était compétente, d'après les lois sur ces attributions, pour expliquer et interpréter, au besoin, le bail qui était émané d'elle.

Que si, au contraire, ces conventions étaient étrangères audit bail, et indépendantes de ses clauses et conditions, les questions qui en dérivaient rentraient dans le droit commun, et qu'elles devaient être jugées par les tribunaux civils.

Le tribunal correctionnel de Rouen n'eut point égard à cette défense de Lecardé ; ce tribunal pensa qu'il avait exigé des sommes excédant les droits qui lui étaient dus, et le considérant comme préposé de la municipalité de Rouen pour la perception de ces droits, il le déclara concussionnaire, et le condamna à un emprisonnement de deux années, en une amende de 2,000 fr. et aux frais.

Ce jugement a été confirmé par l'arrêt qui est attaqué.

Lecardé s'est pourvu régulièrement, et il a présenté les moyens suivants :

1° Incompétence *ratione materiœ*, en ce que, s'agissant de l'interprétation d'un bail émané de l'autorité administrative, les tribunaux correctionnels ne pouvaient pas en connaître ;

2° Violation de l'autorité de la chose jugée, et de l'art. 1351 du Code civil ;

3° Violation des articles 1341 et suivants du même Code ;

4° Fausse application de l'article 174 du Code pénal, sous trois rapports : 1° Lecardé n'est point percepteur des deniers communaux ; il ne fait aucune recette pour le compte de la ville de Rouen ; il n'est tenu à aucun compte envers elle ; il est fermier des droits de halle pour le prix de 45,000 francs par an ; les droits qu'il perçoit sont sa chose propre. 2° Lecardé n'est ni fonctionnaire, ni officier public ; il n'est ni leur commis, ni leur préposé. 3° Il n'a pas ordonné de percevoir ; il n'a ni exigé ni perçu ce qu'il savait n'être pas dû, et il n'a pas excédé ce qui était dû.

Le développement de ces moyens a été donné à l'audience, tant par les mémoires du demandeur que par son avocat, et la Cour y a statué en ces termes :

Ouï, à l'audience du 28 décembre dernier, le rapport de M. Chasles, conseiller, les observations de Mᵉ Loiseau, avocat défenseur de Lecardé, et, à l'audience de ce jour, les conclusions de M. Ollivier, conseiller, pour légitime empêchement de M. Giraud, avocat général ;

La Cour, après en voir délibéré en la chambre du conseil, statuant, en premier lieu, sur les trois premiers moyens de cassation proposés par Lecardé ;

Relativement au premier, qui est fondé sur ce que, s'agissant de l'interprétation d'un bail émané de l'autorité administrative, les tribunaux correctionnels ne pouvaient en connaître ;

Attendu que les halles sont des propriétés communales ; qu'aux termes de l'article 7 de la loi du 11 frimaire an vii, les prix de la location des places dans les halles et marchés font partie, tout comme le prix des baux, des biens communaux proprement dits, des recettes communales ; que le

bail à ferme, consenti à Lecardé par l'adjoint municipal de la ville de Rouen, des droits à percevoir, au profit de la commune, dans les halles aux
toiles et cotons de cette ville, n'a donc été et n'a
pu être consenti qu'en vertu du mandat tacite et
inhérent aux fonctions municipales, pour la gestion des biens des communes ; que cet acte n'a pas
été l'exercice d'une délégation faite par le gouvernement ; qu'il n'a pas porté sur un objet qui fût,
en tout ou en partie, une dépendance du domaine
public ; que l'officier municipal avec qui Lecardé
a contracté, n'a donc pas eu, dans cet acte, le caractère d'un agent du gouvernement, qu'il n'y a
eu que celui d'agent de la commune ; que cet acte
n'est donc pas un acte administratif, qu'il n'est
qu'un acte privé, soumis aux mêmes règles que
toutes les transactions que les citoyens peuvent
faire entre eux, et qu'il entre dans les règles ordinaires du droit pour tout ce qui concerne son
interprétation, ses effets, son étendue, et ses limites ;

Que s'il a été approuvé par le préfet, cette approbation n'en a point changé la nature, et n'a
pu lui imprimer la qualité d'acte administratif ;
qu'en donnant cette approbation, le préfet n'a
point fait un acte de la puissance publique ; qu'il
n'a agi que comme tuteur légal et nécessaire de

toutes les corporations politiques de son territoire ;

Que la Cour royale de Rouen a donc eu caractère pour prononcer sur l'étendue et les bornes des droits conférés à Lecardé par cet acte de bail à ferme, et qu'elle n'a pas dû recourir à l'autorité administrative pour en faire déterminer le sens ou l'interprétation.

Relativement au deuxième moyen, pris de la violation de l'autorité de la chose jugée et de l'article 1351 du Code civil, en ce que la Cour royale a déclaré nulles et illicites des conventions qui avaient été reconnues valables par différents jugements de la justice de paix, rendus en dernier ressort ;

Attendu que l'arrêt de la Cour royale de Rouen a été rendu sur la poursuite du ministère public ; qu'il n'y a donc pas eu identité de parties ; qu'il n'y en a pas eu non plus sur l'objet de ces instances ; que, devant le juge de paix, la demande a porté sur l'exécution d'une convention écrite ; que, devant la Cour royale, la poursuite a eu pour base et pour objet la répression de faits prétendus criminels.

Relativement au troisième moyen, fondé sur la violation des articles 1344 et suivants du Code civil, en ce que la Cour royale de Rouen a admis la preuve testimoniale contre la teneur d'actes écrits ;

10

Attendu que cette preuve n'a point été admise contre et outre le contenu en ces actes ; que ces actes, au contraire, ont été reconnus constants ; qu'elle n'a été admise que sur le fait de leur exécution, et sur l'action criminelle qui pouvait en résulter ;

La Cour rejette ces trois moyens.

Statuant, en second lieu, sur le quatrième moyen, pris de la fausse application de l'article 174 du Code pénal aux faits reconnus constants ;

Vu l'article 410 du Code d'instruction criminelle, d'après lequel la Cour de cassation doit annuler les arrêts et jugements en dernier ressort qui ont faussement appliqué la loi pénale ;

Vu aussi l'article 174 du Code pénal, qui est ainsi conçu, etc. ;

Attendu que cet article est placé sous la rubrique des concussions commises par des fonctionnaires publics ; que l'orateur du gouvernement, dans son exposé au Corps législatif, n'en a fait non plus l'application qu'aux fonctionnaires publics, et qu'il en a justifié les dispositions pénales par la nécessité d'opposer des barrières à la cupidité, quand elle est unie au pouvoir ;

Qu'en punissant de la peine de la réclusion les fonctionnaires publics concussionnaires, cet article punit aussi leurs commis ou préposés coupables du même crime, parce qu'en le commettant, ils ont agi en vertu de l'autorité que ces fonctionnaires leur ont conférée ; mais qu'il les punit seulement d'une peine correctionnelle, parce que, ainsi que l'a dit l'orateur du gouvernement, ils ne sont pas investis d'un si haut caractère ;

Que si cet article, dans sa disposition énonciative, comprend tous percepteurs de droits ou revenus publics et communaux, ce n'est que sous le rapport de la qualité de fonctionnaires ou d'officiers publics qu'ils peuvent avoir ; qu'en effet il ne les rappelle point dans la nomenclature de ses dispositions pénales ; que ces percepteurs ne peuvent donc être compris dans cette disposition générale qu'en la qualité de fonctionnaires ou d'officiers publics, et conséquemment que cet article ne leur est applicable que dans le cas seulement où ils peuvent être réputés avoir cette qualité ;

Et attendu que Lecardé n'a rien perçu comme fonctionnaire ou officier public ; qu'il n'était investi d'aucun caractère public ; qu'il n'a perçu qu'à titre de fermier les droits de halles qui appartenaient à la commune de Rouen ; que ce titre n'était qu'un titre privé ;

Qu'il n'était ni le commis, ni le préposé d'aucun fonctionnaire ou officier public ; qu'en sa qualité de fermier, il ne percevait pas pour autrui ; qu'il percevait pour son propre compte et à ses risques et périls ;

Que s'il faisait sa perception en vertu d'un bail passé entre lui et l'adjoint de la commune, la qualité de la partie avec laquelle il avait contracté, ne changeait rien à la sienne qui était déterminée par le bail, à celle de fermier, exclusive de celle de commis ou préposé ;

Que d'ailleurs, s'agissant, dans cet acte, d'un revenu communal, l'adjoint municipal n'y avait eu que la qualité privée de mandataire et de gérant de la commune, et non le caractère public de fonctionnaire ou d'agent du gouvernement ;

Que si Lecardé a donc exigé ou reçu ce qu'il savait n'être pas dû, ou excédé ce qui lui était dû d'après son bail, il ne s'est pas rendu coupable de concussion, qu'il n'a commis qu'une simple exaction, contre laquelle il peut être réclamé devant qui de droit, et qu'en le condamnant à la peine correctionnelle portée dans le susdit article 174 du Code pénal, contre les commis et préposés des fonctionnaires ou officiers publics convaincus de concussion, la Cour royale de Rouen a fait une fausse application de cet article ;

D'après ces motifs, la Cour casse et annule, etc.

Cet arrêt, comme l'on voit, juge :

1° Que les baux des biens et revenus communaux dans lesquels le domaine public n'est pas intéressé, quoique d'ailleurs revêtus de l'approbation du préfet, ne sont que des actes privés dont l'interprétation, en cas de contestation, appartient exclusivement aux autorités judiciaires ;

2° Que les percepteurs et fermiers des droits et revenus communaux, qui n'ont pas la qualité *de fonctionnaire ou officier public,* ne sont point compris dans les dispositions pénales de l'article 174 du Code pénal ; d'où il suit qu'un simple fermier des droits communaux, qui se serait fait payer plus qu'il ne lui est dû, ne peut être poursuivi ni puni comme concussionnaire.

# CHAPITRE XXIII.

Qu'il est du devoir des municipalités de veiller à la conservation des forêts domaniales.

Les devoirs des municipalités, relativement au régime des forêts, sont déterminés par les articles 1er et 2 du titre 8 de la loi du 29 septembre 1791, dont voici les termes :

Art. 1er. Les corps administratifs et les *municipalités* sont chargés chacun dans leur territoire, et selon l'ordre de leur institution, de veiller à la conservation des bois, et de fournir main-forte pour cet effet, lorsqu'ils en seront requis par les préposés de la conservation.

Art. 2. Les officiers municipaux assisteront, sur les réquisitions qui leur en seront faites, aux perquisitions des bois de délit, dans les ateliers, bâtiments, et enclos adjacents où lesdits bois auraient été transportés.

[*Add.*] Le Code forestier du 31 juillet 1827 porte :

Art. 161..... § 2. Ils (les gardes forestiers) ne pourront néanmoins s'introduire dans les maisons, bâtiments, cours adjacentes et enclos, si ce n'est en présence soit du juge de paix ou de son suppléant, soit du *maire du lieu* ou de son adjoint, soit du commissaire de police.

Art. 162. Les fonctionnaires dénommés en l'article précédent ne pourront se refuser à accompagner sur-le-champ les gardes, lorsqu'ils en seront requis par eux, pour assister à des perquisitions.

Ils seront tenus, en outre, de signer le procès-verbal du séquestre, ou de la perquisition faite en leur présence, sauf au garde, en cas de refus de leur part, à en faire mention au procès-verbal.

Art. 163. Les gardes arrêteront et conduiront devant le juge de paix, ou devant *le maire*, tout inconnu qu'ils auront surpris en flagrant délit.

Aux termes de l'art. 165, le maire ou l'adjoint de la commune de la résidence du garde, ou de celle où le délit a été commis et constaté, reçoit, concurremment avec les juges de paix et leurs suppléants, l'affirmation des procès-verbaux rédigés par les gardes. Quand le procès-verbal n'est pas écrit tout entier de la main du garde, l'officier public qui en reçoit l'affirmation lui en donne préalablement lecture, et fait ensuite mention de cette formalité

Aux termes de l'art. 86 de l'ordonnance d'exécution du 1er août 1837, les préfets, sur la proposition des conservateurs, peuvent permettre que les coupes dont l'évaluation n'excède pas 500 f. soient adjugées au chef-lieu d'une des communes voisines des bois, sous la présidence du maire.

Une ordonnance du 20 mai 1837 étend cette exception aux bois chablis et de délit provenant des forêts domaniales, quelle qu'en soit la valeur, ainsi qu'aux coupes exploitées par économie pour être vendues en détail et par lots.

Enfin, aux termes de l'art. 100 du Code forestier, la vente des coupes tant ordinaires qu'extraordinaires des bois des communes soumis au régime forestier, est faite à la diligence des agents forestiers dans les mêmes formes que pour les bois de l'État, et en présence du *maire* ou d'un *adjoint.*

# CHAPITRE XXIV.

Des fonctions incompatibles avec les fonctions municipales.

Nous avons, sur les incompatibilités, une loi spéciale; elle est du 24 vendémiaire an III. En voici les dispositions relatives aux officiers municipaux :

Titre 1er. Art. 1er. « Les membres du tribunal de cassation, les juges des tribunaux criminels de département, les accusateurs publics de ces tribunaux et leurs substituts, les juges des tribunaux de district, les commissaires nationaux, les juges des tribunaux de commerce, les juges de paix et leurs assesseurs, les membres des bureaux de paix et de conciliation, les greffiers de ces divers établissements et tribunaux, ne pourront être membres des directoires de département et de district, *officiers municipaux*, présidents, agents nationaux, ou greffiers de ces diverses administrations. »

Titre 2. Art. 1er. « Aucun citoyen ne pourra exercer ni concourir à l'exercice d'une autorité chargée de la surveillance médiate ou immédiate

des fonctions qu'il exerce dans une autre qualité. »

Art. 2. « En conséquence, les membres des administrations de département et de district, *ceux
des municipalités*, les agents nationaux et les greffiers de l'une et l'autre de ces administrations ne
pourront cumuler des fonctions diverses dans l'une
ou l'autre de ces administrations. »

[*Add.*] L'art. 6 de la loi du 21 mars 1831 reproduit dans
son § 1er, en les restreignant cependant un peu, les dispositions de la loi du 24 vendémiaire an III, dispositions
fondées sur le principe de la séparation de l'autorité judiciaire et de l'autorité administrative ; il contient dans
les six autres paragraphes des causes nouvelles d'incompatibilité.

Art. 6. « Ne peuvent être ni maires, ni adjoints :

» 1° Les membres des cours et tribunaux de première
instance et des justices de paix ;

» 2° Les ministres des cultes ;

» 3° Les militaires employés des armées de terre et de
mer en activité de service ou en disponibilité ;

» 4° Les ingénieurs des ponts et chaussées et des
mines en activité de service ;

» 5° Les agents et employés des administrations financières et des forêts ;

» 6° Les fonctionnaires et employés des colléges communaux, et les instituteurs primaires ;

» 7° Les commissaires et les agents de police. »

Art. 7. « Néanmoins, les juges suppléants aux tribunaux de première instance et les suppléants des juges de paix peuvent être maires ou adjoints.

» Les agents salariés du maire ne peuvent être ses adjoints. »

Art. 8. « Il y a incompatibilité entre les fonctions de maire et d'adjoint, et le service de la garde nationale. »

Les causes d'incompatibilité et d'incapacité quant aux fonctions de conseiller municipal, qui s'appliquent à plus forte raison aux fonctions de maire et d'adjoint, sont énumérées dans les art. 18, 19, 20 et 21 de la même loi.

Art. 18. Les préfets, sous-préfets, secrétaires généraux et conseillers de préfecture, les ministres des divers cultes en exercice dans la commune, les comptables des revenus communaux et tout agent salarié par la commune, ne peuvent être membres des conseils municipaux ; nul ne peut être membre de deux conseils municipaux.

Art. 19. Tout membre d'un conseil municipal dont les droits civiques auraient été suspendus, ou qui en aurait perdu la jouissance, cessera d'en faire partie, et ne pourra être réélu que lorsqu'il aura recouvré les droits dont il aurait été privé.

Art. 20. Dans les communes de cinq cents âmes et au-dessus, les parents au degré de père, de fils, de frère, et les alliés au même degré, ne peuvent être en même temps membres du même conseil municipal.

Art. 21. Toutes les dispositions des lois précédentes concernant les incompatibilités et empêchements des fonctions municipales, sont abrogées.

## CHAPITRE XXV.

De la municipalité de Paris ; de son ancien état ; de son état actuel ; de son conseil municipal ; du préfet de la Seine ; du préfet de police ; des douze fonctionnaires connus sous la dénomination de maires.

Les Gaules étaient divisées en soixante-quatre cités souveraines, qui formaient autant de républiques, gouvernées par des magistrats élus pour deux, trois, ou cinq ans. Chacune de ces républiques était désignée sous le nom de sa ville principale. Ainsi, l'on disait la cité de Langres, d'Autun, etc.

Lorsque les Romains, déjà maîtres d'une partie du monde, voulurent étendre leur domination sur les Gaules, quelques-unes des différentes républiques qui partageaient cette belle contrée, se soumirent volontairement ou firent peu de résistance, mais les autres se défendirent avec courage. La cité de Paris (1) se distingua dans cette lutte ho-

(1) La ville principale de cette république, aujourd'hui

norable; et telle fut sa résistance que, même après sa défaite, elle parut encore assez redoutable au vainqueur pour qu'il crût devoir la priver de ses moyens de force et de prospérité, c'est-à-dire de son gouvernement et de ses magistrats. Dès lors cette cité ne fut plus qu'un état tributaire, soumis aux caprices d'un préfet envoyé par le sénat romain pour le gouverner.

Cependant, comme ce préfet ne pouvait ni tout voir ni tout faire, et peut-être aussi pour dédommager en quelque sorte les vaincus de la perte de leur liberté, il fut établi, dans Paris comme dans toutes les villes conquises, un magistrat populaire qui, sous le nom de *défenseur de la cité*, en administrait les biens, et y maintenait la police.

Les Francs trouvèrent cette magistrature établie dans les Gaules; mais, n'étant pas en harmonie avec leur système judiciaire, elle ne tarda pas à disparaître, et fut remplacée, dans chaque comté, par un tribunal composé du comte, ou chef politique, et de sept assesseurs auxquels on donnait la dénomination de *scabins*.

Ces tribunaux, substitués aux défenseurs des

---

Paris, s'appelait Lutèce; cependant on disait la cité de Paris, parce que le pays renfermé dans ces limites était connu sous la dénomination de *Parisis*. (H. P.)

cités , se trouvèrent naturellement investis de toutes leurs attributions ; et , par conséquent , au droit de juger les différends entre particuliers, ils réunirent celui d'administrer les biens des communes, d'y faire les règlements de police , et d'en punir les infracteurs.

Par cette fusion du pouvoir municipal dans l'autorité judiciaire , disparurent, dans les villes préfectoriales , jusqu'aux dernières traces du droit , dont elles avaient joui si longtemps , de se gouverner elles-mêmes.

Cependant il en resta quelques vestiges dans la ville de Paris ; mais elle ne dut cet avantage qu'à sa situation sur une rivière qui , par ses affluents , lui ouvrait des relations de commerce avec la plus grande partie du royaume.

On voit par d'anciens monuments que ce commerce était entre les mains des habitants les plus notables , qui formaient une société régie par une administration dont le chef avait le titre de *maître de la marchandise de l'eau* , et les membres celui de *pairs bourgeois.*

Ces monuments nous apprennent encore, qu'à l'époque de l'invasion des Francs , cette association avait déjà toute la consistance d'un corps politique; qu'elle était chargée de la confection et de l'entretien de tous les travaux relatifs à la navigation, tels que les ponts, les ports, les quais, les chemins de halage; qu'elle avait une juridiction qui s'étendait sur tous les débats relatifs à la navigation; enfin que, pour l'exercice de cette juridiction, elle avait un prétoire que l'on appelait le *parloir aux bourgeois*.

La nature de ces fonctions les attachait au pouvoir municipal. Cependant, comme elles appartenaient au maître de la marchandise de l'eau, lors de la suppression du défenseur de la cité, elles ne passèrent pas dans les attributions du tribunal substitué à ce magistrat. A l'égard des autres branches de l'administration communale, le comte et ses assesseurs, soit par insouciance, soit par incapacité, négligèrent tellement de s'en occuper, que toutes, à l'exception de la police intérieure de la ville, passèrent successivement au maître de la marchandise de l'eau et aux pairs bourgeois.

Sous le règne de saint Louis, le maître de la marchandise de l'eau et les pairs bourgeois étaient si généralement regardés comme les seuls officiers municipaux de la ville de Paris, qu'ils prirent les qualifications de prévôts des marchands et d'échevins, et que l'on donna celle d'*Hôtel-de-Ville* à la maison jusqu'alors désignée sous le nom de *parloir aux bourgeois*.

Comme le chef du tribunal ordinaire avait aussi

le titre de prévôt, Paris eut alors deux prévôts, l'un chargé de l'administration de la justice, l'autre investi du pouvoir municipal. Et quant à la police, le prévôt des marchands l'exerçait sur la rivière, et le prévôt de Paris sur toutes les autres parties de la ville.

Vers le milieu du dix-septième siècle, Paris avait déjà pris un tel accroissement en population et en surface, que le lieutenant civil du Châtelet, substitué au prévôt de Paris, et chargé tout à la fois de la distribution de la justice et de la manutention de la police, se trouvait dans l'impossibilité de remplir simultanément ces deux fonctions. En conséquence, par un édit du mois de mars 1667, aux trois lieutenants du prévôt de Paris, qui existaient alors, Louis XIV en ajouta un quatrième, qui, sous le nom de lieutenant général de la police, fut chargé de cette partie de l'administration intérieure de la ville.

Cet office fut conféré à M. de la Reynie. Paris lui doit beaucoup, et son nom mérite d'être conservé.

Mais, en sortant des mains du premier magistrat du Châtelet, la police n'en demeura pas moins attachée à ce tribunal. Le fonctionnaire était changé, mais les fonctions, restées les mêmes, conservaient le caractère qu'elles avaient auparavant, et le magistrat qui était chargé de cette partie, l'exerçait sous l'autorité du parlement qui, sur la demande des particuliers, ou sur le réquisitoire du procureur général, annulait ou confirmait ses actes. Et même, lorsqu'il s'agissait de réformer des abus consacrés par le temps ou défendus par de nombreux intérêts, le parlement prenait l'initiative; et comme il était bien connu que l'on ne désobéissait pas impunément à ses arrêts, l'ordre s'établissait sans le concours du gouvernement, sans l'intervention de la force publique.

Enfin, lorsque des mouvements séditieux menaçaient la société, et que l'opinion publique était égarée au point que le peuple avait moins de confiance dans le gouvernement que dans ses magistrats, le parlement, toutes les chambres réunies, tenait des séances que l'on appelait *de haute police.*

A ces grandes et solennelles assemblées, assistaient des députés de la chambre des Comptes, de la cour des Aides, de la cour des Monnaies, le prévôt des marchands, et le lieutenant général de police.

Telle était l'organisation de la police. Quant aux autres branches de l'administration municipale, elles étaient confiées à un *bureau* et à des conseillers, dont la réunion formait ce que l'on appelait alors le *Corps de ville.*

Le bureau était composé du *prévôt des marchands*, de quatre *échevins*, d'un *procureur du roi*, *et de la ville*.

Le bureau, outre la connaissance des affaires municipales, avait la police de la rivière.

Le Corps de ville était formé du bureau, de vingt-six *conseillers*, ayant le titre de conseillers du roi, et de seize *quarteniers*, qui avaient chacun au-dessous d'eux quatre *cinquanteniers*, et seize *dizainiers*.

L'élection du prévôt des marchands, subordonnée à la confirmation du Roi, avait lieu pour deux années. Les quatre échevins étaient renouvelés tous les ans, par moitié. L'un était tiré alternativement de la compagnie des conseillers et de celle des quarteniers; l'autre était pris parmi les *six corps* de marchands : mais dans les derniers temps, on s'était écarté de cette règle, en nommant à l'échevinage des avocats, des médecins, des notaires ou autres bourgeois notables.

Les électeurs du bureau de ville étaient les échevins, les conseillers, les quarteniers en exercice, et quelques bourgeois qualifiés *notables*, choisis par les quarteniers eux-mêmes.

Tel fut, sous le double rapport de l'administration et de la police, le régime intérieur de la ville de Paris, depuis l'établissement de la monarchie jusqu'à la promulgation du décret du 14 décembre 1789.

Ce décret est remarquable ; c'est le premier pas de l'assemblée constituante dans la carrière des innovations. Par cette loi, toutes les municipalités du royaume sont supprimées ; et toutes sont rétablies sur des bases nouvelles et sur un plan uniforme. Cependant l'organisation de celle de Paris ne fut d'abord que provisoire. Son immense population exigeait des mesures spéciales. Elles sont consignées dans la loi du 21 mai 1790.

Aux termes de cette loi, la municipalité de Paris est composée d'un maire, de seize administrateurs, de trente-deux conseillers, de quatre-vingt-seize notables, et d'un procureur de la commune.

Le maire, les administrateurs, les conseillers, les notables, et le procureur de la commune, sont élus par les citoyens actifs, et ne peuvent être destitués que pour forfaiture préalablement jugée.

Le maire, et les seize administrateurs composant le bureau, les trente-deux conseillers, réunis au bureau, forment le conseil municipal. On donne la dénomination de conseil général de la commune à la réunion du conseil municipal et des quatre-vingt-seize notables.

Lorsqu'il s'agit de délibérer sur des objets d'une importance majeure, la convocation du conseil général est indispensable. Ces circonstances sont indiquées par la loi avec une précision qui ne laisse rien à désirer.

Le travail du bureau est divisé en cinq départements : 1° celui des subsistances ; 2° celui de la police ; 3° celui des finances ; 4° celui des établissements publics ; 5° celui des travaux publics.

Chaque département rend compte de ses opérations au conseil municipal ; et le maire les surveille tous.

Enfin la loi établit une force militaire, sous le nom de garde nationale parisienne, dont elle donne la direction et le commandement au conseil municipal.

Par l'effet de cette nouvelle organisation, la police, jusqu'alors dans la justice, en sort, et passe dans les attributions de la municipalité. Le maire, et la section du bureau dite de la *police*, en sont chargés, et l'exercent sous la surveillance du conseil municipal.

Cette loi était fort sage ; aussi les premiers essais en furent-ils heureux. Mais il y a, dans la vie des nations, des époques désastreuses où les germes de mort, dont aucune n'est exempte, se développent avec un fracas épouvantable, et alors, que peuvent les meilleures lois ?

Ces temps malheureux étaient arrivés pour la France ; et, tels furent les excès auxquels se livra la municipalité de Paris, que son existence fut jugée incompatible avec un gouvernement régulier. On la supprima.

Par cette suppression, la capitale se trouva la seule commune du royaume privée des bienfaits du régime municipal. Les citoyens pouvaient s'en irriter. On eut recours à un procédé qui manque rarement de faire illusion à la multitude. En faisant disparaître la chose, on conserva les dénominations, et Paris continua d'avoir des maires et un conseil municipal.

Dans ce nouvel ordre de choses, Paris est divisé en douze arrondissements. Dans chacun de ces arrondissements le Roi nomme trois fonctionnaires, que l'on appelle maire et adjoints de maire. Et, quant à la police municipale, l'exercice en est confié à un commissaire du roi, auquel on donne la dénomination de préfet de police. Enfin le conseil municipal est placé dans le conseil général du département, dont tous les membres sont aussi nommés par le Roi.

Tout est purement nominal dans cette organisation. Les maires et leurs adjoints, bornés à la réception des actes de l'état civil (1), ne font pas même partie du conseil municipal.

Ce conseil délibère également sans le concours du préfet de la Seine ; cependant c'est ce fonctionnaire qui représente la commune, et qui agit en son nom dans tous les actes qui la concernent ; et, dans les cérémonies publiques, c'est encore lui que l'on voit figurer à la tête des douze maires de Paris.

Il en est de même du préfet de police. Étranger aux maires, étranger au conseil de la commune, il n'en exerce pas moins la plus importante de toutes les fonctions propres au pouvoir municipal : la police.

Si l'on se reporte sur ce qui précède, on voit que cette police, d'abord confiée aux défenseurs de la cité, ensuite au tribunal ordinaire, a été exercée par le prévôt de Paris et par ses lieutenants jusqu'en 1789, qu'à cette époque elle est rentrée dans les attributions de la municipalité ; qu'enfin aujourd'hui, c'est un commissaire du roi qui en est investi ; et que ce fonctionnaire, indépendant des tribunaux et du conseil municipal,

---

(1) *V*. la loi du 3 ventôse an III. (II. P.)

n'est subordonné qu'au ministre de l'intérieur, qui seul a le droit de réformer et de censurer sa conduite et ses actes.

Ainsi ont disparu, dans la ville de Paris, jusqu'aux dernières traces du régime municipal ; et cette reine des cités se trouve aujourd'hui absolument étrangère à l'administration de son patrimoine et à la disposition de ses revenus. (*V.* l'add.)

On a peine à se familiariser avec l'idée d'une corporation ainsi dépouillée de l'exercice de toutes ses prérogatives ; cependant, il faut en convenir, les excès démagogiques de la municipalité de 1793 avaient rendu cette mesure nécessaire. Dans des circonstances moins graves, le gouvernement était même allé plus loin. Sur la fin du quatorzième siècle, les officiers municipaux s'étaient ouvertement opposés à la perception de certains impôts. Les bureaux de recettes avaient été incendiés, les maisons des percepteurs dévastées, et plusieurs d'entre eux assassinés jusque dans les églises. La municipalité fut supprimée, et ses attributions furent partagées entre le Châtelet de Paris et les administrateurs du domaine public.

Mais le temps, qui emporte les générations, emporte aussi le souvenir de leurs fautes : une fois qu'elles ont disparu la justice est satisfaite. Cela est également vrai pour les corporations, et surtout pour celles dont les membres se renouvellent à des époques périodiques. Les fautes, ou si l'on veut les crimes, que, dans une longue suite de siècles, quelques-uns d'entre eux peuvent commettre, ne doivent faire perdre de vue ni les services rendus par leurs prédécesseurs, ni le bien que leurs successeurs pourront faire.

Telle fut la pensée de Charles VI. Vingt-neuf ans après sa suppression, la municipalité de Paris fut rétablie par un édit de l'an 1411. On y lit ces paroles remarquables : « En plusieurs grandes » circonstances nous avons trouvé les bourgeois et » habitants de notre bonne ville de Paris, très- » vrais et loyaux sujets à nous, notre seigneurie » et postérité, au bien, tuition, défense, et exal- » tation de notre couronne et de tout le bien pu- » blic de notre royaume, et en ce exposé libérale- » ment leurs corps, biens et chevances, et pour » ce, soutenu et souffert plusieurs grandes peines, » périls, travaux et dommages (1). »

***

(1) Cet édit a cela de remarquable qu'il indique les noms des conseillers d'état qui ont concouru à sa rédaction. Voici la clause qui le termine, on y verra quelle était alors la composition du conseil du Roi. « Donné à Paris, le ving- » tiesme jour de janvier, l'an de grâce 1411, et de notre » règne le trente-deuxiesme. Ainsi signé : par le Roi en son

L'esprit qui animait les habitants de la capitale lorsqu'ils faisaient tant et de si généreux sacrifices n'est pas éteint ; et c'est de même un fils de saint Louis qui est sur le trône. Les circonstances étant semblables, la commune de Paris doit donc espérer que les motifs qui ont déterminé le conseil de Charles VI à lui rendre sa municipalité, agiront aussi efficacement aujourd'hui.

A cette considération s'en joignent deux autres.

1° Un gouvernement qui veut tout faire, ne pouvant ni tout voir, ni être présent partout, est obligé d'avoir des agents disséminés sur tous les points ; et, dans leur nombre nécessairement considérable, il s'en trouve toujours qui abusent des pouvoirs qui leur sont confiés. De là des vexations, et par suite des opprimés qui s'irritent, et d'autres que la crainte de l'oppression agite. Comme ils ne voient au-dessus d'eux que le gouvernement, que

---

» conseil, auquel le Roi de Sicile, monseigneur le duc de
» Bourgogne, les comtes de Mortaing et de Nevers, l'éves-
» que de Saint-Brieu, les chancelliers de Guyenne et de
» Bourgogne, le grant maistre d'hostel, les seigneurs de La
» Suze, de Rambures, de Florensac, de Walphin; mes-
» seigneurs Charles de Savoisy, le Galois d'Aulnoy; messire
» Jehan de Courcelles; le gouverneur d'Arras; messire Jehan
» de Chambrillac, et plusieurs autres estoient. » ( H. P. )

c'est effectivement la main de ses préposés qui s'appesantit sur eux, c'est lui seul qu'ils accusent.

2° Dans une ville immense, dont la population se compose d'individus de tous les rangs, de toutes les conditions, de toutes les nations; où la célébrité des écoles appelle en foule la jeunesse de tous les pays; où de nombreux ateliers attirent les artistes de tous les genres, les ouvriers de toutes les professions; où la bienfaisance offre des secours à toutes les misères humaines; dans une ville dont la vaste enceinte renferme et ce que la nature de l'homme a de plus noble et ce qu'elle a de plus pervers; où la vertu se montre avec le plus d'éclat, où le crime se cache avec le plus de facilité, et dans laquelle les fripons et les factieux sont toujours sûrs de trouver des dupes et des complices; dans cette réunion d'éléments si divers, dans Paris enfin, comment maintenir l'harmonie, et surtout comment la rétablir?

A une multitude égarée, le gouvernement le plus sage, le plus énergique, ne peut opposer que la persuasion ou la force.

La force? mais la victoire n'est pas toujours fidèle à la bonne cause. Cependant, si l'autorité succombe, l'anarchie la remplace, et tout est perdu : lors même qu'elle triomphe, les bras seuls sont enchaînés, les opinions restent, l'esprit de faction pour être comprimé n'est pas éteint, et la société continue d'être sur un volcan.

Ce remède extrême, cette dernière raison des rois, la force ne doit donc être employée qu'après avoir vainement tenté la voie de la persuasion.

Mais la persuasion est fille de la confiance. L'homme repousse ce qui lui est offert par une main suspecte. Un gouvernement, menacé par des mouvements populaires, s'abuserait donc s'il se flattait de calmer les esprits par l'organe de ses agents. Ce sont ces mêmes agents que les séditieux accusent, comment les accepteraient-ils pour conseils et pour guides ?

Quelle sera donc la voix assez puissante, assez persuasive pour se faire entendre ? S'il en est une, c'est celle d'un corps municipal librement élu, et, par conséquent, investi de la confiance des habitants ; d'un corps municipal composé de citoyens recommandables par des noms justement honorés, par des services rendus à la patrie, par des bienfaits constamment répandus sur les habitants, par une distribution de la justice toujours impartiale, par des soins journellement donnés à l'humanité souffrante ; d'un corps municipal enfin dont les membres enrichissent la cité par le commerce, par l'agriculture, par les arts, et tiennent des ateliers toujours ouverts à la classe ouvrière.

Tous ces genres de vertus , de talents et de mérites abondent dans Paris. On les trouve surtout parmi les éligibles à la chambre des députés. Pour procurer à cette grande capitale l'inestimable bienfait d'une municipalité bien organisée, il suffirait donc qu'une loi spéciale statuât que nul ne peut être élu officier municipal s'il ne paie mille francs d'impositions directes.

Que, dans les crises les plus alarmantes, un corps municipal composé de ces divers éléments se montre ; que seul, sans appareil, sans autre cortége que les souvenirs qui l'environnent, il aborde les factieux ; et s'ils osent soutenir ses regards , si les armes ne tombent pas de leurs mains, il faudra désespérer de l'espèce humaine.

[*Add.*] La loi du 20 avril 1834, sur l'organisation du département de la Seine ( *v.* à l'appendice), s'occupe aussi de l'organisation du conseil municipal de Paris. Cette loi laisse subsister l'ancienne division en douze arrondissements, faite par le décret du 19 vendémiaire an IV. Il y a toujours, dans chaque arrondissement, un maire et deux adjoints, qui sont chargés de la tenue des registres de l'état civil, et d'un très-petit nombre de fonctions administratives. Un préfet de police réunit dans ses attributions tout ce qui concerne la police , et a sous ses ordres des commissaires de police distribués dans les douze municipalités. ( Voir pour ses attri-

butions et pour celles du commissaire de police, les
arrêtés des 12 messidor an VIII et 3 brumaire an IX.)
Le préfet de la Seine représente la commune.

Les maires et adjoints sont choisis par le Roi sur une
liste de douze candidats nommés par les électeurs de
l'arrondissement, parmi les individus susceptibles d'être
nommés membres du conseil général de la Seine. (Loi du
20 avril 1834, art. 2, 12, 13, et l. du 22 juin 1833,
art. 4.)

Le conseil général du département de la Seine se
compose de quarante-quatre membres nommés, savoir :
trois par chacun des douze arrondissements de Paris, et
quatre par chacun des arrondissements de Sceaux et de
St-Denis. Les trente-six membres nommés par les douze
arrondissements de Paris constituent le *conseil muni-*
*cipal* de cette ville. (Loi du 20 avril, art. 1, 2, 14.)

Le *corps municipal* proprement dit comprend le préfet
du département de la Seine, le préfet de police, les
maires et adjoints et le conseil municipal. (*Idem*, article 11.)

Une loi d'attributions annoncée par la loi du 18 juillet
1837 n'a point encore été rendue. Nous lisons seulement dans la loi du 20 avril 1834 : « Art. 17. Le conseil
municipal ne s'assemble que sur la convocation du préfet
de la Seine; il ne peut délibérer que sur les questions
que lui soumet le préfet, et lorsque la majorité de ses
membres assiste à la séance. »

« Art. 18. Il y a chaque année une session extraordinaire qui est spécialement consacrée à la présentation et

à la discussion du budget ; cette session ne peut durer plus de six semaines. L'époque de la convocation doit être notifiée à chaque membre du conseil un mois au moins à l'avance. »

## CHAPITRE XXVI.

Des caractères qui distinguent, et des limites qui séparent le pouvoir municipal du pouvoir administratif.

Il n'y a de gouvernements réguliers, de gouvernements forts et stables, que ceux où les pouvoirs sont définis, divisés, et limités. Mais la sagesse elle-même eût-elle présidé à leur séparation, il y aurait bientôt anarchie si, trompant le vœu des lois, ils franchissaient le cercle dans lequel leur action doit être concentrée. Une fois déplacés, une fois sortis de leur orbite, ces pouvoirs se froisseraient ; et, réciproquement travaillés du besoin de s'agrandir, il y aurait entre eux une réaction toujours agissante. Ces mouvements irréguliers imprimeraient au corps social un malaise habituel ; et les citoyens finiraient par ignorer, et dans quelles mains réside l'autorité à laquelle ils doivent obéir, et celle qui doit les protéger.

Ces réflexions sont surtout applicables à l'administration proprement dite, c'est-à-dire à cette administration secondaire, qui n'est pas le gouvernement, mais un moyen de gouverner; ou, en d'autres termes, à l'agence à laquelle le gouvernement confie l'exécution des mesures qu'il croit devoir prendre pour la sûreté générale et le maintien de l'ordre public.

Si l'on jette les yeux sur les nombreux fonctionnaires qui composent cette agence, on voit les préfets sur le premier plan.

Sentinelles disséminées sur tous les points du royaume, les préfets ne sont étrangers à aucun des mouvements du corps social. Chargés d'éclairer le gouvernement, ils doivent tout voir et tout surveiller. Gardiens de la paix publique, ils doivent prévenir les délits par tous les moyens que les lois mettent à la disposition de la police administrative; sous ces différents rapports, ils pèsent sur toutes les classes; ils sont en contact avec tous les citoyens : enfin telle est la nature des attributions dont ils sont investis, que leur action, presque toujours subordonnée aux circonstances, doit varier comme elles, et qu'il est également impossible de tracer avec précision la ligne qu'ils doivent suivre et les limites devant lesquelles ils doivent s'arrêter.

On ne peut pas se dissimuler que dans l'exercice d'un pouvoir aussi difficile à définir, l'abus est bien voisin de l'usage. Aussi ne voyons-nous que trop souvent l'administration, incertaine sur la marche qu'elle doit tenir, fatiguer la société, moins encore par ses usurpations, que par l'irrégularité de ses mouvements. Mais c'est dans le domaine du pouvoir municipal que ce torrent, toujours prêt à sortir de son lit, se déborde le plus fréquemment.

Il importe donc éminemment à l'ordre social qu'une main ferme établisse, entre les fonctions administratives et les attributions des corps municipaux, une ligne de démarcation sensible à tous les yeux. Le problème a des difficultés ; comment les résoudre ? Je crois l'entrevoir.

Il faut bien en convenir : dans notre organisation actuelle, les limites de l'administration publique, mal posées, et continuellement déplacées, tantôt par des innovations, tantôt par des décisions contradictoires, échappent souvent aux regards les plus attentifs. Mais il n'en est pas de même du pouvoir municipal ; sa sphère d'activité est invariable, parce que sa circonscription est déterminée par la nature des choses.

Les habitants des villes, bourgs et villages, envisagés collectivement, forment autant de familles particulières, dont chacune a des chefs, des droits, des besoins, des charges et des intérêts qui lui sont propres. Considérées dans leurs relations avec la société dont elles font partie, ces mêmes communes ne sont que des fractions de la grande famille, que des individus politiques ; et cette modification, en leur donnant une existence et des garanties nouvelles, leur donne de nouveaux liens, et leur impose de nouveaux devoirs; ce sont ces devoirs qui, sans les soustraire au pouvoir municipal, les assujétissent au pouvoir administratif. Cette double subordination jette quelque confusion dans les idées ; mais cela s'éclaircit aisément.

De ces deux pouvoirs, l'un n'est autre chose que l'autorité du père de famille, l'autre est une branche du pouvoir exécutif; l'un n'établit que des rapports domestiques, l'autre n'agit que dans l'intérêt de l'ordre public. Le pouvoir municipal diffère encore de l'administration, en ce qu'il se concentre sur une seule commune, et que toutes les mesures qui en embrassent plusieurs appartiennent aux corps administratifs. Autre différence : le droit de faire les règlements de police donne aux officiers municipaux une action immédiate sur les personnes ; et il ne doit y avoir, dans les attributions du pouvoir administratif, que le règlement des choses. A la vérité l'arbitraire peut entrer dans les règlements de police, comme dans les actes des administrateurs ; mais dans les uns il n'est qu'effrayant, dans les autres il serait insupportable. La raison de cette différence est que l'application des règlements de police étant confiée aux tribunaux, la sage lenteur des formes judiciaires laisse toujours aux parties lésées le temps de déférer à l'autorité supérieure les actes dont elles croiraient avoir à se plaindre, et que les administrateurs, cumulant le droit de délibérer et celui d'exécuter eux-mêmes leurs délibérations, ont, par la force des choses, le pouvoir d'appliquer tyranniquement des mesures qui seraient tyranniques.

Enfin, à l'exception de cette surveillance dont nous avons parlé dans les chapitres précédents, où finissent les fonctions propres au pouvoir municipal, là s'ouvre la carrière administrative ; là seulement commence pour l'administration le droit d'agir directement. Cela n'est susceptible d'aucune difficulté.

En effet, il est impossible que le même acte soit simultanément soumis à l'action immédiate de deux autorités distinctes, et surtout de nature différente. Autrement les rouages de la machine politique, dans un choc continuel, finiraient par se briser, et la désorganisation du corps social en serait la suite inévitable.

Ainsi la nature des choses repousse l'intervention immédiate de l'administration publique, soit
dans les mesures qui ont pour objet de maintenir
la propreté, la salubrité, la sûreté, la tranquillité
dans l'intérieur des communes, soit dans les actes
relatifs à la régie des biens communaux (1).

Cette régie embrasse l'exploitation des terres
communales, les baux à ferme de ces mêmes terres,
le règlement des pâturages communs, la conservation et la distribution des bois qui appartiennent
à la communauté, l'entretien et les réparations des
édifices publics.

Il n'y a rien dans tout cela qui excède les bornes
d'une simple administration, rien qu'un mineur
émancipé ne puisse faire; et si les communes sont
toujours mineures, ce sont au moins des mineures
émancipées.

D'ailleurs, qui mieux que les officiers municipaux peut veiller à la conservation des bois? qui
peut régler avec plus d'exactitude les droits qui
appartiennent à chaque habitant dans les usages
communs? qui peut entretenir et réparer avec plus
de soin les édifices publics? enfin, qui connaît

---

(1) *V.* l'application de ce principe dans la loi du 18 juillet
1837, art. 10, 11, 17, 18. (Appendice.) (F.)

mieux la nature du sol, le genre d'exploitation qui lui convient, et les produits dont il est susceptible?

Des motifs semblables et non moins décisifs se réunissent pour concentrer l'exercice de la police municipale dans la main des officiers municipaux. En effet, personne ne peut avoir des notions plus exactes sur l'esprit général de la commune, sur le caractère des habitants, sur les éléments de discorde qui peuvent exister entre eux. Personne n'est plus à même de distinguer l'habitant paisible de celui dont les habitudes turbulentes sont de nature à compromettre la tranquillité publique; seuls, ils ont les données nécessaires pour juger quelles sont les mesures de répression qui conviennent le mieux aux circonstances du moment. Enfin, s'il se forme des réunions, comme ils connaissent les intentions et les vues de ceux qui les composent, ils ne se trompent ni sur celles qu'il faut défendre, ni sur les temps et les lieux où elles peuvent être tolérées.

Aussi voyons-nous que c'est au pouvoir municipal, et à ce pouvoir seul, que la loi confie le soin de régler la police intérieure des communes. Cette loi est du 14 décembre 1789, dont l'art. 50 dit en termes formels que les fonctions *propres* au pouvoir municipal sont de faire jouir les habitants

des avantages d'une bonne police. Le législateur
ne pouvait pas s'exprimer avec plus d'énergie.
Ces fonctions sont *propres* au pouvoir municipal,
c'est-à-dire qu'elles sont de son essence, et qu'elles
dérivent de sa nature ; ce qui nous conduit nécessairement à cette conséquence, que la police
immédiate des communes appartient aux officiers
municipaux à l'exclusion de tous les autres fonctionnaires.

Je n'ignore pas que dans plus d'un département,
les préfets, par un zèle louable sans doute, mais
peu éclairé, se permettent quelquefois de régler
eux-mêmes la police intérieure des communes :
c'est substituer le pouvoir administratif au pouvoir
municipal ; et cette invasion dans le domaine des
municipalités, outre les inconvénients qu'elle partage avec toutes les usurpations de cette espèce, en
a qui lui sont particuliers.

D'abord, en s'emparant ainsi des fonctions municipales, le préfet se subroge à des hommes qui,
n'eussent-ils sur lui d'autre avantage que de vivre
au milieu des habitants, en connaissent mieux le
caractère, l'esprit, et les besoins, qu'il ne pourra
jamais le faire.

En second lieu, humiliés par cette initiative prise
sur eux, les officiers municipaux s'en vengeront en
déversant, d'une manière plus ou moins directe,

le mépris sur le règlement qu'ils ont reçu de la préfecture ; et le mépris des actes administratifs ne manque jamais de déconsidérer les administrateurs.

Troisièmement, entrainés par l'exemple de leur supérieur, ces mêmes officiers municipaux s'accoutument à méconnaître, comme lui, les bornes de leur compétence, et finissent par user envers leurs administrés de l'arbitraire que l'on fait peser sur eux.

Il en serait autrement si des circonstances particulières, telles qu'une maladie épidémique sur les hommes ou sur les bestiaux, exigeaient un règlement général, un règlement qui étendît son influence sur plusieurs communes. On sent qu'une mesure de cette espèce ne pourrait être prise que par le préfet ; mais, dans ce cas, il agirait, non en vertu du pouvoir municipal, qu'il ne peut jamais exercer, puisqu'il n'en est pas investi, mais en sa qualité d'administrateur, et comme agent du pouvoir exécutif, auquel seul il appartient de faire les règlements qui concernent l'ordre public et la sûreté générale.

Il arrive souvent que les officiers municipaux, avant de faire publier leurs délibérations, les soumettent à l'approbation du préfet. Quel peut être l'effet de cette approbation ? ajoute-t-elle à l'autorité de l'acte municipal? je ne le crois pas, et même j'y vois un inconvénient assez grave.

Je dis que l'approbation du préfet n'ajoute rien à l'autorité de l'acte municipal. En effet, toutes les fois que les officiers municipaux disposent dans la sphère de leurs attributions, ils usent d'un droit qui leur est propre, et agissent en vertu d'un pouvoir qui leur est conféré par la loi. Or il est de l'essence de tout pouvoir légalement institué d'avoir en lui-même le degré d'énergie nécessaire pour commander l'obéissance ; autrement ce pouvoir n'en serait pas un ; il y aurait contradiction dans les mots comme dans les choses.

Sous ce rapport il en est des officiers municipaux comme des juges de première instance, dont les décisions ont l'autorité de la chose jugée tout le temps que la réformation n'en est pas demandée au tribunal supérieur.

A la vérité, les préfets peuvent, dans beaucoup de circonstances, et sur la demande des parties intéressées, annuler les délibérations des corps municipaux. Mais les Cours souveraines peuvent également réformer les juges de première instance ; cependant l'indépendance de ces juges n'en est point altérée, et l'idée de soumettre leurs jugements à l'approbation du tribunal d'appel ne s'est encore présentée à l'esprit d'aucun d'eux.

Cette formalité d'une approbation préalable, n'ajoutant rien à l'autorité de l'acte municipal, est donc sans motif comme sans objet. J'y vois encore un autre inconvénient.

Sans doute, s'il arrive que la délibération d'un corps municipal froisse des intérêts privés, le préfet, malgré son approbation prématurée, n'en sera pas moins disposé à écouter, sinon avec faveur, du moins avec impartialité, les réclamations qui lui seront adressées. Mais il sera toujours vrai de dire qu'il a ouvert son opinion sur l'affaire qu'il doit juger. Et cette circonstance n'eût-elle d'autre effet que de diminuer la confiance que ses administrés doivent avoir dans sa justice, ce serait toujours un inconvénient.

[*Add.*] Ce point est ainsi réglé aujourd'hui conformément aux principes développés par M. Henrion de Pansey.

Le maire prend des arrêtés à l'effet d'ordonner des mesures locales sur les objets confiés par la loi à sa vigilance et à son autorité, de publier de nouveau les lois et les règlements de police, et de rappeler les citoyens à leur observation.

Les arrêtés sont valables par eux-mêmes, et n'ont pas besoin d'une approbation formelle de l'autorité supérieure; mais comme ils pourraient s'écarter de la lé-

galité, ou bien être contraires aux principes généraux
de l'administration ou de l'économie politique, l'administration supérieure, sous la surveillance de laquelle
s'exerce l'autorité municipale, a le droit de les suspendre
et de les annuler, sans toutefois pouvoir les *modifier*.
On a pensé que le droit de modifier les arrêtés municipaux, si on l'accordait au préfet, transporterait ainsi
dans sa personne l'exercice du pouvoir municipal, en
ne laissant en réalité aux maires que le droit de simple
présentation. ( Séance de la chambre des députés du 26
avril 1836. )

Tous les arrêtés pris par le maire sont immédiatement
adressés au sous-préfet, qui les fait parvenir au préfet;
ceux qui n'ont qu'une application momentanée ou indi-
viduelle sont exécutoires dès l'instant où ils sont rendus;
mais ceux qui portent règlement permanent ne sont
exécutoires qu'un mois après la remise de l'ampliation
constatée par les récépissés donnés par le sous-préfet.
(Loi du 18 juillet 1837, art. 10 et 11.)

J'ai annoncé des exceptions à la règle qui rend
exécutoires les délibérations des corps municipaux
à l'instant où elles ont reçu la publicité nécessaire.
Ces exceptions, les voici :

Les délibérations des corps municipaux ne peuvent, comme je l'ai déjà dit, être exécutées qu'avec
l'approbation du préfet, toutes les fois qu'elles ont
pour objet :

Des acquisitions ou des aliénations d'immeubles ;

Des impositions extraordinaires pour des dépenses locales ;

Des emprunts ;

Des travaux à entreprendre ;

L'emploi du prix des ventes, des remboursements ou des recouvrements ;

Des procès à intenter, ou même à soutenir (1).

---

(1) *V.* pour connaître quelle est aujourd'hui l'étendue des attributions du corps municipal, les additions aux ch. XVII, XVIII, XIX, XXI, et les art. 17, 18, 19, 20, 21, 22, 23, 24 de la loi du 18 juillet 1837. ( F. )

# LIVRE SECOND.

DU POUVOIR MUNICIPAL CONSIDÉRÉ DANS SES RAPPORTS
AVEC LA POLICE INTÉRIEURE DES COMMUNES ; QUE
CETTE POLICE EST DANS LES ATTRIBUTIONS DES CORPS
MUNICIPAUX ; QU'ILS ONT LE DROIT DE FAIRE LES
RÈGLEMENTS QU'ELLE EXIGE. DES LIMITES DANS LES-
QUELLES CE DROIT EST CIRCONSCRIT.

## CHAPITRE PREMIER.

### De la police municipale.

Nous l'avons déjà dit : la sollicitude de ceux qui
les premiers se sont réunis en bourgades ne devait
pas avoir seulement pour objet l'administration du
patrimoine commun ; le besoin de leur conservation leur commandait, et même encore plus im-
périeusement, de prendre les mesures les plus
propres à écarter de l'habitation commune tout ce
qui pourrait la rendre peu sûre, incommode, et
malsaine.

L'obligation de faire jouir les habitants des avantages d'une bonne police entre donc, comme condition nécessaire, dans tous les mandats que les
habitants donnent à ceux auxquels ils confient le
soin d'administrer la cité.

Ainsi, le pouvoir de faire, dans la circonscription de chaque municipalité, les règlements que le maintien de la police locale exige, n'est pas une concession de la puissance publique; les officiers municipaux le tiennent de leur mandat, ou, pour parler plus exactement, de cette règle du droit naturel qui autorise tous les individus, et par conséquent les corporations d'habitants, qui, relativement à la grande famille, ne sont elles-mêmes que des individus, à veiller à leur conservation.

Mais, que serait-ce qu'un pouvoir que l'on pourrait mépriser impunément? Un vain appareil, un objet de dérision pour les méchants.

Il fallait donc que le législateur, quoique étranger à ces sortes de pactes, se les appropriât, pour ainsi dire, et que, les faisant sortir de la classe des conventions privées, il leur imprimât le caractère et leur donnât l'efficacité des actes émanés de la puissance publique.

Cette mesure n'était pas seulement dans l'intérêt des communes, elle était aussi réclamée par la société tout entière, puisqu'elle ne se compose que de ces sociétés partielles; et que l'on ne peut mettre en harmonie les différentes parties d'un tout, qu'en faisant régner l'ordre dans chacune d'elles.

Mais, en garantissant l'exécution des règlements de police municipale, en imposant aux juges l'o-

bligation de les faire respecter par des condamnations contre les infracteurs, il ne pouvait pas
être dans l'intention de la loi de sanctionner indistinctement, et sans restriction, tout ce qu'il
plairait à des officiers municipaux de défendre ou
d'ordonner par des délibérations en forme de règlements de police. Une confiance aussi aveugle
aurait eu pour résultat de conférer la puissance
législative aux corps municipaux ; et jamais une
pareille idée n'a pu se présenter à l'esprit d'aucun
législateur.

Aussi trouvons-nous dans nos lois nouvelles une
nomenclature très-exacte des objets qu'elles en-
tendent placer dans les attributions de la police
municipale ; et comme les règlements, qui statuent
dans le cercle de cette nomenclature, sont les seuls
dont la loi garantit l'exécution, ce sont aussi les
seuls que les juges de paix sont chargés de faire
respecter par des condamnations contre ceux qui
les enfreignent.

# CHAPITRE II.

Texte des lois indicatives des objets que la loi confie à la
vigilance et à l'autorité des officiers municipaux.

S'il est vrai, comme nous venons de le dire,

que les lois ne garantissent l'exécution des règlements de police que lorsqu'ils statuent sur les objets qu'elles placent dans les attributions de la police municipale, les officiers municipaux et les juges de paix doivent sentir combien il leur importe de connaître ces lois. Pour leur en épargner la recherche, je vais les réunir et en présenter la série.

*Loi du 11 août 1789, sanctionnée le 21 septembre.*

Le droit exclusif des fuies et des colombiers est aboli ; les pigeons seront enfermés aux époques fixées par la communauté ; et durant ce temps ils seront regardés comme gibier, et chacun aura le droit de les tuer sur son terrain.

*Loi du 14 décembre 1789, art. 50.*

Les fonctions propres au pouvoir municipal, sous la surveillance et l'inspection des assemblées administratives, sont... de faire jouir les habitants des avantages d'une bonne police, notamment de la propreté, de la salubrité, et de la tranquillité dans les rues, lieux et édifices publics.

Le mot *notamment,* que l'on remarque dans cet article, annonce que le législateur n'entendait établir qu'un principe, qu'il se proposait de développer dans une loi postérieure. C'est ce qu'il a fait dans celle que l'on va lire.

*Loi du 24 août 1790, titre XI, art. 3 et suiv.*

Les objets de police confiés à la vigilance et à l'autorité des corps municipaux sont :

1° Tout ce qui intéresse la sûreté et la commodité du passage dans les rues, quais, places et voies publiques; ce qui comprend le nettoiement, l'illumination, l'enlèvement des décombrements, la démolition ou la réparation des bâtiments menaçant ruine, l'interdiction de rien exposer aux fenêtres ou autres parties des bâtiments qui puisse nuire par sa chute, et celle de rien jeter qui puisse blesser ou endommager les passants, ou causer des exhalaisons nuisibles;

2° Le soin de réprimer et de punir les délits contre la tranquillité publique, tels que les rixes et disputes accompagnées d'ameutements dans les rues, le tumulte excité dans les lieux d'assemblées publiques, les bruits et attroupements nocturnes, qui troublent le repos des citoyens;

3° Le maintien du bon ordre dans les endroits où il se fait de grands rassemblements d'hommes, tels que les foires, marchés, réjouissances et cérémonies publiques, spectacles, jeux, cafés, églises, et autres lieux publics;

4° L'inspection sur la fidélité du débit des denrées qui se vendent au poids, à l'aune ou à la mesure, et sur la salubrité des comestibles exposés en vente publique ;

5° Le soin de prévenir par des précautions convenables, et celui de faire cesser par la distribution des secours nécessaires, les accidents et fléaux calamiteux, tels que les incendies, les épidémies, les épizooties, en provoquant aussi dans ces deux derniers cas l'autorité des administrations de département ou de district ;

6° Le soin d'obvier ou de remédier aux événements fâcheux qui pourraient être occasionnés par les insensés ou les furieux laissés en liberté, et par la divagation des animaux malfaisants ou féroces.

Art. 4. Les spectacles publics ne pourront être permis et autorisés que par les officiers municipaux. Ceux des entrepreneurs et directeurs actuels qui ont obtenu des autorisations, soit des gouverneurs des anciennes provinces, soit de toute autre manière, se pourvoiront devant les officiers municipaux, qui confirmeront leur jouissance pour le temps qui en reste à courir, à charge d'une redevance envers les pauvres.

*Loi du 22 juillet 1791.*

Art. 29. Les règlements actuellement existants

sur le titre des matières d'or et d'argent, sur la vérification de la qualité des pierres fines ou fausses,
la salubrité des comestibles et des médicaments,
sur les objets de serrurerie, continueront d'être
exécutés jusqu'à ce qu'il en ait été autrement ordonné. Il en sera de même de ceux qui établissent
des dispositions de sûreté, tant pour l'achat et la
vente des matières d'or et d'argent, des drogues,
médicaments et poisons, que pour la présentation,
le dépôt et adjudication des effets précieux dans
les monts-de-piété, lombards, ou autres maisons
de ce genre.

Sont également confirmés provisoirement les règlements qui subsistent touchant la voirie, ainsi
que ceux qui existent actuellement à l'égard de
la construction des bâtiments, et sont relatifs à la
solidité et sûreté, sans que de la présente disposition il puisse résulter la conservation des attributions ci-devant faites sur cet objet à des tribunaux
particuliers.

Art. 30. La taxe des subsistances ne pourra
provisoirement avoir lieu dans aucune ville ou
communauté du royaume, que sur le pain et la
viande de boucherie, sans qu'il soit permis, en
aucun cas, de l'étendre sur le vin, sur le blé, les
autres grains, ni autre espèce de denrées, et ce,
sous peine de destitution des officiers municipaux.

13

Art. 46. Aucun tribunal de police municipale, ni aucun corps municipal, ne pourra faire de règlement. Le corps municipal néanmoins pourra, sous le nom et l'intitulé de *délibération*, et sauf la réformation, s'il y a lieu, par l'administration de département, faire des arrêtés sur les objets qui suivent :

1° Lorsqu'il s'agira d'ordonner les précautions locales sur les objets confiés à sa vigilance par les articles 3 et 4 du titre XI de la loi du 24 août 1791 ;

2° De publier de nouveau les lois et règlements de police, ou de rappeler les citoyens à leur observation.

*Code rural du* 28 *septembre* 1791, *sanctionné le* 6 *octobre suivant, tit. I<sup>er</sup>, section* 5 *, art.* 2.

Chaque propriétaire sera libre de faire sa récolte, de quelque nature qu'elle soit, avec tout instrument et au moment qui lui conviendra, pourvu qu'il ne cause aucun dommage aux propriétaires voisins.

Cependant, dans les pays où le ban de vendange est en usage, il pourra être fait à cet égard un règlement chaque année par le conseil général de la commune , mais seulement pour les vignes non closes (1).

_____

(1) A l'égard des contraventions aux bans de vendange , il est à observer que le Code pénal ( art. 475 ) les signale et les place dans la 2ᵉ classe des délits de simple police ; et de là deux conséquences : la première , que ces contraventions sont passibles d'une amende depuis 6 francs jusqu'à 10 inclusivement ; la seconde, que les procès-verbaux qui les constatent ne sont pas sujets à la prescription d'un mois , établie par le Code rural , mais ne se prescrivent que par le laps d'une année, conformément à l'art. 640 du Code d'instruction criminelle.

Le juge de paix du canton du Blanc , département de l'Indre , s'y était mépris. Son jugement a été cassé par un arrêt du 26 mars 1820 , fondé sur les motifs suivants :

Considérant que le fait qui a donné lieu aux poursuites contre les sieurs Lamartellière , Huguet, et autres dénommés dans le jugement dénoncé , constitue une contravention aux bans de vendange , prévue et punie des peines de police par l'art. 475 , nº 1 , du Code pénal de 1810 ;

Que ce Code se rattachant à celui d'instruction criminelle de 1808 , avec lequel il ne fait qu'un seul corps de législation criminelle, il s'ensuit nécessairement que la prescription de l'action , résultant dudit fait, est soumise aux règles établies , à cet égard , par ledit Code d'instruction criminelle ;

Que, suivant l'art. 640 de ce Code , le temps de la prescription pour les contraventions de police est fixé à un an ; d'où il suit que la contravention dont il s'est agi dans l'espèce ,

Nulle autorité ne pourra suspendre ou intervertir les travaux de la campagne, dans les opérations de la semence et des récoltes.

*Idem, titre II, art. 9, police rurale.*

Les officiers municipaux veilleront généralement à la tranquillité, à la salubrité, et à la sûreté des campagnes ; ils seront tenus particulièrement de faire, au moins une fois par an, la visite des fours et cheminées de toutes maisons et de tous bâtiments éloignés de moins de cent toises d'autres habitations. Ces visites seront préalablement annoncées huit jours d'avance.

---

ayant été commise le 24 septembre 1819, n'a pu être prescrite qu'à la date correspondante de l'an 1820 ;

Que, néanmoins, le tribunal de police du canton du Blanc, saisi des poursuites intentées à raison de ladite contravention, a, par son jugement du 27 novembre 1819, et en se fondant sur les dispositions de l'art. 8, section 7, du titre 1er de la loi rurale des 28 septembre et 6 octobre 1791, déclaré la prescription acquise par le laps d'un mois, et renvoyé en conséquence les prévenus des poursuites ;

Que ledit tribunal a donc faussement appliqué cette loi, et violé l'art. 640 précité du Code d'instruction criminelle ;

D'après ces motifs, la Cour, faisant droit audit réquisitoire du procureur général, casse et annule, etc. (H. P.)

Après la visite, ils ordonneront la réparation ou la démolition des fours et des cheminées qui se trouveront dans un état de délabrement qui pourrait occasionner un incendie ou d'autres accidents; il pourra y avoir lieu à une amende au moins de six livres, et au plus de vingt-quatre livres.

*Idem, titre I<sup>er</sup>, section 4, des troupeaux.*

Art. 12. Dans les pays de parcours ou de vaine pâture soumis à l'usage du troupeau en commun, tout propriétaire ou fermier pourra renoncer à cette communauté, et faire garder par troupeau séparé un nombre de têtes de bétail proportionné à l'étendue des terres qu'il exploitera dans la paroisse.

Art. 13. La quantité de bétail, proportionnellement à l'étendue du terrain, sera fixée dans chaque paroisse, à tant de têtes par arpent, d'après les règlements et usages locaux; et à défaut de documents positifs à cet égard, il y sera pourvu par le conseil général de la commune.

Art. 16. Quand un propriétaire d'un pays de parcours ou de vaine pâture aura clos une partie de sa propriété, le nombre de têtes de bétail qu'il pourra continuer d'envoyer dans le troupeau commun, ou par troupeau séparé, sur les terres particulières des habitants de la communauté, sera restreint proportionnellement, et suivant les dispositions de l'art. 13 de la présente section.

*Chemins.*

La police des grands chemins ou grandes routes, des chemins publics ou vicinaux, est réglée par les lois des 29 floréal an x et 9 ventôse an xiii. Je les rapporte dans mon traité *De la Compétence des juges de paix* avec des observations auxquelles on peut recourir (1).

[ *Add.* ] La loi du 29 floréal an x n'attribue aux maires que le droit de constater les contraventions commises sur les grandes routes.

Art. 2. Les contraventions seront constatées concurremment par les maires ou adjoints, les ingénieurs des ponts et chaussées, etc., etc.....

Art. 3. Les procès-verbaux seront adressés au sous-préfet, qui ordonnera par provision, et sauf recours au préfet, ce que de droit pour faire cesser les dommages.....

Art. 4. Il sera statué définitivement en conseil de préfecture...

---

(1) *De la Compétence des juges de paix*, dixième édition, in-8°, chap. XXII, § 2 et 3. (H. P.)

Quant aux rues faisant la continuation des grandes routes, quoiqu'elles soient soumises aux règles de la grande voirie comme ces routes elles-mêmes, cependant elles n'échappent pas complétement à l'action de la police municipale, qui s'exerce alors concurremment avec l'action de la police administrative. C'est ce qui résulte d'un arrêt de la Cour de cassation du 15 avril 1824 qui, après avoir établi que la loi du 29 floréal an x laisse à l'autorité municipale et aux tribunaux de police toutes les attributions et tous les droits qui leur appartiennent, notamment en vertu de la loi du 24 août 1790, ajoute : « Quand il s'agit de faire l'application desdites lois de floréal an x et d'août 1790 à des terrains qui forment prolongement des grandes routes, en même temps qu'elles sont des places publiques ou des rues de villes, bourgs ou villages, il faut les combiner et concilier les dispositions de manière qu'elles s'entr'aident, et que l'exercice de l'autorité administrative ne puisse jamais paralyser ou entraver l'action municipale et celle des tribunaux de police dans leurs devoirs et leurs attributions. »

Ainsi les maires ont le droit de faire des règlements même pour les rues qui font partie des grandes routes, sur tout ce qui concerne la sûreté et la *commodité du passage*, notamment le nettoiement, l'illumination, l'interdiction de rien exposer aux fenêtres ou autres parties des bâtiments qui puisse nuire par sa chute, de rien jeter qui puisse blesser ou endommager les passants, etc.

Les chemins vicinaux de grande communication sont placés par l'art. 9 de la loi du 21 mai 1836 sous l'autorité du préfet ; le maire n'a donc, pour ce qui les concerne, que le droit de surveillance et le pouvoir de constater les contraventions.

Les chemins vicinaux ordinaires sont soumis à l'autorité réglementaire des préfets, en ce qui concerne les alignements, les autorisations de construire le long des chemins, l'écoulement des eaux, les plantations, l'élagage, les fossés, leur curage, et tous les autres détails de surveillance et de conservation. ( Loi du 21 mai 1836, art. 21. )

On peut voir dans l'arrêté du 12 messidor an VIII, cité plus loin, ce qui constitue la voirie municipale proprement dite.

*Echenillage des arbres. Loi du 26 ventôse an IV, art. 4.*

Tous propriétaires, fermiers, locataires ou autres faisant valoir leurs propres héritages ou ceux d'autrui, seront tenus, chacun en droit soi, d'écheniller ou faire écheniller les arbres étant sur lesdits héritages, à peine d'amende, qui ne pourra être moindre de trois journées de travail, et plus forte de dix.

Art. 4. Les agents et adjoints des communes sont tenus de surveiller l'exécution de la présente loi dans leurs arrondissements respectifs ; ils sont responsables des négligences qui y seront découvertes.

*Décret du 12 messidor an* VIII (1).

La loi qui a divisé Paris en douze municipalités, après avoir détaché la police du pouvoir municipal, en avait investi un bureau central qui l'exerçait uniformément dans toute l'étendue de la ville. Cette centralisation était commandée par la force des choses. Mais elle avait un inconvénient. La police ainsi confiée à une administration collective, perdait l'activité qui est son principal ressort. On délibérait au lieu d'agir, et lorsque des mesures étaient arrêtées, il arrivait souvent que le moment de les appliquer d'une manière efficace était déjà loin.

En l'an VIII (1800), le principe que toutes les mesures d'exécution doivent être concentrées dans la main d'un seul, prévalut enfin sur les théories qui, depuis vingt ans, égaraient nos régulateurs. En conformité de cette règle, le bureau central fut remplacé par un fonctionnaire unique, auquel on donna la dénomination de préfet de police.

Ce fonctionnaire aurait pu sortir du cercle de ses

---

(1) Cet acte est qualifié d'*arrêté* dans le Bul. des Lois. (F.)

attributions, ou en négliger quelques-unes ; on y pourvut par un décret qui les signale toutes, et que l'on trouve dans le Bulletin des lois sous la date du 12 messidor an VIII.

Ce décret est divisé en quatre sections. Dans la troisième, intitulée *de la police municipale*, sont réunies toutes les règles de cette importante matière. Ces règles éparses dans différentes lois, rapprochées dans ce décret, forment un ensemble qui en rend l'intelligence plus facile et l'application plus sûre. Tous les maires doivent donc connaître ce décret, notamment sa section relative à la police municipale. Nous allons la transcrire. Il n'échappera pas que ces dispositions ne sont pas indistinctement applicables à toutes les communes, et qu'il en est qui ne conviennent qu'aux grandes cités. Nous ne signalerons pas ces dernières, parce que personne ne peut s'y méprendre (1).

*Petite voirie.*

Art. 21. Le préfet de police sera chargé de tout ce qui a rapport à la petite voirie, sauf le

---

(1) Un décret du 3 brumaire an IX étend l'autorité du préfet de police de Paris sur tout le département de la Seine, et sur les communes de Saint-Cloud, de Meudon, et de Sèvres. — Voyez, ci-après, la note de la page 210. ( H. P. )

recours au ministre de l'intérieur contre ses décisions.

Il aura à cet effet, sous ses ordres, un commissaire chargé de surveiller, permettre ou défendre :

L'ouverture des boutiques, étaux de boucherie et de charcuterie,

L'établissement des auvents ou constructions du même genre qui prennent sur la voie publique,

L'établissement des échoppes ou étalages mobiles ;

· D'ordonner la démolition ou réparation des bâtiments menaçant ruine.

*Liberté et sûreté de la voie publique.*

Art. 22. Le préfet de police procurera la liberté et la sûreté de la voie publique, et sera chargé à cet effet :

D'empêcher que personne n'y commette de dégradation ;

De la faire éclairer ;

De faire surveiller le balayage auquel les habitants sont tenus devant leurs maisons, et de le faire faire aux frais de la ville dans les places et la circonférence des jardins et édifices publics ;

De faire sabler, s'il survient du verglas, et de déblayer, au dégel, les ponts et lieux glissants des rues ;

D'empêcher qu'on expose rien sur les toits ou fenêtres qui puisse blesser le passant, en tombant.

Il fera observer les règlements sur l'établissement des conduits pour les eaux de pluie et les gouttières.

Il empêchera qu'on n'y laisse vaguer des furieux, des insensés, des animaux malfaisants ou dangereux ;

Qu'on ne blesse les citoyens par la marche trop rapide des chevaux ou des voitures ;

Qu'on n'obstrue la libre circulation, en arrêtant ou déchargeant des voitures et marchandises devant les maisons, dans les rues étroites, ou de toute autre manière.

Le préfet de police fera effectuer l'enlèvement des boues, matières malsaines, neiges, glaces, décombres, vases sur les bords de la rivière après les crues des eaux.

Il fera faire les arrosements dans la ville, dans les lieux et dans la saison convenables.

*Salubrité de la cité.*

Art. 23. Il assurera la salubrité de la ville :

En prenant des mesures pour prévenir et arrêter les épidémies, les épizooties, les maladies contagieuses ;

En faisant observer les règlements de police sur les inhumations ;

En faisant enfouir les cadavres d'animaux morts, surveiller les fosses vétérinaires, la construction, entretien et vidange des fosses d'aisance ;

En faisant arrêter, visiter les animaux suspects de mal contagieux, et mettre à mort ceux qui en seront atteints ;

En surveillant les échaudoirs, fondoirs, salles de dissection, et la basse geôle ;

En empêchant d'établir dans l'intérieur de Paris des ateliers, manufactures, laboratoires, ou maisons de santé, qui doivent être hors de l'enceinte des villes, selon les lois et règlements ;

En empêchant qu'on ne jette ou dépose dans les rues aucune substance malsaine ;

En faisant saisir ou détruire dans les halles, marchés et boutiques, chez les bouchers, boulangers, marchands de vin, brasseurs, limonadiers, épiciers, droguistes, apothicaires, ou tous autres, les comestibles ou médicaments gâtés, corrompus, ou nuisibles.

*Incendies, débordements, accidents sur la rivière.*

Art. 24. Il sera chargé de prendre les mesures propres à prévenir ou arrêter les incendies.

Il donnera des ordres aux pompiers, requerra

les ouvriers charpentiers, couvreurs, requerra la force publique, et en déterminera l'emploi.

Il aura la surveillance du corps des pompiers, le placement et la distribution des corps-de-garde et magasins de pompes, réservoirs, tonneaux, seaux à incendies, machines, et ustensiles de tout genre destinés à les arrêter.

En cas de débordements et débâcles, il ordonnera les mesures de précaution, telles que déménagement des maisons menacées, rupture de glaces, garage de bateaux.

Il sera chargé de faire administrer les secours aux noyés.

Il déterminera à cet effet le placement des boîtes fumigatoires et autres moyens de secours.

Il accordera et fera payer les gratifications et récompenses promises par les lois et règlements à ceux qui retirent les noyés de l'eau.

*Police de la bourse et du change.*

Art. 25. Il aura la police de la bourse et des lieux publics où se réunissent les agents de change, courtiers, échangeurs, et ceux qui négocient et trafiquent sur les effets publics.

*Sûreté du commerce.*

Art. 26. Il procurera la sûreté du commerce,

en faisant faire des visites chez les fabricants et les marchands, pour vérifier les balances, poids et mesures, et fera saisir ceux qui ne seront pas exacts ou étalonnés ;

En faisant inspecter les magasins, boutiques, et ateliers des orfèvres et bijoutiers, pour assurer la marque des matières d'or et d'argent, et l'exécution des lois sur leur garantie.

Indépendamment de ses fonctions ordinaires sur les poids et mesures, le préfet de police fera exécuter les lois qui prescrivent l'emploi des nouveaux poids et mesures.

*Taxes et mercuriales.*

Art. 27. Il fera observer les taxes légalement faites et publiées.

Art. 28. Il fera tenir les registres des mercuriales, et constater le cours des denrées de première nécessité.

*Libre circulation des subsistances.*

Art. 29. Il assurera la libre circulation des subsistances, suivant les lois.

*Patentes.*

Art. 30. Il exigera la représentation des patentes des marchands forains.

Il pourra se faire représenter les patentes des marchands domiciliés.

### Marchandises prohibées.

Art. 31. Il fera saisir les marchandises prohibées par les lois.

### Surveillance des places et lieux publics.

Art. 32. Il fera surveiller spècialement les foires, marchés, halles, places publiques, et les marchands forains, colporteurs, revendeurs, portefaix, commissionnaires ;

La rivière, les chemins de halage, les ports, chantiers, quais, berges, gares, estacades, les coches, galiotes, les établissements·qui sont sur la rivière, pour les blanchisseries, le laminage ou autres travaux, les magasins de charbons, les passages d'eau, bacs, batelets, les bains publics, les écoles de natation, et les mariniers, ouvriers, arrimeurs, chargeurs, déchargeurs, tireurs de bois, pêcheurs, et blanchisseurs ;

Les abreuvoirs, puisoirs, fontaines, pompes, et les porteurs d'eau ;

Les places où se tiennent les voitures publiques pour la ville et pour la campagne, et les cochers, postillons, charretiers, brouetteurs, porteurs de chaises, porte-fallots ;

Les encans et maisons de prêt ou monts-de-piété, et les fripiers, brocanteurs, prêteurs sur gage ;

Le bureau des nourrices et les meneurs.

*Approvisionnements.*

Art. 33. Il fera inspecter les marchés, ports, et lieux d'arrivage des comestibles, boissons, et denrées dans l'intérieur de la ville.

Il continuera de faire inspecter, comme par le passé, les marchés où se vendent les bestiaux pour l'approvisionnement de Paris, à Sceaux, Poissy, la Chapelle, et Saint-Denis.

Il rendra compte, au ministre de l'intérieur, des connaissances qu'il aura recueillies, par ses inspections, sur l'état des approvisionnements de la ville de Paris.

*Protection et préservation des monuments et édifices publics.*

Art. 34. Il fera veiller à ce que personne n'altère ou dégrade les monuments et édifices publics appartenant à la nation ou à la cité.

Il indiquera au préfet du département et requerra les réparations, changements ou construc-

14

tions qu'il croira nécessaires à la sûreté ou salubrité des prisons et maisons de détention qui seront sous sa surveillance.

Il requerra aussi, quand il y aura lieu, les réparations et l'entretien des corps-de-garde des pompiers, des pompes, machines, et ustensiles;

Des halles et marchés;

Des voiries et égouts;

Des fontaines, regards, aqueducs, conduits, pompes à feu, et autres;

Des murs de clôture;

Des carrières sous la ville et hors les murs;

Des ports, quais, abreuvoirs, bords, francs-bords, puisoirs, gares, estacades, et des établissements et machines placés près de la rivière pour porter secours aux noyés;

De la bourse;

Des temples ou églises destinés aux cultes (1).

---

(1) Un arrêté du 3 brumaire an IX autorise le préfet de police à exercer une partie de ses attributions dans toute l'étendue du département de la Seine, et dans quelques communes du département de Seine-et-Oise. Voici les termes de cet arrêté :

Art. I<sup>er</sup>. Le préfet de police de Paris exercera son autorité dans toute l'étendue du département de la Seine, et dans les communes de Saint-Cloud, Meudon et Sèvres, du département de Seine-et-Oise, en ce qui touche les fonctions qui

## CHAPITRE III.

Suite du chapitre précédent. Observations sur la loi du 11
août 1789, qui autorise les corps municipaux à ordonner
la clôture des colombiers.

Voici d'abord le texte de la loi : « Le droit ex-
» clusif de fuies et de colombiers est aboli. Les
» pigeons seront enfermés aux époques fixées par

---

lui sont attribuées par l'arrêté des consuls, du 12 messidor
an VIII ;

Art. V. Sur la mendicité et le vagabondage ;

VI. § 1, 2, 3. Sur la police des prisons ;

VII, VIII et IX. Sur les maisons publiques ;

X. Sur les attroupements ;

XI. Sur la librairie et l'imprimerie ;

XIII. Sur les poudres et salpêtres ;

XIV. Sur les émigrés ;

XIX. Sur la recherche des militaires et marins dé-
serteurs, prisonniers de guerre, mais par droit de
suite lorsqu'ils se seront réfugiés de Paris dans les
autres communes du département ;

XXIII. Sur la salubrité ;

XXIV, § 4. Sur les débordements et débâcles ;

XXIV. Sur la sûreté du commerce ;

XXXII. Sur la surveillance des places, lieux publics ;

» les communautés ; et durant ces temps les pi-
» geons seront regardés comme gibier , et chacun
» aura le droit de les tuer sur son terrain. »

La manière dont cette loi est rédigée fait naître
les deux questions suivantes :

1° Le risque de voir tuer ses pigeons est-il la
seule peine infligée par la loi à celui qui a refusé
d'obéir au règlement qui lui ordonnait de fermer
son colombier ?

2° La faculté de tuer les pigeons qui dévorent
la semence que le cultivateur a confiée à la terre ,
est-elle le seul dédommagement que la loi lui accorde , lors même qu'il prouverait qu'il n'a pas été
en son pouvoir d'user de cette faculté (1) ?

---

XXXIII. Sur les approvisionnements.

Art. 2. Le préfet de police aura à cet effet, sous ses ordres,
pour cette partie de ses attributions seulement , les maires et
adjoints des communes, et les commissaires de police dans
les lieux où il y en a d'établis ; il correspondra avec eux directement , ou par l'intermédiaire des officiers publics sous
ses ordres ; et il pourra requérir immédiatement , ou par ses
agents , l'assistance de la garde nationale desdites communes.

Art. 3. Le préfet de police remplacera le préfet du département de la Seine , pour la délivrance des passe-ports à l'é-
tranger. ( H. P. )

(1) Voyez *De la Compétence des juges de paix* , chap. IX.

(H. P. )

Ces deux questions ont échappé au législateur, et ne sont décidées par aucune loi ; aussi y a-t-il divergence dans les opinions. ( *V.* l'add. )

Pour établir que la faculté de tuer les pigeons tient lieu et de l'amende pour la contravention au règlement qui ordonnait de les enfermer, et de dédommagement pour la perte d'une récolte qui pouvait être la seule ressource du propriétaire, on dit :

Cette loi du 11 août 1789 se refuse à toute extension, parce qu'elle renferme une disposition pénale. Elle rend tout commentaire inutile, parce qu'elle est d'une clarté qui ne laisse rien à désirer. Il faut donc religieusement l'appliquer telle qu'elle est écrite. Or qu'y voyons-nous ?

Nous y voyons quatre dispositions, dont la première supprime le droit exclusif de colombier.

Cette suppression devait naturellement multiplier les pigeons, et par conséquent les dégâts sur les terres ensemencées. Le législateur s'en occupe, et y pourvoit en autorisant les communautés à ordonner la clôture des colombiers à certaines époques de l'année. C'est la seconde disposition de la loi.

Le règlement publié, il fallait assurer son exécution en infligeant une peine aux infracteurs. C'est ce que fait le législateur par cette disposition, qui est la troisième : *Durant ce temps les pigeons seront regardés comme gibier.*

Tout est dans ce mot *gibier.* Il en résulte que pendant la durée du temps fixé pour la clôture des colombiers, les pigeons cessent d'être des animaux domestiques, que l'on ne doit les considérer que comme des bêtes fauves, et que par conséquent il faut leur appliquer les règles faites pour ces sortes d'animaux ; et ces règles sont que non-seulement il est permis de les tuer, mais que, quelques dégâts qu'ils commettent, il n'y a lieu ni à aucune amende ni à aucun dédommagement ; car à qui pourrait-on les demander ?

Mais là ne se termine pas la loi que nous examinons ; comme en général il est permis de tuer le gibier partout où on peut l'atteindre, le législateur a l'air de craindre que la faculté qu'il vient d'accorder de tuer les pigeons ne finisse par en détruire l'espèce, et il s'empresse de la restreindre par une quatrième disposition qui mérite d'être remarquée, et que voici : *Chacun aura le droit de les tuer sur son terrain.* Nous reviendrons sur cette restriction.

Quoi qu'il en soit, n'est-il pas bien évident que du texte et de l'esprit de la loi il résulte que la faculté qu'elle accorde de tuer les pigeons, est tout à la fois la seule peine contre celui qui contrevient

à la défense de les laisser sortir, et le seul dédommagement du propriétaire dont les animaux ont
dévasté la récolte ?

On répond :

La loi, comme on vient de le voir, ne donne
aux cultivateurs le droit de tuer les pigeons que
sur leur terrain. Mais ces animaux planent sur
tout le territoire, et il est impossible de prévoir
sur quelle partie ils s'abattront. Cependant le propriétaire de vingt, de trente pièces de terre éparses
en différentes contrées, ne peut pas les défendre
toutes à la fois. Il arrivera donc presque toujours
que, pendant qu'il se gardera sur un point, il sera
attaqué sur un autre. Mais alors à quoi lui servira
l'arme dont la loi l'autorise à faire usage ? Et ce
serait dans un droit aussi illusoire, disons mieux,
dans un droit dont l'exercice serait plus onéreux
que profitable, puisqu'il enlèverait le cultivateur
à ses travaux, que la loi aurait placé le dédommagement, le seul dédommagement d'un préjudice
réel ! Cela est impossible.

Aussi dans les lois postérieures à celle qui nous
occupe, voyons-nous, et sur les contraventions aux
règlements de police et sur la divagation des animaux nuisibles, des dispositions bien différentes.

Ces dispositions sont consignées dans les lois des
24 août 1790 et 22 juillet 1791, dans le Code des

délits et des peines décrété le 3 brumaire an IV, et dans le Code pénal actuellement en vigueur.

Avant la première de ces lois, nous n'avions ni justice de paix, ni tribunaux de police correctionnelle, et l'idée de partager les infractions aux règlements de police en délits et en contraventions ne s'était encore présentée à l'esprit de personne. Relativement à la clôture des colombiers, toute notre législation se réduisait à quelques arrêts de règlement des divers parlements du royaume, qui autorisaient les juges royaux et ceux des seigneurs à ordonner qu'à certaines époques de l'année les pigeons seraient enfermés sous des peines arbitraires.

Cet arbitraire contrastait trop fortement avec le régime que l'assemblée constituante se proposait d'établir pour qu'elle pût le laisser subsister. Cependant il n'était pas possible de négliger entièrement la conservation des semences confiées à la terre. Le législateur le sentit, et en attendant l'organisation définitive d'un nouveau système de police, il donna aux cultivateurs la stérile permission de tirer sur les pigeons qui s'abattraient sur leurs héritages. Cette mesure provisoire, quelque défectueuse qu'elle pût être, lui parut préférable à une loi définitive qui ne se trouverait pas en harmonie avec son plan général. Voilà, ce me semble, la seule manière d'expliquer comment l'assemblée constituante a pu se déterminer à substituer l'emploi de la force à l'action régulière des tribunaux.

Le nouveau système de police ne se fit pas longtemps attendre ; il fut proclamé par une loi du 24 août 1790, loi constitutive d'une nouvelle organisation judiciaire, et dont le titre XI est consacré à la police municipale. On y lit : *Les corps municipaux veilleront à l'exécution des lois et des règlements de police.*

La loi du 22 juillet 1791, qui n'est que le développement de la précédente, va plus loin ; elle autorise les officiers municipaux à *publier de nouveau les lois et règlements de police, et à rappeler les citoyens à leur exécution.*

La loi du 11 août 1789 est incontestablement une loi de police. Celle du 22 juillet 1791 autorise donc les officiers municipaux à faire des règlements qui ordonnent la clôture des colombiers toutes les fois que cette mesure leur paraît nécessaire.

Mais toute infraction à un règlement que la loi autorise est une offense à la société, et toutes les fois que la société est offensée, il lui faut une réparation.

Aussi lisons-nous dans les Codes que toutes contraventions aux lois et règlements de police doivent être punies soit d'une amende, soit d'un emprisonnement.

Quant à la quotité de l'amende et à la durée de l'emprisonnement, il y a une observation à faire : si la loi dont le règlement municipal ordonne l'exécution est antérieure au 3 brumaire an IV, et si les peines qu'elle inflige excèdent celles de simple police, le juge de paix doit se référer au Code des délits et des peines dont l'article 600 porte : « Les » peines de simple police sont celles qui consis- » tent dans une amende de la valeur de trois » journées de travail et au-dessous, et d'un em- » prisonnement qui n'excèdera pas trois jours. » Ces peines sont prononcées par les tribunaux de » simple police. »

De ces textes résultent deux conséquences : la première, que les corps municipaux tiennent de la loi du 11 août 1789 le droit d'ordonner par des règlements de police la clôture des colombiers; la seconde, que les infractions à ces règlements doivent être punies des peines de simple police, qui sont une amende de trois journées de travail, et, en cas de récidive, d'un emprisonnement dont la durée ne peut pas excéder trois jours.

Qu'il en soit ainsi pour l'amende, cela peut se concevoir; mais, dira-t-on, où est la loi qui assujétit le propriétaire des pigeons aux dommages et intérêts du cultivateur ?

Cette loi est dans l'article 475 du Code pénal, dans lequel on lit : *La condamnation aux peines établies par la loi aura toujours lieu, sans préjudice des dommages-intérêts qui peuvent être dus.*

Or, il est dû une indemnité toutes les fois qu'il existe un dommage, et que celui qui en est l'auteur l'a causé volontairement, et surtout en contravention à la loi,

Cependant cela ne répond pas directement à la difficulté qui résulte de la faculté que la loi accorde aux cultivateurs de tuer les pigeons.

On conçoit que cette difficulté pourrait être sérieuse, si le propriétaire du terrain ravagé avait tué les pigeons ; en effet, on ne manquerait pas de lui répondre : Vous vous êtes fait justice, vous n'avez plus rien à réclamer. Mais s'il n'a pas fait usage de la faculté que la loi lui accordait ; s'il va plus loin, s'il prouve qu'il lui a été impossible d'en user, quel est le tribunal assez ami des abstractions, pour voir, dans un droit imaginaire, l'indemnité d'un préjudice réel ?

Là ne se borne pas la défense des cultivateurs. On peut ajouter que la disposition de la loi du 11 août qui les autorise à tuer les pigeons sur leur terrain est abrogée.

Une loi peut être abrogée de deux manières :
explicitement , lorsqu'un acte législatif porte
qu'elle sera désormais regardée comme non avenue; implicitement, toutes les fois que son exécution est tellement entravée , soit par des lois
postérieures , soit par des circonstances nouvelles,
qu'elle peut être regardée comme impossible. Or
dans quelles circonstances la loi du 11 août a-t-
elle été rendue? on s'en souviendra longtemps.
Alors toute la France était en armes. Ainsi chacun
avait à sa disposition les moyens de défendre sa
propriété. Cet ordre de choses n'existe plus. Des
lois postérieures ont prohibé le port d'armes sans
une autorisation du gouvernement.

Cette autorisation , il faut non-seulement l'obtenir , mais l'acheter. Ainsi, et le petit cultivateur
qui ne peut pas la payer , et le grand propriétaire
auquel elle est refusée, sont également dans l'impossibilité la plus absolue d'user du droit de tuer
les pigeons.

Enfin, comme l'administration ne délivre ces
sortes de permis qu'après avoir interrogé les maires
des communes sur les opinions et la moralité de
ceux qui les sollicitent, celui de ces fonctionnaires
qui répondrait qu'il ne connaît pas dans sa commune un seul habitant auquel on puisse confier
des armes sans danger pour la tranquillité publi-

que, pourrait avoir autant de pigeons qu'il lui plairait, et livrer impunément tout le territoire à l'avidité de ces larrons publics.

De ces deux opinions, la Cour de cassation, section criminelle, adopta la première par un arrêt du 5 octobre 1821, dont voici l'espèce et les motifs.

Le sieur Tartier et la dame Courtier avaient été, sur la poursuite du ministère public, condamnés à trois francs d'amende et aux frais de l'instance pour avoir contrevenu à des arrêtés du conseil municipal de la commune de Charmentray, en laissant sortir leurs pigeons dans un temps pendant lequel leur sortie des colombiers était interdite par ces arrêtés.

L'arrêt dont la teneur suit énonce les motifs qui ont déterminé l'annulation, dans l'intérêt de la loi, de ces deux jugements du tribunal de police simple du canton de Claye, contre lesquels il n'avait pas été formé de réclamation par les parties intéressées.

Cet arrêt est absolument semblable à celui qui est intervenu à l'audience de la même section, du 27 septembre 1821, sur le pourvoi du sieur Delamarche.

Ouï le rapport de M. Aumont, conseiller, et M. Hua, avocat général, en ses conclusions;

Vu l'article 441 du Code d'instruction criminelle, aux termes duquel la Cour de cassation annule les arrêts ou jugements contraires à la loi qui lui sont dénoncés par le procureur général du roi, en vertu d'ordre formel à lui donné par le ministre de la justice;

Vu la lettre adressée, par son excellence le garde des sceaux, ministre de la justice, audit procureur général, et le réquisitoire présenté en conséquence par ce magistrat;

Vu aussi les articles 408 et 413 du Code d'instruction criminelle, d'après lesquels la Cour annule les arrêts et les jugements en dernier ressort qui contiennent violation des règles de compétence;

L'article 159 du même Code, portant : « Si le » fait ne présente ni délit ni contravention de » police, le tribunal annulera la citation et tout » ce qui aura suivi... etc.; »

Les articles 2 de la loi du 4 août 1789, et 12, titre II, de celle du 28 septembre 1791, sur la police rurale;

Attendu que les tribunaux de police ne peuvent connaître que des faits auxquels la loi attribue le caractère de contravention, et dont elle soumet les auteurs à des peines;

Que l'article cité de la loi du 11 août 1789, qui

veut que les pigeons soient enfermés aux époques fixées par les communautés, que durant ce temps ils soient regardés comme gibier, et que chacun ait le droit de les tuer sur son terrain, est restreint à cette mesure répressive ; qu'il ne qualifie pas de délit ou de contravention le fait du propriétaire qui laisse sortir et vaguer ses pigeons dans le temps prohibé, et qu'il n'attache à ce fait aucune sorte de peine ;

Que si, de la combinaison des articles 3 et 12, titre II, de la loi du 28 septembre 1791, il résulte que les dégâts causés par les *bestiaux* de toute espèce laissés à l'abandon, sont classés parmi les délits ruraux, il est évident que sous la dénomination de *bestiaux* ne sont compris que des quadrupèdes domestiques ; que ces expressions *bestiaux laissés à l'abandon* ne peuvent s'appliquer à des *oiseaux*, tels que des pigeons, qui, voués, en quelque sorte, par la nature et par leur instinct, à la divagation, ne sont pas susceptibles d'être gardés à vue, et ne sauraient conséquemment être considérés comme laissés à l'abandon ; que si les pigeons ne peuvent être rangés dans la classe des *bestiaux* dont parle l'article 12 du titre II de la loi du 28 septembre 1791, il n'est pas plus permis de les supposer compris dans le même article, sous la dénomination de *volailles*, dénomination qui ne s'applique à d'autres animaux qu'aux oiseaux qu'on tient en état de domesticité, à des oiseaux de l'espèce de ceux qu'on nourrit dans les basses-cours ;

Attendu que, si les autorités administratives et municipales ont le pouvoir de faire des règlements dont l'infraction doive être poursuivie devant les tribunaux de simple police, c'est lorsque ces règlements sont relatifs à l'exécution d'une loi, et que cette loi établit une peine de police, en donnant au fait prohibé un caractère de contravention, ou bien lorsque ces règlements portent sur des objets confiés à la vigilance de l'autorité municipale par l'article 3, titre XI, de la loi du 24 août 1790, ou par des lois postérieures ;

Que, dans l'espèce, les arrêtés du conseil municipal de Charmentray, qui prohibent la sortie des pigeons pendant des intervalles de temps détermi-nés, ne se rattachent à aucune des dispositions de cet article, et que le fait, objet de la défense que ces arrêtés prononcent, n'est défendu par aucune loi ;

Que, dès lors, le ministère public était sans droit et sans motifs légitimes pour traduire Tartier et la femme Courtier au tribunal de police, soit à raison de leur contravention aux arrêtés du conseil municipal de Charmentray, soit à raison du dom-

mage qui a pu résulter, pour des propriétés rurales, d'un fait auquel la loi n'a pas attaché le caractère de contravention; qu'en accueillant la
demande formée contre les prévenus, et en les
condamnant à l'amende et aux dépens, le tribunal
de police du canton de Claye a violé les règles
de compétence, donné une extension arbitraire
à l'art. 2 de la loi du 11 août 1789, contrevenu à
l'art. 159 du Code d'instruction criminelle, et fait
une fausse application de l'art. 12, tit. II, de la loi
du 28 septembre 1791 :

D'après ces motifs, la Cour casse et annule,
*dans l'intérêt de la loi*, les deux jugements rendus
contre Tartier et la femme Courtier, par le tribunal de simple police du canton de Claye, le 4 septembre dernier ;

Ordonne, etc.

Ainsi jugé et prononcé à l'audience publique de
la Cour de cassation, section criminelle, etc.

Comme chacun peut faire par un fondé de pouvoir ce qu'il a le droit de faire lui-même, la difficulté qui résulte des lois relatives au port d'armes
disparaîtrait, au moins en partie, si les propriétaires de chaque commune, réunis, donnaient
aux gardes champêtres et forestiers du territoire,
des procurations spéciales à l'effet de tuer les
pigeons qui s'abattraient sur leurs terres, après la

15

défense faite , par les municipalités, de les laisser
sortir.

[ *Add.* ] Depuis l'époque à laquelle écrivait M. Henrion
de Pansey , le Code pénal a été revisé par une loi du 28
avril 1832, laquelle ajoute à l'art. 471 du Code pénal un
paragraphe destiné à frapper d'une peine de simple police les individus qui contreviennent aux règlements
*légalement* faits par l'autorité administrative ; de telle
sorte qu'il n'est aujourd'hui aucun règlement légalement
fait dont l'infraction n'emporte une peine. Depuis la
promulgation de cette loi, la question des pigeons s'étant
présentée de nouveau , a reçu , par application de cette
disposition, une solution nouvelle conforme à celle que
désirait notre auteur. Voici le texte de cet arrêt rendu
le 5 janvier 1836 , toutes chambres réunies :

« La Cour , — vu l'art. 2 de la loi du 4 août 1789 et
l'art. 471, § 15, du Code pénal ;—attendu, en droit, que
tout règlement fait par l'autorité compétente , en vertu
d'une loi et pour en assurer l'exécution , est légal et
obligatoire ; — attendu que le § 15 ajouté par la loi du
28 avril 1832 à l'art. 471 du Code pénal, a eu pour
objet de réprimer les infractions à ces règlements, dans
tous les cas où la loi spéciale ne prononçait aucune
peine ;

» Attendu que l'art. 2 de la loi du 4 août 1789, en
abolissant le droit exclusif des fuies et des colombiers, a
prescrit de tenir les pigeons enfermés aux époques qui
seraient fixées par les communautés ; —que de cette dis-

position résulte pour l'autorité municipale le droit de fixer par des règlements les époques où les pigeons seront enfermés ;

» Attendu que la loi du 4 août 1789 n'ayant prononcé aucune peine contre ceux qui contreviendraient à ces règlements, l'art. 471, § 15, Code pénal, doit leur être appliqué ;

» Attendu que le jugement attaqué constate, en fait, que Langinier n'a pas tenu ses pigeons enfermés aux époques fixées par l'arrêté du maire de Chassemy, du 15 juin 1834 ; — que ce fait, postérieur à la loi du 28 avril 1832, constituait la contravention à un règlement légalement fait par l'autorité administrative, contravention prévue et punie par l'art. 471, § 15, précité ; d'où il suit que le juge de paix du canton de Soissons, en refusant de faire application de cet article, en a commis une violation formelle, — Casse. »

Quoique la Cour de cassation n'ait résolu que la question de pénalité, elle nous semble avoir résolu en même temps implicitement la question de dommages-intérêts ; car, en décidant que l'infraction aux règlements relatifs à la clôture des pigeons constitue une contravention punie par le Code d'instruction criminelle, elle décide, en même temps, que les règles de ce Code sur l'action civile sont applicables. ( *V.* C. d'inst. crim. art. 1, 2, 3. )

# CHAPITRE IV.

Qu'il y a deux manières d'attaquer les règlements de police municipale : 1º en provoquer l'annulation par une demande directe et formelle ; 2º en écarter l'application incidemment et par exception.

Les délibérations par lesquelles les officiers municipaux règlent la police intérieure des communes, ont deux caractères bien distincts ; elles sont l'expression de la volonté du corps municipal, et, sous ce premier rapport, on les range dans la classe des actes administratifs : leur infraction expose à des peines ; et, sous ce second rapport, elles participent à la nature des lois pénales.

Celui qui veut se soustraire aux obligations que lui impose une délibération de cette nature, a donc deux manières de faire entendre ses réclamations. Dirigeant son attaque contre la délibération elle-même, il peut demander qu'elle soit rapportée, qu'elle soit déclarée nulle et comme non avenue ; ou bien, ne se croyant pas obligé de s'y conformer, il fait ce qu'elle défend, ou ne fait pas ce qu'elle ordonne, et attend, pour s'expliquer, que des poursuites judiciaires soient dirigées contre lui.

On voit au premier coup d'œil ce qui distingue

ces deux manières de procéder. Dans l'une, le réclamant agit par action directe, et il ne s'agit de rien moins que de l'existence même de la délibération ; dans l'autre, il n'agit que par exception ; et ne discutant la délibération qu'incidemment et sous le rapport qui lui est personnel, il se borne à soutenir que les peines qu'elle prononce ne lui sont pas applicables.

Quoique l'action et l'exception donnent le même résultat dans l'intérêt du réclamant, cependant, comme dans les deux cas il se trouve placé dans deux positions fort différentes, la marche qu'il doit suivre pour arriver à ce résultat n'est pas la même. Cette distinction est importante. Pour la faire mieux ressortir et mettre plus d'ordre dans nos idées, nous exposerons, dans deux chapitres séparés, ce que nous avons à dire à cet égard.

## CHAPITRE V.

A qui et dans quelles formes celui qui croit avoir à se plaindre d'un règlement de police municipale doit-il en demander la réformation ?

Si les délibérations des corps municipaux (1) n'étaient soumises à aucune espèce de surveillance,

(1) Aujourd'hui tous les arrêtés de police sont pris par le

toutes les communes seraient autant de cités souveraines ; et cela ne peut pas être. Il y a donc nécessairement une autorité investie du droit de
réformer les règlements de police municipale.
Quelle est cette autorité ?

Loyseau répond très-judicieusement : « Les actes
» que font les échevins, étant actes de gouverne-
» ment et non de justice, doivent être expédiés
» sommairement et en forme militaire , sans qu'il
» soit besoin de les verbaliser au long, et y garder
» les procédures et formalités de la justice con-
» tentieuse. Et il s'ensuit aussi que de ces actes il
» ne doit point y avoir d'appel, pour ce que l'appel
» n'a lieu proprement qu'ès actes de justice con-
» tentieuse ; mais il se faut pourvoir contre iceux
» par voie de plainte qu'on peut faire aux supé-
» rieurs , et principalement au Roi et à son conseil;
» et il faut, en ce cas, si le Roi l'ordonne , que les
» échevins viennent rendre raison de ce dont on
» se plaint d'eux (1). »

C'est donc à l'administration supérieure que

---

maire seul. *V.* la loi du 18 juillet 1837, art. 10 et 11. Les
matières sur lesquelles les conseils municipaux délibèrent ,
sont énumérées dans les art. 17 et 19 de la même loi. ( *V.*
app. ) ( F. )

(1) Loyseau, Des Offices, liv. V, chap. 7, nº 51. (H. P.)

celui qui se croit lésé par un règlement de police municipale doit en demander la réformation. A cet effet, il lui présente une requête ou pétition, par laquelle, après avoir exposé ses griefs, il demande que le règlement soit déclaré nul et comme non avenu.

L'administration supérieure doit corriger, modifier (1), et même annuler ces sortes de délibérations, toutes les fois qu'elles choquent l'ordre public, les dispositions des lois, les règles d'une sage administration, ou qu'elles statuent sur des objets qui ne sont pas confiés à la vigilance et à l'autorité des corps municipaux. Par exemple, le corps municipal a taxé le pain à un prix tellement au-dessous de celui du blé, que les boulangers ne peuvent, sans une perte évidente, continuer l'exercice de leur profession ; ou, pour éviter les rixes nocturnes dans les cabarets, il les supprime entièrement ; ou, par attachement, soit pour de vieilles habitudes, soit pour de simples usages, soit pour le culte qu'il professe, il impose aux habitants des obligations qu'aucune loi n'autorise, et qui, toutes

_____

(1) Le préfet ne peut plus aujourd'hui modifier les arrêtés des maires, il ne peut que les annuler entièrement. _Voir_ art. 11 de la loi du 18 juillet 1837, et add. au chap. XXVI, liv. 1, p. 183. ( F. )

également étrangères à l'ordre public, à l'intérêt particulier de la commune, à la sûreté des individus, ne peuvent, sous aucun rapport, être envisagées comme des conséquences du droit de faire les réglements de police locale ;

Dans ces différents cas, dans tous les cas analogues, il y a recours à l'administration supérieure, qui doit annuler tout ce que ces actes renferment de contraire aux règles d'une sage administration, ou qui excède les bornes naturelles du pouvoir municipal (1).

La règle est donc que l'habitant personnellement lésé par un acte municipal doit l'attaquer, non dans les tribunaux, mais devant l'administration supérieure, et que, s'il y contrevient avant d'en avoir obtenu la réformation, il peut être traduit devant le juge de paix, qui doit le condamner aux peines de simple police, toutefois après avoir reconnu que les officiers municipaux ont statué dans le cercle de leurs attributions.

La Cour de cassation a appliqué ces principes dans une circonstance fort remarquable. L'arrêt est du 23 avril 1819. On en verra l'espèce dans les motifs que nous allons transcrire.

Ouï le rapport de M. Aumont, conseiller, et

_____

(1) *V.* la note précédente. ( F. )

M. Fréteau, avocat général, en ses conclusions;

Vu les lois des 24 août 1790, art. 1, 2, 3, § 5, et 5 du titre XI;

Du 22 juillet 1791, titre I<sup>er</sup>, article 46;

Du 16 fructidor an III;

Du 28 pluviôse an VIII, articles 12 et 13;

Attendu que la loi du 22 juillet 1791, titre I<sup>er</sup>, article 46, § 1<sup>er</sup>, autorise les corps municipaux à faire des arrêtés, sauf la réformation, s'il y a lieu, par l'administration du département, lorsqu'il s'agira d'ordonner les précautions locales sur les objets confiés à leur vigilance et à leur autorité par les articles 3 et 4, titre XI, de la loi du 24 août 1790, sur l'organisation judiciaire;

Que cette loi, titre XI, article 3, § 5, place au rang des objets de police confiés à la vigilance et à l'autorité des corps municipaux le soin de *prévenir, par les précautions convenables*, et celui de faire cesser, par la distribution des secours nécessaires, les accidents et fléaux calamiteux, tels que les incendies, les épidémies, etc.;

Que la contravention aux arrêtés faits par les maires sur ces objets est punissable des peines de police, d'après les dispositions combinées des articles 5, même titre, de la même loi, et 606 et 607 du Code du 3 brumaire an IV; que la condamnation à ces peines est poursuivie par le ministère

public devant les tribunaux de police, et prononcée par ces tribunaux ; que ces diverses dispositions de lois, relativement aux attributions respectives de l'autorité municipale et des tribunaux
de police, n'ont été abrogées par aucune loi postérieure ;

Attendu que, par un arrêté du 21 août 1818,
le maire de Bourges voulant, ainsi qu'il le déclare
dans le préambule de cet acte, prévenir les incendies très-fréquents dans cette ville, a statué qu'à
partir dudit jour « nul propriétaire de maisons
» situées dans la ville et les faubourgs en dépen-
» dants ne pourra construire ou réparer ses cou-
» vertures de bâtiments avec de la paille ou des
» roseaux ; »

Qu'instruit, par une pétition de plusieurs habitants de la ville, qu'Antoine Le Rasle et sa femme
venaient de faire construire un bâtiment dont la
couverture devait être en roseaux, le maire de
Bourges a pris, le 3 mars dernier, un arrêté par
lequel il a fait défense auxdits Le Rasle de continuer ce genre de couverture, et leur a enjoint
de la supprimer si elle était construite ;

Qu'il est constant et reconnu que, nonobstant
la sommation faite auxdits Le Rasle, en exécution
de l'arrêté du 3 mars, la couverture en roseaux a
été achevée depuis cette époque ;

Que, cités au tribunal de police pour être condamnés aux peines de droit, à raison de leur contravention, les Le Rasle ont, par application de l'article 159 du Code d'instruction criminelle, été renvoyés de l'action qui leur était intentée ;

Que l'arrêté du 21 août 1818, ordonnant des précautions locales pour prévenir les incendies, rentre évidemment dans le § 5 de l'article 3 du titre XI de la loi du 24 août 1790 ; qu'étant ainsi fait dans l'ordre légal des fonctions municipales, il est obligatoire pour les habitants du ressort ; qu'en supposant que la disposition qu'il renferme mette des entraves à l'usage légitime du droit de propriété, sans motifs suffisants d'utilité publique, le recours à l'autorité administrative supérieure est ouvert pour le faire réformer ou modifier ; mais que, tant qu'il subsiste, le tribunal de police ne peut, sans s'écarter des principes les plus constants sur la démarcation des pouvoirs judiciaires et administratifs, affranchir les citoyens de l'obligation de s'y conformer, et se dispenser de condamner quiconque se permet d'y contrevenir ;

Qu'en jugeant que la désobéissance au susdit arrêté ne constituait pas une contravention punissable, le tribunal de police de Bourges a méconnu l'autorité d'un acte légal du pouvoir municipal dont son devoir est d'assurer l'exécution ;

qu'il a violé toutes les lois de la matière ; et qu'en renvoyant les prévenus de l'action du ministère public, il a fait une fausse application de l'article 159 du Code d'instruction criminelle :

D'après ces motifs, la Cour casse et annule, etc.

## CHAPITRE VI.

Du cas où un particulier est traduit devant le juge de paix, pour contravention à un règlement de police municipale, qu'il n'a pas ou qu'il a inutilement attaqué devant l'administration supérieure.

Les fonctions judiciaires sont interdites aux officiers municipaux (1). Il est également défendu aux juges de paix de s'immiscer dans l'exercice du pouvoir municipal. Sans aucune supériorité les uns sur les autres, ces fonctionnaires sont réciproquement dans l'indépendance la plus absolue. Cependant, quoique placés sur des lignes si différentes, il existe entre eux un point de contact. Les juges de paix sont obligés de punir les contraventions aux règlements de police municipale,

---

(1) *V.* cependant les art. 166 à 171 du Code d'instruction criminelle. ( F. )

toutes les fois qu'ils peuvent le faire sans sortir du cercle de leurs attributions. Nous disons, sans sortir du cercle de leurs attributions : en effet, chacun de ces pouvoirs a une sphère d'activité qui lui est propre; et lorsque l'un se permet d'en franchir les limites, l'autre n'en est pas moins obligé de s'y renfermer.

De ces notions générales il résulte qu'il faut distinguer les oppositions à un règlement de police, des contraventions à ce même règlement ; que les oppositions, c'est-à-dire les demandes afin qu'il soit modifié (1) ou annulé, ne peuvent être portées que devant l'administration supérieure, et que le juge de paix qui se permettrait d'en connaître violerait la défense qui lui est faite de s'immiscer dans les fonctions administratives ; qu'il n'en est pas de même des contraventions; que la répression en appartient exclusivement aux juges de paix, et que le corps municipal qui s'arrogerait le droit de les punir choquerait le principe qui lui interdit l'exercice des fonctions judiciaires (2). Appliquons ces principes.

---

(1) *V*. note 1 de la pag. 231. (F.)

(2) On voit bien que je raisonne dans la double supposition que la loi qui nous est promise sur l'organisation municipale est déjà rendue, et que cette loi déclare que les articles

Un règlement de police vient d'être publié. Il est inique, bizarre, également contraire aux lois et aux intérêts de la commune. Des réclamations s'élèvent de toutes parts ; les habitants les adressent au juge de paix. Peut-il les prendre en considération ? a-t-il le droit de les juger ? Non.

Sans rien entendre, sans rien examiner, il doit les renvoyer devant l'administration supérieure.

La chose serait bien différente, si, en vertu d'un procès-verbal dressé par le maire ou son adjoint, les habitants ou l'un d'eux étaient traduits au tribunal de simple police pour contravention à ce

---

du Code d'instruction criminelle qui autorisent les maires des communes, ceux même qui ne tiennent leur commission que des préfets, à juger certains délits de police, sont abrogés par la disposition de la Charte constitutionnelle, qui porte : *Toute justice émane du Roi ; elle est administrée en son nom par des juges qu'il nomme et qui sont inamovibles :* disposition de laquelle il résulte que la justice ne peut être rendue que par des hommes auxquels le Roi confère le caractère de juge, et la loi le privilége de l'inamovibilité ; disposition, enfin, qu'il serait bien temps d'appliquer à tous ceux qui, n'étant ni institués juges, ni compris dans l'exception de l'art. 61 de la Charte constitutionnelle, exercent néanmoins des fonctions judiciaires. H. P. ( Les articles 166 et suivants du Code d'instruction criminelle n'ont été abrogés ni par la loi du 28 avril 1832 qui a revisé ce Code, ni par la loi du 18 juillet 1837 relative aux attributions municipales.) (F.)

même règlement. Le juge de paix, régulièrement saisi, serait obligé de statuer sur la plainte qui lui serait soumise ; et il ne pourrait le faire que de trois manières : la rejeter, condamner les prévenus, ou se déclarer incompétent. Comme la loi fait un devoir à tous les juges de s'abstenir toutes les fois qu'ils reconnaissent qu'une affaire n'est pas de leur compétence, la question de compétence est celle sur laquelle l'attention du juge de paix doit d'abord se porter ; et si le fait ordonné ou défendu par le règlement n'est pas dans la nomenclature de ceux que la loi place nominativement dans ses attributions, il déclarera qu'attendu qu'il n'exerce qu'une juridiction extraordinaire, qu'une juridiction bornée à des objets déterminés, il renvoie les parties à se pourvoir comme elles aviseront bon être.

Une décision ainsi motivée ne porte aucune atteinte à l'indépendance de l'administration. En effet, elle ne juge pas le règlement, elle ne juge pas qu'en le publiant le corps municipal a franchi ses limites ; en un mot, ce n'est pas sur l'acte administratif, c'est sur l'étendue des pouvoirs du juge qu'elle prononce (1).

---

(1) *Voir*, sur la doctrine contenue dans ces deux alinéas, l'addition placée à la fin de ce chapitre. ( F. )

J'ai déjà donné la mesure de ces pouvoirs, en réunissant dans le chapitre II les différentes lois relatives à la police municipale, notamment celles qui ont été rendues pendant le cours des années 1790 et 1791. Mais je me suis borné à transcrire le texte de ces lois : je vais en développer l'esprit ; et, pour mieux faire sentir les conséquences qui en résultent, je rappellerai les changements que des lois postérieures ont apportés dans cette partie de notre organisation judiciaire.

Et d'abord, pour mettre plus de précision dans les idées, j'observe que les juges de paix sont investis de deux sortes de police : l'une connue sous la dénomination générale de simple police, l'autre sous la dénomination particulière de police municipale ; que toutes les contraventions du ressort de la première sont signalées dans le livre IV du Code pénal et dans le Code rural ; que la nomenclature de celles qui appartiennent à la seconde est consignée principalement dans la loi du 24 août 1790, et qu'il n'est ici question que de cette dernière.

Les attributions des juges de paix n'embrassaient d'abord que des affaires civiles ; la répression des crimes et des délits de toute espèce appartenait aux cours d'assises, aux tribunaux ordinaires et aux municipalités.

Les officiers municipaux, investis de la plénitude de la police municipale, en exerçaient tout à la fois la partie réglementaire et la partie contentieuse, et faisaient exécuter comme juges ce qu'ils avaient ordonné comme administrateurs.

Sans doute la partie réglementaire et la partie contentieuse étaient renfermées dans les mêmes bornes. Il serait trop déraisonnable de penser que les officiers municipaux auraient eu le droit d'infliger des peines pour contraventions à des règlements qu'ils n'auraient pas eu le droit de faire..

Ce qui était interdit à ces fonctionnaires, à peine de franchir les limites de leur compétence, constituerait nécessairement un véritable excès de pouvoir de la part des juges de paix, puisque, dans l'exercice du contentieux de la police municipale, ils n'agissent que comme substitués à ces mêmes officiers municipaux.

Cette substitution est l'ouvrage de la constitution de l'an III. Elle partage en délits et en crimes des actions que la loi réprouve et punit. Elle laisse les crimes dans les attributions des cours d'assises; et quant aux délits, elle en fait deux classes. Elle place dans la première ceux dont la peine excède, soit une amende de plus de trois francs, soit un emprisonnement de plus de trois jours; et pour

statuer sur ce genre de délit, elle crée les tribunaux que nous désignons aujourd'hui sous le nom
de tribunaux de police correctionnelle ; enfin,
quant aux fautes plus légères, elle en confie la répression aux justices de paix, qui, sous ce rapport,
prennent la dénomination de tribunaux de simple
police.

La loi du 3 brumaire an IV, organique en cette
partie de la constitution de l'an III, ajoute, article 600 : « Les peines de simple police sont celles
» qui consistent dans une amende de la valeur de
» trois journées de travail et au-dessous, et d'un
» emprisonnement qui n'excédera pas trois jours.
» Ces peines sont prononcées par les tribunaux
» de simple police. »

Enfin, le Code d'instruction criminelle a introduit dans cette partie de notre jurisprudence deux
innovations, mais peu importantes. Par la première, il qualifie de *contraventions* ces fautes légères que la loi du 3 brumaire an IV appelle délits
de simple police ; et par la seconde, il élève la
compétence des tribunaux de simple police jusqu'à
quinze francs d'amende et cinq jours d'emprisonnement.

Maintenant on connaît l'étendue et les limites
de la juridiction qui appartient aux juges de paix
considérés comme juges de simple police. On voit

qu'ils tiennent le contentieux de la police municipale de la constitution de l'an III (1795), qui les
en a investis, après en avoir dépouillé les officiers
municipaux. On remarque surtout que cette substitution n'a rien changé relativement à la compétence, et que la partie réglementaire et la partie
contentieuse de cette espèce de police sont demeurées ce qu'elles étaient ayant cette innovation; et
qu'ainsi, dans l'exercice du contentieux, les juges
de paix ne peuvent que ce qui était permis aux
officiers municipaux; ce qui nous conduit à cette
conséquence nécessaire, que les juges de paix ne
sont compétents pour connaître des infractions
aux règlements de police que dans le seul cas où
ces règlements statuent sur des objets que les lois
ont placés dans les attributions de la police municipale.

A l'égard des peines, pour en faire une juste
application, il faut se référer au livre IV du
Code pénal et à la loi du 3 brumaire an IV. S'agit-
il d'une contravention que le Code prévoit et
punit? c'est la peine qu'il inflige que le juge doit
prononcer. Mais s'il ne trouve pas cette contravention dans la nomenclature de celles que le Code
signale, c'est à la loi du 3 brumaire qu'il doit se
référer; loi qui, sous le rapport des peines, n'est

pas abrogée, et qui est abrogatoire de celles qui l'ont précédée.

Quelques exemples vont rendre cette théorie plus sensible.

Un règlement du maire de la commune de Vitré, approuvé par le préfet du département, avait ordonné que toutes les maisons publiques de cette commune seraient fermées à dix heures du soir, et que ceux qui s'y trouveraient après cette heure seraient poursuivis pour être punis des peines de police, ainsi que les maîtres de ces maisons qui les y auraient soufferts.

Un procès-verbal du commissaire de police avait constaté la contravention à ce règlement contre plusieurs individus qui avaient été surpris dans un cabaret à une heure indue.

Cette contravention était avouée par ces individus.

Le tribunal de police de Vitré avait néanmoins refusé de prononcer contre eux les peines de police, *sous le prétexte que le règlement administratif avait mal à propos étendu aux personnes qui sont trouvées dans les cabarets à des heures indues les peines que les anciens règlements n'avaient prononcées que contre les maîtres de ces maisons.*

Sur ce jugement et sur un autre semblable rendu

par le même tribunal de police à l'occasion d'une pareille contravention et d'après le même motif, la Cour de cassation, section criminelle, a rendu l'arrêt dont la teneur suit :

Vu l'article 3 du titre XI du décret du 16 août 1790 ;

L'article 46 du titre I<sup>er</sup> de la loi du 19 juillet 1791 ;

L'article 5 du même titre, et l'art. 600 du Code du 3 brumaire an IV ;

Et enfin l'art. 13 du titre XI de la susdite loi du 16 août 1790 ;

Et attendu que, par un arrêté du maire de la commune de Vitré, approuvé par le préfet du département, il avait été ordonné que les maisons publiques de jeux et autres seraient fermées aux heures fixées par cet arrêté, et que ceux qui se trouveraient dans ces maisons après lesdites heures seraient punis des peines de police, ainsi que les maîtres desdites maisons ;

Que, d'après les procès-verbaux du commissaire de police, plusieurs individus avaient été trouvés dans deux cabarets de Vitré, en contravention au règlement du maire de cette commune ;

Que le tribunal de police devait donc leur appliquer les peines qu'il était autorisé à prononcer ;

Que ce tribunal s'est néanmoins permis de refuser l'application de ces peines ; qu'en arrêtant ainsi, par une usurpation de pouvoir manifeste, l'exécution d'un acte administratif, *il a aggravé sa contravention par la censure qu'il n'a pas craint de faire de cet acte ;*

Que l'acquittement par lui prononcé en faveur des individus qui lui étaient dénoncés est une violation des lois ci-dessus citées, et spécialement de l'article 3 du titre XI de la loi du 24 août 1790 :

D'après ces motifs, la Cour, faisant droit au réquisitoire du procureur général impérial, casse et annule, dans l'intérêt de la loi, les jugements rendus par le tribunal de police du canton de Vitré, etc.

Cet arrêt, rendu sur le rapport de M. Barris, qui a été depuis président de la section criminelle de la Cour de cassation, est du 30 frimaire an XIII. Il juge que, lorsqu'il a été contrevenu à un règlement de police municipale, et que cette contravention est constatée par un procès-verbal régulier dans la forme, le juge de paix ne doit voir dans cet acte que le fait qui lui est dénoncé ; que si ce fait est du nombre de ceux que la loi place dans les attributions du contentieux de la police municipale, il est obligé de condamner les contrevenants, et qu'il ne lui est pas permis de porter un œil critique sur les autres dispositions du règlement.

Mais lorsqu'un règlement de police municipale porte des peines supérieures à celles que le juge de paix est autorisé à prononcer, que doit-il faire ?

Si le règlement est dans les bornes du pouvoir municipal, et par conséquent dans celles du contentieux de la simple police, il condamnera les contrevenants ; mais, quant aux peines qu'il doit leur infliger, comme il ne peut que ce que la loi lui permet, il se référera aux dispositions pénales de celle du 3 brumaire an IV ; loi qui, comme nous l'avons dit plus haut, est demeurée en vigueur pour tous les délits de simple police qui ne sont pas signalés dans le livre IV du Code pénal.

Ainsi jugé par différents arrêts de la Cour de cassation, dont le dernier a été rendu au rapport de M. Aumont. En voici l'espèce :

Le préfet des Basses-Alpes, substituant le pouvoir administratif au pouvoir municipal, avait, par deux arrêtés en forme de règlement de police locale, déterminé les heures auxquelles les maisons publiques de la commune de Manosque devaient être ouvertes et fermées ; mais ignorant que l'article 600 du Code des délits et des peines avait abrogé l'art. 5 du titre XI de la loi du 24 août 1790, il avait appliqué aux contraventions à son règlement les peines décrétées par cet article 5 ; et le juge de paix , jugeant que ces peines excédaient les bornes de sa compétence , avait refusé de les appliquer , et s'était déclaré incompétent.

M. le procureur général près la Cour de cassation s'étant pourvu , dans l'intérêt de la loi , contre la sentence du juge de paix , elle a été annulée par un arrêt du 20 avril 1819 , dont je vais transcrire les principaux motifs.

Attendu que la loi du 24 août 1790 , titre XI , article 3 , range parmi les objets qu'elle confie à la vigilance et à l'autorité des corps municipaux « le » maintien du bon ordre dans les endroits où il se » fait de grands rassemblements d'hommes , tels » que les foires, marchés , réjouissances et céré- » monies publiques , spectacles , jeux , cafés , » églises , et autres lieux publics ; »

Que la loi du 22 juillet 1791 , art. 46 , n° 1 , autorise les corps municipaux à faire des arrêtés « lorsqu'il s'agira d'ordonner les précautions lo- » cales sur les objets confiés à leur vigilance et à » leur autorité , par les articles 3 et 4 du décret » du 24 août 1790 ; »

Que les articles 1 et 2 du titre XI de ladite loi du 24 août 1790 ont attribué à la juridiction de la police municipale , dont les tribunaux de police ont été depuis investis, la connaissance des contraventions aux arrêtés de police ainsi rendus sur des objets spécifiés dans les articles 3 et 4 de ce titre ;

Que l'article 5 a fixé les peines qui étaient encourues par ces contraventions, et que ces peines doivent être appliquées par les tribunaux de police avec les modifications qui résultent des articles 606 et 607 du Code du 3 brumaire an IV ;

Que les peines ne peuvent, en aucun cas, être prononcées que d'après la loi ;

Que lors donc qu'un tribunal de police est saisi d'une contravention à un arrêté de police rendu sur un des objets spécifiés dans les articles 3 et 4, titre XI de la loi du 24 août 1790, sa compétence pour en connaître est fondée sur les articles 1 et 2 du même titre ; qu'elle est déterminée par l'objet sur lequel a porté l'arrêté, et que la peine est fixée par l'article 5 ; que c'est la peine de cet article, combinée avec les articles 606 et 607 du Code du 3 brumaire an IV, que le tribunal doit prononcer, si la contravention est prouvée, sans qu'il puisse avoir égard à celle qui peut avoir été ordonnée par l'arrêté dont la disposition s'anéantit de plein droit devant celle de la loi, lorsqu'elle ne lui est pas conforme ;

Que les arrêtés du préfet des Basses-Alpes, de

1816 et 1818, portant sur un objet de police qui rentrait dans le n° 3 de l'article 3, titre XI de ladite loi du 24 août 1790, le tribunal de police de Manosque devait connaître des contraventions à ces arrêtés;

Que la peine pour des contraventions de cette nature *ayant été fixée* par l'article 5 du même titre, combiné avec les articles 606 et 607 du Code du 3 brumaire an IV, il en est résulté l'abrogation de toutes les dispositions des lois ou règlements antérieurs sur ces contraventions; que les arrêtés du préfet, en rappelant ces dispositions pénales abrogées, n'avaient pas pu les faire revivre; que la compétence des tribunaux ne peut en effet être réglée que par des lois, et que ce n'est que d'après leurs dispositions qu'ils peuvent avoir le droit de prononcer des peines;

Que néanmoins le tribunal de police de Manosque, sans égard pour la loi qui le chargeait de connaître de la contravention que lui dénonçait le ministère public, et qui avait fixé la peine par laquelle il devait punir cette contravention, si elle était prouvée, s'est déclaré incompétent, sous prétexte que la peine portée dans les arrêtés dépassait la mesure des peines qu'il était autorisé à prononcer;

En quoi ce tribunal a violé les articles 1, 2 et

5 du titre XI de la loi du 24 août 1790, et méconnu la compétence que lui attribuaient ces articles :

D'après ces motifs, la Cour, faisant droit au réquisitoire du procureur général du Roi, casse et
annule, dans l'intérêt de la loi, les jugements
rendus les 9 janvier et 20 février derniers par le
tribunal de police de Manosque, sur les actions
portées devant lui par le ministère public, contre,
etc.

Nous l'avons dit plus d'une fois : lorsqu'un règlement de police municipale embrasse des objets
que la loi n'a pas soumis à l'autorité des officiers
municipaux, si le juge de paix n'en est pas le ré-
formateur et le juge, il en est encore moins le
vengeur; il frapperait en aveugle, s'il punissait
les contraventions à un règlement qui lui-même
est une contravention à la loi. Ce principe a été
proclamé par la Cour de cassation dans les circonstances suivantes :

Arrêté par lequel le maire de la commune de
Lourmarin ordonne comme mesure de police à
tous les particuliers de tapisser le devant de leurs
maisons, dans toutes les rues que doit parcourir
la procession du Saint-Sacrement, le dimanche 31
mai 1818, jour de l'octave de la Fête-Dieu.

Procès-verbal de l'adjoint du maire faisant fonctions de commissaire de police, qui constate que le sieur Roman, sectateur du culte protestant, a contrevenu à cet arrêté.

Le 24 juin 1818, jugement du tribunal de simple police du canton de Cadenet, qui condamne le sieur Roman à l'amende encourue par sa contravention.

Sur l'appel, ce jugement est confirmé par le tribunal correctionnel d'Apt, le 31 juillet suivant.

Pourvoi en cassation de la part du sieur Roman *pour excès de pouvoirs*, violation de la loi du 18 novembre 1814, et fausse application de celle du 24 août 1790, titre XI, art. 2 et 5.

Le demandeur soutenait que tout règlement qui porte atteinte à la liberté des cultes consacrée par la Charte, est inconstitutionnel, et ne peut obliger les citoyens; qu'il est impossible de ne pas considérer comme tel l'arrêté par lequel le maire de Lourmarin a ordonné à tous les habitants de sa commune de tapisser le devant de leurs maisons pour la procession de l'octave de la Fête-Dieu, parce que l'obligation qu'il impose contrarie évidemment la croyance ou blesse les scrupules des partisans d'un autre culte que le culte catholique.

Le sieur Roman ajoutait que la loi du 18 novembre 1814, relative à la célébration des dimanches et fêtes, portant abrogation de tous règlements et dispositions antérieurs à cet égard, ne contenant aucune disposition de laquelle on puisse inférer que les citoyens soient tenus de tapisser le devant de leurs maisons pour la procession de la Fête-Dieu, le maire de Lourmarin n'a pu, sans violer cette loi, imposer une semblable obligation à ses administrés.

Enfin, le demandeur en cassation s'attachait à démontrer que les articles 2 et 5 du titre XI de la loi du 24 août 1790, qui permettent à l'autorité administrative et municipale de faire des règlements pour le maintien de l'ordre public, n'ont pu par là conférer au maire de Lourmarin le droit d'assujétir tous les habitants de sa commune à tapisser le devant de leurs maisons pour une cérémonie religieuse. Si c'était troubler l'ordre, dit-il, que de s'abstenir de rendre hommage à un culte en refusant de tapisser le devant d'une maison, il n'y aurait pas de raison pour ne pas forcer les citoyens, sous le même prétexte, à suivre les processions et à concourir à toutes les autres cérémonies du culte catholique ; il n'y aurait pas de raison pour ne pas les obliger à se rendre dans les temples à l'heure des prières publiques ; il n'y aurait pas de raison enfin pour ne pas leur faire remplir ce que les ministres de chaque culte appellent *devoir de religion*. Ainsi, au moyen de l'article 3 du titre XI de la loi du 24 août 1790, qui place le maintien de l'ordre public dans les attributions de l'autorité municipale, on pourrait arriver graduellement à l'établissement de l'intolérance. Sur ces débats est intervenu l'arrêt qui suit :

La Cour, — sur les conclusions de M. *Giraud du Plessis*, avocat général ; — vu les articles 408 et 416 du Code d'instruction criminelle, d'après lesquels la Cour de cassation doit annuler les arrêts et jugements en dernier ressort qui ont violé les règles de compétence ; — vu aussi les différents articles de la loi du 18 novembre 1814, relative à la célébration des dimanches et fêtes ; — attendu que les tribunaux de juridiction criminelle ne sont investis de pouvoirs que pour l'exécution des lois et des règlements qui ont été rendus en vertu de leurs dispositions, ou conformément à ce qu'elles ont prescrit ; que si, d'après les articles 2 et 5 du titre XI du décret du 24 août 1790, les tribunaux de police doivent réprimer par des peines de police les contraventions aux règlements de l'autorité municipale, cette attribution est restreinte à ceux de ces règlements qui ont été rendus sur des objets de police que la loi a confiés à la vigilance de cette autorité, et qu'elle n'a pas réglés elle-même par des dispositions particulières ; que la loi du 18 novembre 1814 a fixé les obligations auxquelles

doivent être soumis tous les citoyens pour la célébration des dimanches et des fêtes ; que dans ces
obligations elle n'a pas compris celle de tapisser
l'extérieur des maisons pour aucune fête ni pour
aucune cérémonie religieuse ; que l'arrêté du maire
de la commune de Lourmarin, du 22 mai dernier,
qui enjoignait aux habitants de cette commune
de tapisser le devant de leurs maisons pour la procession de la *Fête-Dieu*, leur imposait donc, pour
la célébration de cette fête, une obligation que
ladite loi n'a pas prescrite ; que dès lors les tribunaux étaient sans pouvoir pour connaître des
infractions à cet arrêté ; que le tribunal de police
du canton de Cadenet, qui a condamné le demandeur à des peines de police, pour y avoir contrevenu, et le tribunal correctionnel d'Apt, qui a
confirmé son jugement, ont donc violé les règles
de compétence et faussement appliqué les lois pénales ; — casse.

Le tribunal auquel cette affaire avait été renvoyée ayant jugé comme le premier, le sieur Roman s'est de nouveau pourvu en cassation.

Sur ce second pourvoi, et pour y statuer, les
trois sections de la Cour de cassation se sont réunies sous la présidence de M. le garde des sceaux ;
et, après une longue et mûre délibération, le second jugement a eu le sort du premier ; il a été

cassé par un arrêt du 26 novembre 1819, dont voici les motifs :

Vu l'art. 46 de la loi du 22 juillet 1791 ;

Vu les articles 3 et 4 du titre XI de la loi du 24 août 1790 ;

Attendu que l'ordre de tapisser l'extérieur des maisons pour les cérémonies d'un culte, ne rentrerait dans aucun des objets de police confiés à la vigilance de l'autorité municipale par les articles 3 et 4 de la loi du 24 août 1790 ; qu'il ne pourrait particulièrement être considéré comme une mesure de police propre à prévenir le trouble dans les lieux où il pourrait se faire de grands rassemblements d'hommes ;

Que les tribunaux de police seraient donc sans caractère pour connaître des désobéissances qui pourraient y être commises, parce que ces tribunaux n'ont reçu de la loi d'attribution pour connaître des contraventions aux règlements de police, que relativement à ceux de ces règlements qui portent sur un objet de police confié à la vigilance de l'autorité municipale par lesdits articles 3 et 4 de ladite loi du 24 août 1790 ;

Et attendu que le sieur Roman a été condamné à l'amende par le tribunal de police du canton de Cadenet, pour avoir refusé d'obéir à une ordonnance du maire de la commune de Lourmarin, qui enjoignait à tous les habitants de cette commune de tapisser l'extérieur de leurs maisons pour le passage des processions de la Fête-Dieu ;

Que le jugement de condamnation a été confirmé par le tribunal correctionnel d'Apt : en quoi ce tribunal a violé les règles de compétence qui dérivent des articles 1 , 2 , 3, 4 et 7 de la loi du 24 août 1790 , et 29 et 46 de celle du 22 juillet 1791 :

D'après ces motifs , la Cour casse, etc.

On lit, dans l'*Histoire universelle* de J.-A. de Thou , livre XXXVII , qu'en l'année 1565 Charles IX , étant à Valence , donna des lettres patentes portant que la volonté du roi était « qu'on ne fît point un crime aux protestants qui » chanteraient les psaumes en langue française , » ni à ceux qui vendraient la Bible ou des expli- » cations de la Bible ; qu'on ne forçât personne de » contribuer pour ce qu'on appelle le pain bénit , » de quêter dans les églises pour les pauvres, *et de* » *tapisser les maisons* devant lesquelles passeraient » les processions du culte catholique. »

Le 27 janvier 1820, la Cour de cassation a consacré les mêmes principes par un troisième arrêt rendu dans des circonstances à peu près semblables. Ces circonstances , les voici :

Un arrêté du maire de la ville de Mazamet avait

17

enjoint aux habitants de cette ville d'arborer un drapeau blanc à leurs maisons le jour de la fête de saint Louis.

Des particuliers, ne s'étant point conformés à la disposition de cet arrêté, furent cités devant le tribunal de police et condamnés à six francs d'amende.

Cette condamnation ayant été confirmée par le tribunal correctionnel de Castres, ils se pourvurent contre ce jugement, et la cassation en fut prononcée par les motifs énoncés en l'arrêt qui suit :

Ouï le rapport de M. Rataud, conseiller, les observations de M<sup>e</sup> Odilon Barrot, avocat, pour les demandeurs en cassation, et M. Fréteau de Pény, avocat général ;

Vu les articles 408 et 416 du Code d'instruction criminelle, d'après lesquels la Cour de cassation doit annuler les jugements en dernier ressort qui ont violé les règles de compétence ;

Vu aussi l'article 46 de la loi du 22 juillet 1791, et les articles 1, 2, 3, 4 et 5 du titre XI de la loi du 24 août 1790 ;

Attendu que des articles cités de ces lois il résulte que les tribunaux de police ne sont compétents pour connaître des contraventions aux arrêtés de l'autorité municipale que relativement à ceux de ces arrêtés qui ont été rendus sur des objets de police confiés à sa vigilance par les articles 3 et 4, titre **XI**, de ladite loi du 24 août 1790, ou par des lois postérieures ;

Que l'ordre qui serait donné aux habitants d'une commune, par l'autorité municipale, d'arborer aux croisées de leurs maisons un drapeau pour la célébration d'une fête quelconque, ne serait relatif à aucun des objets de police spécifiés dans lesdits articles 3 et 4, titre **XI**, de la loi du 24 août 1790 ; qu'il ne pourrait particulièrement être considéré comme une mesure de police propre à prévenir le trouble dans les lieux où il pourrait se faire de grands rassemblements d'hommes ;

Que cet ordre ne rentrerait non plus dans les dispositions d'aucune loi postérieure qui l'eût autorisé et qui eût investi les tribunaux de police du droit de prononcer des peines sur les contraventions qui pourraient y être commises ; qu'on ne pourrait spécialement appliquer à ces contraventions les dispositions du § 1er de l'article 475 du Code pénal, qui punit d'une peine de police ceux qui auront contrevenu aux bans de vendange ou autres bans « autorisés par les règlements, » puisque cet article ne se réfère qu'aux bans que les règlements permettent de faire dans certains lieux pour fixer le temps des vendanges et autres récoltes ;

Que les tribunaux de police seraient donc sans caractère pour connaître des poursuites qui seraient faites devant eux contre ceux qui auraient désobéi à un arrêté municipal portant un ordre semblable, et qui seraient fondées sur cette désobéissance ;

Attendu néanmoins que les sieurs Baux, Alquier, Griffoulet, Sabatier et Chabbert, avaient été cités devant le tribunal de police du canton de Mazamet, et condamnés à l'amende par ce tribunal, pour avoir refusé d'obéir à un arrêté du maire de Mazamet, qui ordonnait à tous les habitants de cette commune d'arborer un drapeau blanc à leurs maisons le jour de la fête de saint Louis ;

Que le tribunal de police correctionnelle de Castres, saisi de l'appel du jugement du tribunal de police de Mazamet, en a prononcé la confirmation ; en quoi il a violé les règles de compétence qui dérivent des art. 1, 2, 3 et 4, titre XI, de la loi du 24 août 1790, et de l'art. 46 de celle du 22 juillet 1791 :

D'après ces motifs, la Cour casse et annule le jugement rendu par le tribunal de police correctionnelle de Castres, le 24 septembre dernier ; et, pour être procédé à un nouveau jugement, conformément à la loi, sur l'appel de celui qui a été rendu par le tribunal de police du canton de Mazamet le 6 septembre précédent, renvoie les prévenus et les pièces de la procédure devant le tribunal correctionnel d'Alby, désigné à cet effet par délibération prise en la chambre du conseil.

Il importe tellement à l'ordre intérieur des communes que les officiers municipaux aient une connaissance exacte des objets dont se compose la police municipale, qu'aux arrêts que je viens de rapporter je crois devoir ajouter celui qu'on va lire; il est du 15 janvier 1820.

Le 14 novembre 1819, arrêté du maire d'Étampes qui établit une taxe de location des places dans les foires et marchés de cette ville. Il paraît que cette taxe a été approuvée par le préfet; mais elle n'a reçu ni l'approbation du gouvernement, ni l'autorisation provisoire du ministre de l'intérieur, exigées pour la perception des droits d'octrois par la loi du 5 ventôse et l'arrêté du 13 thermidor an VIII; c'est du moins ce qui résulte du silence qui règne sur ce point dans l'instruction dont on va parler.

Le 17 du même mois de novembre, procèsverbal par lequel le commissaire de police d'Étampes constate, sur la déclaration du receveur de l'octroi, que les sieurs *Collet-Gardien* et *Devaux-Angot*, marchands grainetiers, ont refusé de payer le droit de place fixé par l'arrêté du maire. Il les traduit, pour ce fait, devant le tribunal de police municipale du canton d'Étampes, et conclut à ce qu'ils soient condamnés à 15 fr. d'amende et à 5 jours d'emprisonnement, conformément à l'article 479 du Code pénal.

Les sieurs Collet-Gardien et Devaux-Angot répondent :

1° Que l'infraction à l'arrêté du maire d'Étampes ne peut constituer une contravention de police, par le motif que cet arrêté est étranger aux objets de police confiés à la vigilance de l'autorité municipale par l'art. 3, titre XI, de la loi du 24 août 1790 ;

2° Qu'en considérant la taxe établie par le maire d'Étampes comme un droit d'octroi, elle ne pouvait devenir légitime que par l'approbation du gouvernement, ou au moins l'autorisation provisoire du ministre de l'intérieur, et que, la preuve de cette approbation ou autorisation n'étant pas rapportée, le droit d'octroi n'a pas eu d'existence légale, et n'a pu, dès lors, être obligatoire; qu'ainsi le fait qui leur est imputé n'est répréhensible sous aucun rapport et n'est prévu par aucune loi pénale.

Le 3 décembre 1819, jugement par lequel le tribunal de police accueille ces moyens et renvoie les prévenus des fins du procès-verbal dressé contre eux par le commissaire de police.

Pourvoi en cassation de la part de ce dernier.

ARRÊT.

**LA COUR,**

Sur les conclusions de M. Fréteau de Pény, avocat général;

Attendu que les tribunaux de police ne sont compétents pour prononcer des peines sur les contraventions aux règlements de l'autorité municipale en vertu de l'attribution qui leur a été conférée par les art. 1, 2 et 5 du titre XI de la loi du 24 août 1790, que relativement à ceux de ces règlements qui ont été rendus sur des objets de police confiés à la vigilance de cette autorité, par l'article 3 de ce titre, ou qui ont publié de nouveau les lois et règlements de police antérieurs à la loi du 22 juillet 1791, maintenus par l'article 29 de cette loi, et qui ont rappelé les citoyens à leur observation; que leur compétence n'a pu être étendue sur des contraventions à des règlements municipaux relatifs à d'autres objets que par des dispositions formelles de lois spéciales postérieures; — et attendu que, si la taxe de location des places dans

les foires et marchés de la ville d'Étampes, sur le
refus de paiement de laquelle des poursuites ont
été intentées devant le tribunal de police de cette
ville contre Devaux-Angot et Collet-Gardien, est
considérée dans ses rapports avec la loi du 11 frimaire de l'an VII, qui en a créé le principe et le
droit, les règlements municipaux faits pour sa perception n'ont pas eu pour objet d'ordonner les précautions convenables pour faire jouir les habitants
d'une bonne police; qu'ils n'ont donc pas le caractère
de règlements de police, et ne peuvent dès lors
rentrer dans aucune des matières de police sur lesquelles, d'après l'art. 46 de la loi du 22 juillet
1791, et les articles 3 et 4 du titre XI de celle du
24 août 1790, les autorités municipales sont investies du droit de prendre des arrêtés dont les
tribunaux de police doivent réprimer les contraventions, en vertu de l'attribution qui leur est
conférée par les articles 1, 2 et 5, titre XI de cette
dernière loi; qu'aucune loi postérieure n'a étendu
cette attribution des tribunaux de police aux contraventions à des règlements municipaux faits pour
l'administration ou la perception des recettes communales; que si cette taxe de location des places
dans les foires et marchés doit être réputée dans
la ville d'Étampes, d'après le mode fixé pour
sa perception par les règlements municipaux

de cette ville, un véritable droit d'octroi, elle n'a pu devenir légitime que par l'approbation du gouvernement, d'après l'article 2 de la loi du 5 ventôse an VIII, ou du moins par l'autorisation provisoire du ministre de l'intérieur, conformément à l'arrêté du 13 thermidor de la même année, et qu'il n'a point été justifié ni même allégué devant le tribunal de police que cette approbation ou cette autorisation eussent été accordées ; que, sous tous les rapports, conséquemment le tribunal de police d'Étampes était sans caractère pour prononcer des peines sur les contraventions qui étaient poursuivies devant lui ; — rejette.

Du 15 janvier 1820. — Section criminelle. — M. le baron *Barris*, président. — M. le conseiller *Aumont*, rapporteur (1).

[*Add.*] Les progrès faits par la législation et par la jurisprudence nous permettent d'établir sur cette matière une théorie plus nette et plus positive que celle de M. Henrion de Pansey.

Aux termes de l'article 11 de la loi du 18 juillet 1837, les préfets ont le droit d'*annuler* les arrêtés des maires, mais non de les *modifier*. ( *V.*, p. 184, les motifs de cette

---

(1) *Voir*, entre autres arrêts dans le même sens, ceux des 16 février 1833, 18 janvier 1834. ( F. )

restriction. ) Les arrêtés portant règlement permanent,
de la nature de ceux dont nous parlons ici, ne sont exécutoires qu'un mois après la remise de l'ampliation au sous-
préfet ; mais l'espèce d'approbation tacite qui résulte du
silence du préfet pendant un mois, ne le dépouille pas
du droit de prononcer postérieurement l'annulation de
l'arrêté, soit d'office, soit sur la réquisition des parties
intéressées. On peut donc toujours s'adresser à lui pour
obtenir cette réformation, et, si on ne l'obtient pas,
se pourvoir devant le ministre de l'intérieur, sous la
direction duquel agissent les préfets.

L'arrêté d'un maire ne peut *créer* la pénalité qui lui
sert de sanction ; elle ne résulte que de la loi. Ainsi,
lorsqu'un arrêté a pour but de faire l'application d'une
loi pénale, ou d'un de ces anciens règlements que l'article 484 du Code pénal laisse subsister avec force de
loi, c'est la peine portée par la loi ou le règlement qui
est infligée aux contrevenants, et la mention d'une autre peine faite par le maire est considérée comme non
avenue. Mais lorsque l'arrêté a pour but de prendre une
des mesures qui rentrent dans le pouvoir discrétion-
naire attribué à l'autorité municipale par la loi des 16-
24 août 1790, comme cette loi n'établit aucune peine,
on était fort embarrassé avant 1832 pour savoir quelle
sanction pénale on devait lui donner ; on était obligé de
remonter, à l'aide de raisonnements subtils et d'une
argumentation pénible, à la loi du 3 brumaire an IV,
abrogée par le Code pénal, et qu'on faisait ainsi revivre
en partie. Cette argumentation est exposée par M. Hen-

rion de Pansey, et on la retrouve dans les arrêts cités par lui. Aujourd'hui il n'y a plus de difficulté, parce que la loi du 28 avril 1832, qui a revisé le Code pénal, étend la peine de 1 à 5 fr. d'amende prononcée par l'article 471 de ce Code, à ceux qui auront contrevenu aux règlements légalement faits par l'autorité administrative, ou qui ne se seront pas conformés aux règlements et arrêtés publiés par l'autorité municipale, en vertu des articles 3 et 4, tit. XI, de la loi des 16-24 août 1790, et de l'article 46, tit. I, de la loi des 19-22 juillet 1791. (Code pénal, art. 471, § 15.)

La peine de 1 à 5 fr. d'amende s'applique donc maintenant dans tous les cas où une loi précise n'en prononce pas d'autre, et l'on décide qu'elle s'applique également à la violation des anciens règlements remis en vigueur, lorsque ceux-ci prescrivaient une peine implicitement abrogée par notre législation pénale, telle que le fouet, l'amende honorable, etc. Enfin, on l'applique encore toutes les fois que l'ancien règlement n'a point été complétement rappelé par l'arrêté, parce que les modifications qu'il reçoit en font un règlement nouveau. (Arrêt de la Cour de cassation du 12 novembre 1830.)

M. Henrion de Pansey émet l'opinion que le juge de paix saisi de la poursuite d'une contravention à un arrêté rendu par le maire en dehors de ses attributions, doit se *déclarer incompétent*. « Si le fait ordonné ou défendu par le règlement, dit-il, n'est pas dans la nomenclature de ceux que la loi place nominativement dans ses attributions, il déclarera qu'attendu qu'il n'exerce qu'une juridiction ordinaire, qu'une juridiction bornée à des objets déterminés, il renvoie les parties à se pourvoir comme elles aviseront bon être. » Ce système paraît à M. Henrion de Pansey le seul moyen de ne pas porter atteinte à l'indépendance de l'administration. « Une décision ainsi motivée, dit-il, ne juge pas le règlement, ne juge pas qu'en le publiant le corps municipal a franchi ses limites; en un mot, ce n'est pas sur l'acte administratif, c'est sur l'étendue des pouvoirs du juge qu'elle prononce. »

La jurisprudence de la Cour de cassation est contraire à cette opinion. On trouve, en effet, à la date du 21 mars 1828, un arrêt qui casse, dans l'intérêt de la loi, deux sentences du même juge de paix, lequel s'était déclaré incompétent pour prononcer sur l'infraction à un arrêté municipal pris pour l'exécution de la loi du 18 novembre 1814 sur la célébration des fêtes et dimanches, mais contenant un excès de pouvoir en ce qu'il imposait une obligation qui n'existe pas dans la loi. Le réquisitoire de M. le procureur général Mourre, dont les motifs ont été adoptés purement et simplement par l'arrêt, s'exprime ainsi :

« Ces deux jugements d'incompétence contiennent une violation formelle de la loi; en effet, il s'agissait d'une contravention à un arrêté de l'autorité municipale publié pour rappeler les dispositions de la loi du 18 novembre 1814, loi qui ne prononce même pour récidive que des peines de simple police; dès lors le tribunal de simple police ne pouvait refuser d'en connaître; il devait nécessairement condamner ou absoudre, suivant que les prévenus étaient ou non convaincus de contravention, ou que le fait prouvé à leur charge *ne constituait aucune contravention aux lois de police.* Dans la réalité, le fait imputé aux prévenus ne constituait aucune contravention; en vain le règlement de police de la commune de..... imposait-il l'obligation, etc.; cette disposition, étant *diamétralement contraire* au texte précis de l'article 8 de la loi du 8 novembre 1814, devait être considérée comme *non écrite,* et ne pouvait, sous aucun rapport, justifier la déclaration d'incompétence faite par le tribunal de simple police. »

Ainsi, d'après cette jurisprudence qui nous paraît préférable au système de M. Henrion de Pansey, le juge de paix, quand il ne s'agit que d'un fait qui rentrerait dans la classe des contraventions, a le droit d'examiner si l'arrêté municipal a été pris dans la limite des attributions du maire, et, dans le cas de la négative, il doit renvoyer les prévenus de la poursuite. Un assez grand nombre d'arrêts de la Cour suprême rejettent les pourvois formés contre des sentences de juges de paix qui ont ainsi apprécié l'arrêté municipal, et déclaré que la violation qui en avait été faite ne pouvait donner lieu à aucune peine. Nous nous contenterons d'en citer un du 16 février 1833 relatif à un arrêté portant défense au sacristain d'aller quêter chez les paroissiens. La Cour déclare, comme l'avait fait le juge de paix, *que cet acte ne peut être rangé dans la classe des règlements administratifs dont parle le n° 15 de l'article 471 du Code pénal;*

*que les règlements de l'autorité administrative ne peuvent donner lieu à l'application des peines de police en cas de contravention, que lorsqu'ils ont été faits légalement en vertu des articles 3 et 4 de la loi du 24 août 1790, etc.*

Un autre arrêt du 18 janvier 1834 casse un jugement du tribunal de police de Paris, qui avait condamné un architecte à l'amende d'un franc pour avoir contrevenu au règlement de police qui enjoignait aux personnes de cette profession de se munir de poids et mesures; les motifs sont l'*illégalité* de l'arrêté qui comprenait à tort les architectes au nombre des individus auxquels l'obligation dont il s'agit était imposée par les lois.

Cette jurisprudence nous paraît conforme aux véritables principes de notre droit constitutionnel, et elle n'a point les inconvénients que paraissait craindre le savant président. Elle est conforme aux principes, car les tribunaux ne doivent prononcer une peine qu'en vertu d'une loi; et lorsque la poursuite n'est pas appuyée sur cette base, ils doivent non se déclarer incompétents, ce qui serait une sorte de déni de justice, mais renvoyer le prévenu de la plainte. Quand un tribunal déclare qu'un arrêté municipal a été pris en dehors des attributions du maire, et refuse pour ce motif d'en faire l'application, il ne porte pas atteinte à l'indépendance de l'administration, mais il défend la sienne propre, et en cela il est parfaitement dans son droit; car le principe que l'un des pouvoirs doit appliquer les actes émanés de l'autre, ne leur impose à tous deux qu'une obéissance raisonnée, et non une aveugle et inintelligente soumission.

# CHAPITRE VII.

Des poids et mesures. — Des peseurs, jaugeurs et mesureurs
publics.

L'administration publique et la police municipale ont également des droits à exercer, et des
devoirs à remplir, relativement aux poids et mesures. Ces droits et ces devoirs sont signalés dans
différentes lois. Voici celles qui sont plus particulièrement relatives aux municipalités.

La loi du 24 août 1790 confie à la vigilance des
officiers municipaux « l'inspection sur la fidélité du
» débit des denrées qui se vendent au poids et à la
» mesure. »

Un décret du 12 messidor an VIII, spécial pour
le préfet de police de Paris, mais, sous le rapport
des poids et mesures, commun à toutes les municipalités, porte :

Art. 26. « Il procurera la sûreté au commerce
» en faisant faire des visites chez les fabricants et
» les marchands pour vérifier les balances, poids
» et mesures, et fera saisir ceux qui ne seront pas
» exacts ou étalonnés. »

Art. 27. « Il fera observer les taxes légalement
» faites et publiées. »

[*Add.*] Une ordonnance du 17 avril 1839, destinée à
régulariser la vérification des poids et mesures, trace
ainsi les devoirs de l'autorité municipale dans l'inspection du débit des marchandises qui se vendent au poids
et à la mesure :

Art. 28. L'inspection du débit des denrées qui se
vendent au poids et à la mesure est confiée spécialement
à la vigilance et à l'autorité des préfets, sous-préfets,
*maires*, adjoints et commissaires de police.

Art. 29. Les *maires*, adjoints, commissaires et in-
specteurs de police feront, dans leurs arrondissements
respectifs, et plusieurs fois dans l'année, des visites
dans les boutiques et magasins, dans les places publiques, foires et marchés, à l'effet de s'assurer de l'exactitude et du fidèle usage des poids et mesures.

Ils surveilleront les bureaux publics de pesage et
mesurage dépendants de l'administration municipale.

Ils s'assureront que les poids et mesures portent les
marques et poinçons de vérification, et que, depuis la
vérification constatée par ces marques, ces instruments
n'ont point souffert de variations, soit accidentelles,
soit frauduleuses.

Art. 30. Ils visiteront fréquemment les romaines,
les balances et tous les autres instruments de pesage.
Ils s'assureront de leur justesse et de la liberté de leurs
mouvements, et constateront les infractions.

Art. 31. Les *maires* et officiers de police veilleront à la fidélité dans le débit des marchandises qui, étant fabriquées au moule ou à la forme, se vendent à la pièce ou au paquet comme correspondant à un poids déterminé ; néanmoins les formes ou moules propres aux fabrications de ce genre ne seront jamais réputés instruments de pesage, ni assujétis à la vérification.

Art. 32. Les vases ou futailles servant de récipient aux boissons, liquides ou autres matières, ne seront pas réputés mesures de capacité ou de pesanteur.

Il sera pourvu à ce que, dans le débit en détail, les boissons ou autres liquides ne soient pas vendus à raison d'une certaine mesure présumée, sans avoir été mesurés effectivement.

Art. 33. Les arrêtés pris par les préfets en matière de poids et mesures, à l'exception de ceux qui sont pris en exécution de l'article 18, ne seront exécutoires qu'après l'approbation de notre ministre du commerce.

Ce qui concerne les jaugeurs, peseurs et mesureurs publics, est réglé par différents actes de la puissance publique, dont voici les principaux.

Un arrêté du gouvernement, du 7 brumaire an IX, dispose :

Art. 1er. « Dans toutes les villes où le besoin du
» commerce l'exigera, il sera établi par le préfet,
» sur la demande des maires et adjoints, approuvée
» par le sous-préfet, des bureaux de pesage, me-

» surage et jaugeage publics, où tous les citoyens
» pourront faire peser, mesurer et jauger leurs
» marchandises, moyennant une rétribution juste
» et modérée, qui, en exécution de l'article 21
» de la loi du 28 mars 1790, sera proposée par
» les conseils généraux des municipalités, et fixée
» au Conseil d'état, sur l'avis des sous-préfets et
» préfets. »

Art. 4. « Aucune autre personne que lesdits
» employés ou préposés ne pourra exercer, dans
» l'enceinte des marchés, halles et ports, la pro-
» fession de peseur, mesureur et jaugeur, à peine
» de confiscation des instruments destinés au me-
» surage. »

Art. 5. « L'enceinte desdits marchés, halles et
» ports sera déterminée et désignée d'une manière
» apparente par l'administration municipale, sous
» l'approbation du sous-préfet. »

Une loi du 27 floréal an x ajoute à cet arrêté les
dispositions suivantes :

Art. 1er. « Il sera établi dans les communes qui
» en seront jugées susceptibles par le gouverne-
» ment, des bureaux de pesage, mesurage et jau-
» geage publics. Nul ne sera contraint à s'en
» servir, si ce n'est dans les cas de contestation. »

Art. 2. « Les tarifs des droits à percevoir dans
» ces bureaux, et les règlements y relatifs, seront

» proposés par les conseils des communes, adres-
» sés aux sous-préfets et aux préfets, qui donne-
» ront leur avis, et soumis au gouvernement, qui
» les approuvera, s'il y a lieu, en la forme usitée
» pour les règlements d'administration publique.»

Enfin, un arrêté du 2 nivôse an XII autorise le ministre de l'intérieur à faire, aux règlements qui lui seront présentés par les conseils municipaux, les changements qu'il jugera convenables ; et déclare que la sanction qu'il donnera à ces règlements tiendra lieu de celle du gouvernement, exigée par la loi du 27 floréal an x. Voici les termes de cet arrêté :

Art. 1er. « Le ministre de l'intérieur fera exé-
» cuter les tarifs et les règlements présentés par
» les conseils des communes, avec les modifica-
» tions qu'il jugera convenables, conformément
» aux principe déterminés par la loi et les règle-
» ments intervenus sur la matière. »

Art. 2. « L'autorisation du ministre, tant pour
» les bureaux établis que pour ceux à établir,
» sera considérée comme décision provisoire du
» gouvernement. »

On voit que ces textes diffèrent en ce que les deux premiers ne sont que des règlements de police municipale ; et que les trois autres, disposant dans l'intérêt général du commerce, appartiennent à l'administration publique. Cependant, comme établir dans les communes des hommes chargés du pesage et du mesurage des marchandises, c'est entrer dans le domaine des municipalités, elles concourront à la formation de ces établissements; et voici de quelle manière.

Le gouvernement peut établir des bureaux de poids publics dans toutes les communes qu'il en juge susceptibles : les préfets ont le même droit; mais ils ne peuvent en user que *sur la demande des maires et adjoints, approuvée par le sous-préfet.*

Lors même que ces bureaux sont établis de l'autorité seule du gouvernement, les règlements qui les concernent, et le tarif des droits à percevoir par les jaugeurs et mesureurs, doivent être proposés, non plus par les maires et adjoints, *mais par les conseils municipaux;* ces projets, revêtus de l'avis du préfet, sont soumis au ministre de l'intérieur qui les rend exécutoires par son approbation, s'il juge à propos de la donner.

Des lois et des décrets dont nous venons de transcrire les principales dispositions, il résulte encore :

1° Que dans les lieux où il ne sera pas nécessaire d'établir des bureaux publics, les fonctions de mesureurs et de jaugeurs pourront être confiées, par les préfets, à des hommes d'une probité reconnue, qui prêteront serment devant le tribunal de commerce ou devant le juge de paix du lieu. C'est la disposition de l'art. 3 de l'arrêté du 7 brumaire an IX.

2° Que les personnes désignées par l'autorité peuvent seules exercer, dans les ports, halles et marchés, la profession de peseur, mesureur et jaugeur.

3° Que l'enceinte des ports, halles et marchés doit être déterminée par l'administration municipale, sous l'approbation du préfet.

4° Que le tarif des droits à percevoir doit être proposé par les conseils généraux des municipalités, et fixé en conseil d'État, après avoir pris l'avis des préfets.

5° Que la surveillance des poids et mesures étant placée dans les attributions des municipalités, c'est aux corps municipaux qu'il appartient de régulariser l'exercice de ces droits de jaugeage, pesage et mesurage.

6° Que les règlements à cet égard ne sont exécutoires qu'après avoir reçu la sanction, non du préfet, mais du gouvernement, ou au moins du ministre de l'intérieur.

7° Que ces règlements étant des actes de la police municipale, leurs infractions doivent être déférées au tribunal de simple police.

8° Qu'il n'en serait pas de même d'un procès-verbal dressé par le maire ou son adjoint qui constaterait qu'un marchand vend à faux poids ou à fausse mesure; que la répression de ce délit appartiendrait à la police correctionnelle, conformément à l'art. 8 du décret du 7 brumaire an ix.

Telles sont les principales règles de cette matière. On en verra l'application dans l'arrêt de la Cour de cassation que nous allons transcrire : il est du 16 mars 1822, sur le rapport de M. Busschop; en voici l'espèce.

Par un arrêté du 25 mars 1817, approuvé par le préfet, le conseil municipal de Grenoble a défendu à tous les citoyens d'établir des bureaux ou maisons de pesage, même gratuits, dans l'étendue de la ville et de sa banlieue. — Mais cet arrêté n'a point reçu l'approbation du gouvernement ni celle du ministre. — Néanmoins les sieurs *Jacolin* et *Bernard*, sur la plainte du sieur *Chalet*, fermier du poids public de Grenoble et de sa banlieue, ont été successivement condamnés, par jugement du tribunal correctionnel, du 18 juillet 1821, et par arrêt de la Cour royale de Grenoble, du 22 décembre suivant, à payer au sieur Chalet la somme de cent francs, pour dommages-intérêts, et à la confiscation de leurs poids, pour avoir tenu dans l'enceinte de la ville un bureau de pesage.

Les sieurs Jacolin et Bernard se sont pourvus en cassation de cet arrêt. Voici de quelle manière il a été statué sur ce pourvoi.

LA COUR,

Vu les diverses lois et les différents règlements relatifs à l'établissement de pesages et mesurages publics, notamment l'arrêté du gouvernement du 7 brumaire an IX, la loi du 29 floréal an X, et l'acte du gouvernement du 2 nivôse an XII; — vu enfin les articles 1, 2, 3 et 5 du titre XI de la loi du 16-24 août 1790, sur l'organisation judiciaire, et les articles 605 et 606 du Code des délits et des peines du 3 brumaire an IV; — considérant que, par aucune loi ni par aucun acte du gouvernement, relatifs à l'établissement des bureaux de pesage, mesurage et jaugeage publics, les tribunaux correctionnels n'ont été investis du droit de connaître des contraventions aux règles prescrites pour cette matière, et qu'il n'a pas été non plus porté contre ces contraventions des peines qui, par leur nature, dussent déterminer la compétence de ces tribunaux; — que si l'article 4 de l'arrêté du gouvernement du 7 brumaire an IX établit la peine de confiscation des instruments destinés au mesurage contre ceux qui, sans avoir été nommés par le préfet, et sans avoir prêté serment, exerceraient la profession de peseur, mesureur ou jaugeur dans l'enceinte des marchés, halles et ports, cette peine, qui frappe sur la matière de la contravention, est commune à toutes les juridictions criminelles, et par conséquent n'en détermine aucune; — que si l'article 8 du même arrêté porte que « l'infidélité » dans les poids employés au pesage public sera » punie, par voie de police correctionnelle, des » peines prononcées par les lois contre les mar- » chands qui vendent à faux poids ou à fausse » mesure, » cette disposition particulière au fait qu'elle prévoit, ne peut être étendue à des cas ou à des contraventions qui ne sont pas identiques avec lui; — que, hors ce fait spécial, les tribunaux correctionnels, dont la juridiction est fixée par l'article 179 du Code d'instruction criminelle, sont donc incompétents pour connaître des contraventions aux règlements sur les bureaux publics de pesage, mesurage et jaugeage; — mais que ces règlements, qui ont pour objet la fidélité du débit des denrées qui se vendent au poids ou à la mesure dans les marchés, halles et ports, rentrent dans la classe des objets de police confiés à la vigilance et à l'autorité des corps municipaux, par les § 3 et 4 de l'article 3 du titre XI de la loi du 16-24 août 1790; — que l'article 2 de la loi du 29 floréal an x a ordonné qu'ils seraient proposés par eux; — que les contraventions qui peuvent être commises à ces règlements, et contre lesquelles les lois ou les actes des anciens gouvernements n'ont pas prescrit des peines particulières qui excèdent la compétence des tribunaux de police, doivent donc être poursuivies devant ces tribunaux, conformément à la règle générale qui résulte des articles 1 et 2 du titre XI de la susdite loi d'août 1790, et doivent être punies par eux des peines de police fixées par l'article 5 du même titre de cette loi, combiné avec les articles 605 et 606 du Code du 3 brumaire an IV (1); — mais que ces règlements ne pouvant recevoir d'exécution, et par conséquent ne pouvant avoir un caractère légal que par l'approbation du gouvernement, d'après l'art. 2 de la loi du 29 floréal an X, ou du moins par celle du ministre, d'après l'arrêté du 2 nivôse an XII, les contraventions qui y seraient commises avant cette approbation ne pourraient servir de base légitime à des poursuites, ni, par conséquent, à une condamnation; — et, attendu que les sieurs Jacolin et Bernard ont été traduits en police correctionnelle, comme ayant contrevenu à un règlement municipal de la ville de Grenoble, pour l'établissement d'un bureau de pesage, mesurage et jau-

---

(1) Aujourd'hui l'article 471, § 15, du Code pénal. ( F. )

geage public; — que la contravention qui leur
était imputée n'était pas celle prévue par l'article 8
de l'arrêté du gouvernement du 7 brumaire an ix;
que la juridiction correctionnelle était donc in-
compétente pour en connaître; — qu'il n'a pas
d'ailleurs été prouvé, ni même allégué, que ce
règlement municipal eût reçu, antérieurement à
la contravention, l'approbation du gouvernement,
ou du moins celle du ministre; — que cette contravention ne pouvait donc, devant aucun tribunal, donner lieu à des poursuites légitimes; —
que cependant le tribunal correctionnel de Grenoble a prononcé une condamnation contre les
prévenus, et que la Cour royale a confirmé son
jugement; en quoi cette Cour a violé les règles de
compétence de la juridiction correctionnelle, et
a même, après avoir dépassé les limites de sa compétence, commis excès de pouvoir par une condamnation pour violation d'un règlement qui ne
pouvait avoir aucune force d'exécution; — d'après
ces motifs, CASSE.

La disposition de la loi du 29 floréal an x, qui
porte que nul ne sera tenu de se servir des peseurs
et mesureurs publics, *si ce n'est en cas de contestation*, a donné lieu à la question de savoir si le
propriétaire de marchandises qu'il a fait peser,
même dans un port ou, dans un marché, mais

uniquement pour se rendre compte à lui-même, est obligé d'employer les peseurs et mesureurs publics.

On trouve, dans le *Répertoire de jurisprudence*, aux mots *poids et mesures*, un arrêt de la Cour de cassation du 29 juillet 1808 qui juge la négative. Précédemment cette Cour avait jugé de même par un arrêt du 26 vendémiaire an XIII, dont voici les motifs et le dispositif, tels qu'ils sont consignés dans le bulletin criminel des arrêts de cette Cour.

Les frères Duguey font ensemble à Caen le commerce de poudre végétative. Ils s'étaient fait expédier de Rouen un navire chargé, pour leur magasin de Caen, de ces mêmes poudres. A l'arrivée de ce navire, et pour se rendre compte à eux-mêmes du montant de cet envoi, ils faisaient peser leurs sacs en faisant transporter ces poudres du vaisseau dans leurs magasins, lorsque l'adjudicataire du mesurage de la ville prétendit qu'ils faisaient peser en contravention à la loi et à l'ordonnance de police du maire de la ville de Caen. — Les frères Duguey ayant soutenu qu'ils n'étaient point dans les cas prévus par la loi du 29 floréal an X et par l'ordonnance, qu'ils pesaient pour leur propre compte, et n'étaient en contestation avec personne, furent cités au tribunal de police, où il intervint, le 15 floréal an XIII, un jugement qui leur fit défense de faire peser par autres que les préposés au mesurage, et les condamna en l'amende d'une journée de travail, et en 12 francs de dommages et intérêts envers l'adjudicataire du mesurage de la ville. — Les frères Duguey s'étant pourvus après le délai fixé par le Code des délits et des peines, devaient être déclarés non recevables dans leur pourvoi ; mais le procureur général ayant requis, dans l'intérêt de la loi, la cassation de ce jugement, pour fausse application de la loi du 29 floréal an x, et de l'ordonnance de police du maire de Caen, en ce que ce jugement tendait à assujétir les négociants à une obligation qui ne leur était imposée qu'en cas de contestation, la Cour a rendu l'arrêt suivant :

Ouï le rapport de M. Minier..., et M. Jourde pour le procureur général impérial, en ses conclusions ; — faisant droit sur les réquisitions faites par le procureur général impérial dans l'intérêt de la loi ; — et considérant, 1° que l'article 1er de la loi du 29 floréal an x porte : *que nul ne sera forcé de se servir du mesureur public, si ce n'est en cas de contestation ;* 2° que l'ordonnance de police du maire de la ville de Caen, datée du 5 vendémiaire an xii, approuvée par le préfet le 11 du même mois, ne contient rien de contraire à la disposition de l'article 1er de la loi du 29 floréal an x ; que l'article 20 de cette ordonnance ne fait que

reconnaître le droit des adjudicataires du mesurage, de peser pour le public, dans les cas prévus
par la loi ; 3° que, dans l'espèce, il est reconnu
que les frères Duguey n'étaient en contestation
avec personne ; qu'ils ne vendaient pas, mais faisaient peser, pour se rendre compte à eux-mêmes,
les poudres végétatives qui leur étaient expédiées
de Rouen à Caen, sur un navire chargé pour leur
propre compte, et destinées à être transportées
dans leurs magasins ; d'où il résulte clairement
que le tribunal de police du canton de Caen a fait
une fausse application de l'ordonnance de police
susdatée, et violé l'article 1er de la loi du 29 floréal
an x, dont il a fait une fausse interprétation ; —
par ces motifs, et conformément à la deuxième
disposition de l'article 456 du Code des délits et
des peines, la Cour casse et annule, dans l'intérêt
de la loi, le jugement du tribunal de police du
canton de Caen, du 15 floréal dernier...

## CHAPITRE VIII.

### De la petite voirie.

Il y a deux sortes de voiries : la grande et la
petite. La première, qui a pour objet les grandes
routes, appartient à l'administration publique. La

seconde est attachée au pouvoir municipal. Chaque maire est voyer dans sa commune. Cette qualité de voyer lui confère le droit de donner les alignements; d'ordonner la démolition des édifices qui menaceraient la sûreté, ou qui gêneraient la circulation ; de régler ce qui concerne les étalages, les auvents, les devantures des boutiques, et les enseignes des marchands.

Ces objets feront la matière des trois paragraphes suivants.

§ I<sup>er</sup>. — Des alignements. Qu'il appartient aux maires de les donner, et aux juges de paix d'en punir les infracteurs. Quelles peines doivent-ils prononcer ?

La loi du 24 août 1790 ne place pas nominativement la petite voirie dans la nomenclature des objets dont elle compose les attributions de la police municipale, mais elle charge les officiers municipaux de prendre les mesures convenables pour que la circulation dans les rues et places publiques soit libre, sûre et commode ; et cette obligation suppose nécessairement le droit de donner l'alignement des maisons qui bordent les rues, de supprimer les saillies qui pourraient en rendre le passage incommode ou dangereux, enfin d'ordonner la réparation et même la démolition des édifices qui menacent ruine.

Cependant il est arrivé plus d'une fois que des

officiers municipaux, et même des juges de paix, trompés par le silence de la loi, se sont crus incompétents pour statuer sur des objets de cette importance.

Le juge de paix de Caudebec était tombé dans cette méprise. Elle a été rectifiée par l'arrêt de la Cour de cassation que l'on va lire ; arrêt rendu sur le réquisitoire du procureur général, et dans le seul intérêt de la loi.

Charles-Isidore Vacquerie, ayant, en bâtissant sur la rue du Bas-Villequier, négligé de suivre l'alignement qui lui avait été donné par le maire, avait été cité au tribunal de police de Caudebec, à la requête du ministère public, pour se voir condamner aux peines qu'il avait encourues par sa contravention.

Le tribunal, se croyant sans pouvoir pour connaître du fait dénoncé, avait renvoyé les parties se pourvoir devant qui de droit, par jugement du 5 juin 1820.

L'annulation de ce jugement, dans l'intérêt de la loi, a été prononcée par les motifs dont l'arrêt ci-après présente le développement.

Ouï le rapport de M. Aumont, conseiller, et M. Hua, avocat général, en ses conclusions ;

Vu l'article 442 du Code d'instruction criminelle, les articles 408 et 443 de la même loi ;

Vu aussi la loi du 24 août 1790, titre XI, article 3, n° 1er; les art. 1, 2 et 5, même titre de la même loi ;

La loi du 22 juillet 1791, art. 46, § 1er ;

Vu enfin l'article 471, n° 5, du Code pénal ;

Attendu que, par le n° 1er de l'article 3, titre XI de la loi du 24 août 1790, « tout ce qui intéresse » *la sûreté et la commodité* du passage dans les rues, » quais, places et voies publiques, » est mis au rang des objets confiés à la vigilance et à l'autorité des corps municipaux ;

Que, par l'article 46, n° 1er, de la loi du 22 juillet 1791, les corps municipaux sont autorisés à faire des arrêtés lorsqu'il s'agit d'ordonner les précautions locales sur les objets confiés à leur vigilance et à leur autorité par les articles 3 et 4 de ladite loi du 24 août 1790 ;

Que l'alignement des maisons qui bordent les rues des villes et bourgs, est une mesure qui intéresse essentiellement la sûreté et la commodité du passage dans ces rues ; que le pouvoir de déterminer cet alignement entre donc dans les attributions que la loi de 1790 confère aux corps municipaux, remplacés aujourd'hui par les maires ;

Que les articles 1 et 2, titre XI de la loi du 24 août 1790, donnent à la juridiction du pouvoir municipal la connaissance des contraventions aux règlements faits sur les objets spécifiés dans les articles 3 et 4, même titre de cette loi ;

Que les tribunaux de police sont maintenant investis de cette juridiction, et que leur devoir est d'assurer l'exécution des règlements de police administrative, en prononçant contre les contrevenants les peines que la loi a déterminées ;

Que, s'il est des rues à l'égard desquelles la contravention aux règlements sur l'alignement soit hors du ressort de la juridiction des tribunaux de police, ce sont uniquement celles qui, formant le prolongement d'une grande route, sont, par cette circonstance, dans les attributions *de la grande voirie*; que quant à toutes les autres, leur alignement est un objet *de petite voirie*, qui se rattache au 1er § de l'article 3, titre XI de la loi du 24 août 1790 ; que c'est au pouvoir municipal qu'il appartient de faire des règlements sur cette matière ; et que, par l'art. 471, n° 5, du Code pénal, la contravention aux règlements ou arrêtés concernant la petite voirie est, en termes exprès, déclarée contravention de police, et punissable de la peine qu'il prononce :

Attendu que Charles-Isidore Vacquerie a été cité au tribunal de police pour se voir condamner aux peines de droit, comme ayant négligé de suivre, en bâtissant sur la rue du Bas-Villequier,

19

l'alignement qui lui avait été donné par le maire;
que ce tribunal, sans avoir déclaré en fait que la
rue dont il s'agissait au procès formât une grande
route, a renvoyé les parties se pourvoir devant
qui de droit, au lieu de statuer sur l'action intentée audit Vacquerie par le ministère public;

Que, par son refus de juger la contestation qui
lui était soumise, le tribunal de police a contrevenu aux principes et aux lois de la matière, méconnu ses attributions, et violé les règles de
compétence :

D'après ces motifs, la Cour casse et annule, *dans
l'intérêt de la loi*, etc. Le 29 mars 1821.

On remarque, dans les motifs de cet arrêt, que
la règle qui donne aux officiers municipaux la
voirie dans les villes, bourgs et villages, reçoit une
exception à l'égard des rues qui forment le prolongement des grandes routes. En effet, ces rues
appartiennent à la grande voirie, et sont, sous ce
rapport, dans les attributions du pouvoir administratif.

La loi qui attache au pouvoir municipal le droit
de régler la largeur des rues, et de supprimer tout
ce qui pourrait en gêner la circulation, donne
nécessairement aux tribunaux de simple police
celui d'ordonner la démolition des édifices qui
seraient construits au-delà de l'alignement donné

par le maire, ou en contravention aux règles prescrites par l'autorité municipale.

Le juge de paix de Soissons avait reculé devant cette attribution. Ayant à statuer sur un procès-verbal dressé contre un particulier qui ne s'était pas conformé aux règles à lui prescrites par le maire, il s'était borné à condamner ce particulier à l'amende pour sa contravention à l'arrêté du maire, et quant au mur construit au-delà de la ligne fixée par cet arrêté, il s'était déclaré incompétent pour l'ordonner. Ce jugement a été annulé par un arrêt de la Cour de cassation du 12 avril 1822.

Cet arrêt, rendu dans l'intérêt de la loi, et sur le réquisitoire de M. le procureur général, renferme des principes et des développements qui méritent toute l'attention des maires et des juges de paix. En conséquence je vais le transcrire.

Le procureur général expose qu'il est chargé, par monseigneur le garde des sceaux, ministre de la justice, de requérir, dans l'intérêt de la loi, la cassation d'un jugement rendu le 28 mai 1821, par le juge de paix du canton de Soissons, département de l'Aisne, jugeant comme tribunal de simple police.

Voici les faits :

Le sieur Collinet, propriétaire, demanda et obtint du maire de Soissons l'autorisation nécessaire pour faire quelques légères réparations à l'une des façades de sa maison. Ayant outre-passé la permission qu'il avait obtenue, en faisant faire des réparations plus considérables et qui tendaient à consolider sa maison, sise dans une rue sujette à un alignement projeté, le commissaire de police dressa contre lui un procès-verbal de contravention à l'arrêté du maire.

Traduit devant le tribunal de simple police, pour cette contravention, le sieur Collinet demanda d'être renvoyé de la plainte formée contre lui. Il convint d'avoir fermé l'entrée de sa cave, comme nuisible et dangereuse; il prétendit qu'il n'avait pas eu besoin d'autorisation pour faire cette fermeture, qui ne consolidait point sa maison; qu'il n'avait fait que les réparations qui lui avaient été permises.

Le ministère public soutint la plainte, et conclut à ce que le sieur Collinet fût condamné à 5 fr. d'amende et à faire faire la démolition des ouvrages non autorisés, dans le délai de trois jours, sinon à la faire faire aux frais du contrevenant.

Sur ces conclusions, le juge de paix rendit, le 28 mai 1821, le jugement suivant :

« Attendu, en droit, qu'il résulte du rapport » du commissaire-voyer, et du procès-verbal du

» commissaire de police, du 10 avril dernier, et
» de la déclaration même du sieur Collinet, que
» ce dernier a fait au mur de sa maison donnant
» sur la rue, plus de travaux que ceux qu'il avait
» été autorisé à faire faire, notamment en faisant
» fermer l'entrée de sa cave et en faisant con-
» struire, au lieu et place, un soupirail ; et qu'en
» cela, il est contrevenu aux lois et règlements de
» police sur la voirie ;

» Vu et lecture faite de l'article 471 du Code
» pénal ;

» Le tribunal enjoint au sieur Collinet de se
» conformer exactement aux lois et règlements de
» police concernant la voirie ; lui fait défense de
» plus, à l'avenir, faire exécuter des travaux aux
» murs de sa maison donnant sur la rue, sans au
» préalable y avoir été autorisé par l'autorité
» compétente, sous les peines de droit ;

» Et, pour la contravention commise par
» ledit sieur Collinet à la loi précitée, le tribunal
» le condamne en cinq francs d'amende et aux
» dépens.

» En ce qui touche le chef des conclusions du
» commissaire de police, relatif à la démolition
» des travaux non autorisés, et que le sieur Col-
» linet a fait exécuter ; attendu que la loi n'attri-
» bue pas au tribunal de police municipale judi-

» ciaire le pouvoir de prononcer cette démolition,
» le tribunal se déclare *incompétent*, et délaisse
» l'administrateur municipal à se pourvoir pour
» cet objet, s'il s'y croit fondé, devant qui de
» droit. »

C'est cette dernière disposition du jugement que
l'exposant est chargé de soumettre à la censure de
la Cour.

La compétence des tribunaux de police n'est limitée qu'en ce qui concerne les amendes et les
peines d'emprisonnement qu'ils sont dans le cas de
prononcer. Les articles 139, 159 et 161 du Code
d'instruction criminelle, leur confèrent un droit
indéfini de prononcer sur les réparations civiles,
sauf que les juges de paix doivent connaître pri-
vativement des contraventions à raison desquelles
la partie qui réclame conclut, pour ses dommages-
intérêts, à une somme indéterminée ou excédant
15 francs.

L'article 139 porte : « Les juges de paix connaî-
» tront exclusivement, 1°....; 2°...; 3° des con-
» traventions à raison desquelles la partie qui ré-
» clame conclut, pour ses dommages-intérêts, à
» une somme indéterminée ou à une somme excé-
» dant 15 francs. »

L'article 159 est ainsi conçu :

« Si le fait ne présente ni délit, ni contraven-

» tion de police, le tribunal annulera la citation
» et tout ce qui aura suivi, et statuera, par le
» même jugement, sur les demandes en *dommages-*
» *intérêts.* »

L'art. 161 du même Code porte :

« Si le prévenu est convaincu de contravention
» de police, le tribunal prononcera la peine, et
» statuera, par le même jugement, sur les de-
» mandes en restitution et en dommages - in-
» térêts. »

Il faut ajouter à ces diverses dispositions celles
de l'art. 172, où nous lisons :

« Les jugements rendus en matière de police
» pourront être attaqués par la voie de l'appel,
» lorsqu'ils prononceront un emprisonnement,
» ou lorsque les amendes, restitutions ou autres
» réparations civiles excéderont la somme de 5
» francs, outre les dépens. »

Il est bien évident, d'après tous les articles précités, et particulièrement d'après ce dernier, que
toutes les réparations civiles sont du ressort du
tribunal de police, sauf l'appel, si la valeur de la
réparation est inconnue, ou si elle excède la
somme de 5 francs.

Or, y a-t-il une réparation plus simple, plus
légitime, et à laquelle cette acception puisse mieux

convenir que la démolition d'un ouvrage qui porte préjudice, et qui a été fait illégalement?

Ce serait abuser des moments de la Cour, que d'insister sur cette idée, surtout après un arrêt qu'elle a rendu, au rapport de M. Aumont, le 29 décembre 1820, dans une espèce absolument semblable, et qui consacre le principe, d'ailleurs si évident, par les termes de la loi. (Bulletin de la Cour, année 1820, page 466.)

Ce considéré, il plaise à la Cour casser et annuler, dans l'intérêt de la loi, le jugement du tribunal de simple police du canton de Soissons, du 28 mai 1821, dont expédition est ci-jointe, dans la disposition seulement par laquelle ce tribunal s'est déclaré incompétent pour prononcer sur la démolition qui avait été demandée par le ministère public; et ordonner qu'à la diligence de l'exposant, l'arrêt à intervenir sera imprimé et transcrit sur les registres de ce tribunal.

Fait au parquet, ce 30 mars 1822.

*Signé* MOURRE.

### ARRÊT.

LA COUR,

Statuant sur le pourvoi formé, dans l'intérêt de la loi, par le procureur général en la Cour, de l'ordre de monseigneur le garde des sceaux, ministre de la justice;

Attendu que les tribunaux de police ne doivent point se borner à prononcer la peine des contraventions dont ils ont été saisis dans l'ordre de leurs attributions; qu'ils doivent encore statuer sur la réparation du dommage qui en est résulté;

Que, relativement à une construction faite ou entreprise au-delà de l'alignement donné par le maire, dans les rues et places des villes, bourgs et villages qui ne sont pas routes royales ou départementales, la réparation du dommage ne peut exister que par la démolition de cette construction; que cette démolition doit donc être ordonnée par le jugement qui prononce l'amende pour l'anticipation sur l'alignement, ou pour la violation, dans la construction, des règles prescrites par l'autorité municipale;

Qu'en principe général, les maires doivent dresser procès-verbal des infractions à leurs règlements sur la voirie urbaine; qu'ils doivent faire sommation aux contrevenants de s'y conformer, en détruisant ou changeant les constructions qui ont été faites au mépris de ces règlements; que la négligence ou le refus d'exécuter cette sommation, contre laquelle il n'y aurait pas eu recours par les voies légales, doit être poursuivie devant les tribunaux de police, qui, en prononçant la peine, doivent ordonner la réparation de la contraven-

tion, et par conséquent la démolition, la des-
truction ou l'enlèvement de ce qui a fait la matière
de cette contravention ;

Que, s'il appartient à l'autorité municipale d'ordonner la démolition d'édifices menaçant ruine,
sauf le recours devant l'autorité supérieure, c'est
parce que ces édifices exposent la sûreté publique,
que cette autorité doit spécialement protéger et
maintenir ; mais que cette attribution, pour ce
cas particulier, ne modifie d'aucune manière
celles des tribunaux de police relativement aux
anticipations ou bien aux formes ou modes des
constructions qui ont été entreprises contre les
règles fixées dans les arrêtés de l'administration
municipale ;

Attendu d'ailleurs les motifs développés dans le
réquisitoire du procureur général, et que la Cour
déclare adopter ;

Casse et annule, dans l'intérêt de la loi, le jugement du tribunal de police de Soissons, du 28 mai
1821, dans la disposition seulement par laquelle
ce tribunal s'est déclaré incompétent pour prononcer sur la démolition qui avait été demandée
par le ministère public (1).

---

(1) *V.* dans le même sens, arrêts des 26 mars 1830,
17 nov. 1831. ( F. )

À ces autorités se joint celle d'une ordonnance royale du 30 juillet 1817 ; la voici :

« Louis, par la grâce de Dieu, etc.

» Sur le rapport du comité contentieux ;

» Vu les requêtes à nous présentées au nom du sieur *Aumennier*, demeurant à Barbery-Saint-Sulpice, département de l'Aube, lesdites requêtes enregistrées au secrétariat du comité contentieux de notre Conseil d'état, les 23 octobre, 26 décembre et 16 juin 1817, tendant à ce qu'il nous plaise annuler un arrêté du conseil de préfecture dudit département, du 23 juillet 1816, qui l'a condamné à retirer, pour cause d'anticipation sur la voie publique, une maison par lui construite à Barbery-Saint-Sulpice, et en outre à payer une amende de 6 francs, et aux frais ;

» Considérant qu'aux termes des règlements sur la voirie urbaine, c'est aux maires qu'il appartient de donner et de faire exécuter les alignements dans les rues des villes, bourgs et villages qui ne sont pas routes royales ou départementales, sauf tout recours devant les préfets, et que les tribunaux ordinaires sont seuls compétents pour statuer sur les amendes encourues en cas de contravention, et sur les frais des démolitions ordonnées d'office, dans le même cas ;

» Considérant qu'en conséquence le maire de la

commune de Barbery-Saint-Sulpice n'aurait pas dû se borner à dresser procès-verbal de l'entreprise du sieur Aumennier, et à lui faire signifier ce procès-verbal, mais qu'il devait en outre prendre un arrêté pour enjoindre audit sieur Aumennier de rendre à la voie publique, dans un délai déterminé, le terrain sur lequel il a anticipé, et pour ordonner que, faute par ce particulier de retirer lui-même les constructions formant anticipation, il serait procédé d'office, à ses frais, à leur démolition, sauf le recours devant le préfet;

» Considérant que la fixation et la reconnaissance des alignements sont des actes d'administration qui ne sont pas dans les attributions des conseils de préfecture; qu'en conséquence, celui du département de l'Aube n'a été compétent ni pour commettre expert pour reconnaître la contravention à l'alignement dont il s'agit, ni pour déterminer, d'après le procès-verbal de visite dudit expert, le nouvel alignement à suivre;

» Considérant que le conseil de préfecture a également été incompétent pour prononcer sur l'amende encourue par le sieur Aumennier;

» Notre Conseil d'état entendu,

» Nous avons ordonné et ordonnons ce qui suit:

» Art. 1er. Les arrêtés susdits du conseil de préfecture du département de l'Aube, en date des

20 mai et 23 juillet 1816, sont annulés, pour cause d'incompétence, sauf au maire de la commune de Barbery-Saint-Sulpice à diriger de nouvelles poursuites en contravention contre le sieur Aumennier, ainsi qu'il appartiendra.

» Art. 2. Notre ministre secrétaire d'État de l'intérieur est chargé de l'exécution de la présente ordonnance. »

[*Add.*] Il résulte du rapprochement de l'arrêt de la Cour de cassation et de l'ordonnance du Roi précités, une difficulté que M. Henrion de Pansey n'a pas soulevée et que nous allons essayer de résoudre.

L'arrêt de la Cour de cassation établit que le juge de paix est compétent pour prononcer, à titre de dommages-intérêts, la démolition des constructions faites en contravention d'un arrêté municipal. L'ordonnance du Roi décide quelque chose de plus, car elle pose en principe que le maire ne doit pas se borner à dresser procès-verbal de l'anticipation faite sur la voie publique, qu'il doit en outre prendre un arrêté pour enjoindre au contrevenant de rendre à la voie publique, dans un délai déterminé, le terrain sur lequel il a anticipé, et pour ordonner que, faute par lui de retirer les constructions formant anticipation, il sera procédé *d'office*, à ses frais, à leur démolition. D'après la même ordonnance, le rôle du tribunal serait alors de condamner le contrevenant à l'amende et *aux frais des démolitions ordonnées d'office* ; d'où il résulterait que les arrêtés municipaux sont exécutoires administrativement, indépendamment de l'intervention de l'autorité judiciaire. Cette proposition nous paraît susceptible de quelques observations.

Les règlements de police pris par les maires dans les limites de leur compétence participent de la nature de la loi ; leur violation entraîne l'application d'une peine, et, suivant les circonstances, une condamnation civile. Or, il est de principe dans notre droit que l'autorité judiciaire, à moins d'une exception, est seule compétente pour prononcer l'une et l'autre condamnation. Lors donc que le maire a statué en vertu de son pouvoir réglementaire, si une infraction est commise, il la constate en qualité d'officier de police judiciaire ; mais il ne peut la punir en qualité de juge, si ce n'est dans les cas prévus par l'article 166 du Code d'instruction criminelle. Il doit donc se contenter de traduire les délinquants devant le tribunal compétent ; puis, muni du jugement de condamnation, il en poursuit l'exécution par les voies de droit. Agir autrement, ce serait confondre les pouvoirs judiciaire et administratif ; ce qui, indépendamment de la violation d'un principe fondamental de notre droit public, pourrait avoir les conséquences les plus graves. En effet, si la mesure prescrite par l'autorité municipale était prise en dehors des limites de sa compétence, l'exécution causerait aux particuliers des torts peut-être irréparables ; elle les jetterait dans des procès coûteux, elle ferait encourir à l'administration une responsabilité morale qui nuirait à sa considération, et elle entraînerait quelquefois contre les administrateurs une responsabilité pécuniaire. L'intervention de l'autorité judiciaire évite tous ces inconvénients ; car le tribunal, comme M. Henrion de Pansey l'a établi, doit renvoyer le prévenu de la plainte, lorsque l'arrêté lui paraît excéder les bornes du pouvoir municipal : ainsi ce pouvoir, dont l'exercice pourrait devenir si vexatoire aux mains de 37,000 officiers municipaux qui administrent les communes de France, trouve dans la sagesse et les lumières de l'autorité judiciaire un salutaire contrôle.

Telles sont les conséquences qui dérivent logiquement des principes de notre droit; mais il est rare que les règles établies dans l'intérêt public ne reçoivent pas, au nom même de cet intérêt, quelques exceptions. Il est des cas, en effet, où elles iraient contre leur but, si on voulait les appliquer rigoureusement, sans égard aux circonstances exceptionnelles dans lesquelles on se trouve. Le droit administratif surtout nous offre des exceptions de cette nature, parce qu'il règle des matières d'un intérêt urgent, et dans lesquelles un léger retard peut quelquefois entraîner de graves inconvénients. Supposons qu'on découvre tout-à-coup dans une maison des signes de décrépitude tels, que, d'après la déclaration des gens de l'art, sa conservation présente un danger imminent : le maire, en vertu du droit que lui donne la loi du 24 août 1790, prend un arrêté pour enjoindre au propriétaire d'en commencer la démolition dans les 24 heures. Si le propriétaire refuse d'exécuter cet arrêté, faudra-t-il, outre l'expiration du délai, attendre qu'une sentence du juge de paix, qui ne sera peut-être rendue que dans dix ou quinze jours, donne la force exécutoire à l'arrêté du maire ? Non sans doute, et la jurisprudence de la Cour de cassation elle-même reconnaît que, dans ce cas, l'arrêté du maire est provisoirement exécutoire. — Voici, en effet, ce qui est dit dans un arrêt du 26 avril 1834 :

« Attendu en droit que le pouvoir *de faire exécuter elle-même*, aux frais du contrevenant, les arrêtés concernant la petite voirie, n'est attribué à l'autorité municipale par les articles 3, n° 1, titre XI de la loi des 16-24 août 1790; 46, titre I de celle des 19-12 juillet 1791, et 471, n° 5, du Code pénal, que lorsque ces arrêtés portent sommation, dans l'intérêt imminent de la sûreté publique, de *réparer* ou *démolir* les édifices menaçant ruine; que, hors de ce cas spécial ou déterminé, l'exécution des arrêtés dont il s'agit reste soumise au principe du droit commun, d'après lequel les tribunaux de répression peuvent seuls en punir les infracteurs et leur ordonner en même temps de faire disparaître le fait constitutif de la contravention, etc. »

L'arrêt que nous venons de citer nous semble restreindre à tort le droit de l'administration au cas de démolition de maisons menaçant ruine; la police municipale présente une foule de circonstances dans lesquelles il peut être tout aussi urgent de faire exécuter promptement une mesure prescrite dans l'intérêt général.

Supposons par exemple qu'un individu ferme par une barrière un chemin très-fréquenté, considéré jusqu'alors comme chemin vicinal; qu'un riverain fasse sur le sol même du chemin une excavation qui présente d'autant plus de danger que bientôt un marché ou une foire amènera sur ce chemin, pendant la nuit, un nombre considérable de voyageurs; ou bien encore qu'un dépôt d'immondices fait dans une rue ou sur une place publique, entrave la viabilité et donne lieu à des accidents; dans tous ces cas et autres semblables où le danger est imminent, nous pensons que le maire peut agir d'office, sauf à poursuivre ensuite la condamnation et la réparation civile devant le tribunal de simple police. Le maire, en effet, est spécialement chargé par l'art. 3, n° 1, titre XI de la loi du 24 août 1790, non-seulement de faire démolir ou réparer les maisons qui menacent ruine, mais il est chargé par la même phrase et d'une manière tout aussi formelle, de faire tout ce qui intéresse *la sûreté et la commodité du passage dans les rues, quais, places et voies publiques.* Il ne sort donc pas des limites de ses attributions quand il fait exécuter provisoirement et sous sa responsabilité une mesure urgente. S'il en était autrement, l'autorité administrative se trouverait paralysée par l'autorité judiciaire précisément dans le cas où elle a le plus besoin d'une grande célérité d'action. Notre opinion est confirmée par un arrêt de la Cour de cassation du 15 septembre 1825.

On soutenait devant la Cour qu'un tribunal de simple police avait excédé ses pouvoirs en accordant un délai

20

pour la démolition d'un hangar prescrite par un arrêté municipal, par le motif qu'il était construit sur la voie publique. Voici comment l'arrêt repousse ce moyen.

« Attendu que... les tribunaux de simple police n'ordonnent la démolition de constructions élevées sur la voie publique, en contravention aux lois et règlements sur la voirie, qu'à titre de réparations et de dommages-intérêts; qu'ils ne sont pas juges de ce qui intéresse la sûreté de la voie publique, mais seulement arbitres de la réparation qui est due au public, et qu'ils peuvent modérer cette réparation en accordant un délai plus ou moins long à celui qui y est condamné; — que leurs jugements ne font point obstacle à ce que l'autorité administrative compétente, agissant dans la sphère de ses attributions, ne puisse, dans l'intérêt de la sûreté de la voie publique, *contraindre* les contrevenants qui ont construit sur cette voie, sans avoir préalablement requis et obtenu l'alignement nécessaire, à opérer la démolition de leurs constructions dans un délai plus court que celui qui leur est accordé par le jugement qui les condamne à démolir, ainsi qu'il résulte du n° 5 de l'art. 471 Code pénal, *puisque cette autorité peut même y contraindre, selon l'exigence des circonstances, ceux qui n'ont point encouru de condamnation et qui n'ont contrevenu à aucune loi et règlement.* »

Disons donc en terminant, qu'en thèse générale le maire doit attendre, pour faire exécuter un arrêté de police, que l'autorité judiciaire ait constaté la contravention et prononcé la condamnation ; mais que, dans tous les cas où il y a péril dans la demeure, le maire a le droit de faire exécuter l'arrêté sur-le-champ, sous sa responsabilité personnelle, et sauf le recours des individus devant qui de droit.

Ajoutons à l'appui de cette opinion qu'un droit analogue est attribué en matière de grande voirie aux sous-préfets, qui, aux termes des articles 3 et 4 de la loi du 29 floréal an x, et de l'art. 113 du décret du 16 décembre, peuvent ordonner sur-le-champ la réparation par les délinquants, ou *à leur charge*, des délits de dégradation, dépôt de fumier, d'immondices ou d'autres substances.

Cependant, les maires ne doivent pas s'y méprendre, ce droit qui leur appartient, de donner les alignements, se borne à défendre les anticipations sur la voie publique, et à veiller à ce que les reconstructions et les réparations soient établies sur les anciennes fondations. Il en serait autrement s'il s'agissait de l'élargissement d'une rue jugée trop étroite, ou de l'ouverture d'une rue nouvelle, sur un sol habité ; dans ce cas c'est encore au maire à donner l'alignement, mais son arrêté ne s'exécute qu'après l'accomplissement des formalités prescrites par l'art. 52 de la loi du 16 septembre 1807, dont voici les termes : « Dans » les villes, les alignements pour l'ouverture des

» nouvelles rues, pour l'élargissement des an-
» ciennes, qui ne font point partie d'une grande
» route, ou pour tout autre objet d'utilité pu-
» blique, seront donnés par les maires, confor-
» mément aux plans dont les projets auront été
» adressés aux préfets, transmis avec leur avis au
» ministre de l'intérieur, et arrêtés en Conseil
» d'état.

» En cas de réclamation des tiers intéressés, il
» sera de même statué en Conseil d'état, sur le
» rapport du ministre de l'intérieur (1). »

Cette disposition laisse plusieurs choses à dé-

---

(1) Article 53. « Au cas où, par les alignements arrêtés,
» un propriétaire pourrait recevoir la faculté de s'avancer
» sur la voie publique, il sera tenu de payer la valeur du
» terrain qui lui sera cédé. Dans la fixation de cette valeur,
» les experts auront égard à ce que le plus ou le moins de
» profondeur du terrain cédé, la nature de la propriété, le
» reculement du reste du terrain bâti ou non bâti loin de la
» nouvelle voie, peut ajouter ou diminuer de valeur relative
» pour le propriétaire.

» Au cas où le propriétaire ne voudrait point acquérir,
» l'administration publique est autorisée à le déposséder de
» l'ensemble de sa propriété, en lui payant la valeur telle
» qu'elle était avant l'entreprise des travaux. La cession et
» la vente seront faites comme il a été dit en l'article 51
» ci-dessus. » ( H. P. )

sirer. Elle parle de plans figuratifs des alignements projetés; mais elle ne dit pas comment et par qui ces plans seront confectionnés. Elle parle des réclamations que les particuliers pourront élever contre les projets d'alignement; mais elle ne dit ni de quelle manière ces plans seront notifiés aux habitants dont ils pourraient froisser les intérêts, ni quelles formalités les réclamants auront à remplir pour mettre le Conseil d'état à même de statuer sur leurs griefs.

Ces lacunes sont remplies par plusieurs avertissements adressés aux préfets par les ministres de l'intérieur. Le nombre de ces avertissements atteste tout à la fois la sollicitude des ministres et l'incurie de la plupart des préfets. « Seize ans, dit » M. de Corbière dans sa circulaire du 5 novembre » 1823, seize ans se sont écoulés depuis que la » loi qui prescrit aux villes de faire confectionner » des plans généraux d'alignement a été rendue, » et cette opération, pour laquelle un délai de » deux années avait d'abord paru suffisant, n'est » point encore terminée dans votre départe- » ment. »

Je dirais des choses fort intéressantes, si j'analysais ces différentes circulaires. Mais elles doivent être bien connues, puisque chaque préfet a dû les transmettre aux municipalités de son arrondisse-

ment. Cependant celle du 29 octobre 1812 me paraissant mériter une attention particulière, je vais
en transcrire le passage suivant : « Par ma circu-
» laire du 18 août 1808, je vous ai indiqué, mon-
» sieur, la marche que vous deviez suivre pour la
» levée du plan des villes, qu'ordonnait l'ar-
» ticle 52 de la loi du 16 septembre 1807.

» Le règlement des plans d'alignement intéres-
» sant tous les propriétaires des villes, il est dans
» les principes de l'équité qu'ils soient prévenus
» des projets arrêtés à cet égard par les conseils
» municipaux. Chaque propriétaire a le droit de
» réclamer contre un projet qui peut froisser ses
» intérêts, et les réclamations qu'il peut faire
» doivent être examinées.

» Vous voudrez donc bien, monsieur, à mesure
» que les plans des villes de votre département se-
» ront terminés, les faire exposer, pendant huit
» jours consécutifs, à l'hôtel de la mairie, et pré-
» venir le public de cette exposition par une af-
» fiche. Les réclamations devront être adressées
» au maire; un procès-verbal en indiquera le
» nombre et la nature : dans le cas où aucune
» réclamation ne serait faite, un procès-verbal le
» constatera.

» Le conseil municipal devra donner son avis
» sur les réclamations; le sous-préfet y joindra le

» sien ; vous donnerez également le vôtre, et vous
» m'adresserez le tout ensuite. »

[ *Add.* ] M. Henrion de Pansey pose en principe que
le maire ne peut modifier l'alignement ancien, que cet
alignement ne peut être changé qu'avec l'accomplissement des formalités prescrites par la loi du 16 septembre
1807, c'est-à-dire par un plan général arrêté en Conseil
d'état. Cette opinion n'est pas généralement admise ;
comme nous l'avons embrassée et défendue dans nos
*Eléments de droit public*, on nous permettra de citer ici
le passage qui fait connaître la difficulté.

Après avoir rappelé l'article 52 de la loi du 16 septembre 1807, qui prescrit aux villes la confection de
plans d'alignement arrêtés en Conseil d'état, nous disons :

« La confection de plans d'alignement pour toutes
les villes de France était une vaste opération qui exigeait un temps considérable ; aussi un décret du 27 juillet
1808 autorisa-t-il *provisoirement* les maires à donner
des alignements dans les villes, d'après les avis des
ingénieurs, et sous l'approbation du préfet, jusqu'à ce
que les plans d'alignement fussent arrêtés, et *au plus*
pendant deux ans, à partir du jour du décret ; en cas de
réclamation, il était statué par le Conseil d'état sur le
rapport du ministre de l'intérieur. Deux ordonnances (1)

_____

(1) 29 février 1816 et 18 mars 1810. ( F. )

ont successivement prorogé ce droit accordé temporairement aux maires jusqu'au 1ᵉʳ mai 1819. Ce délai est écoulé depuis longtemps, et les plans d'alignement ne sont pas encore arrêtés dans un grand nombre de villes. Ainsi les ordonnances qui autorisaient provisoirement les maires à prescrire des alignements *pour les nouvelles rues et pour l'élargissement des anciennes*, ayant cessé d'avoir leur effet en 1819, les maires, à compter de cette époque, n'ont plus que le droit qu'ils avaient antérieurement à 1808, celui de donner l'alignement conformément à l'ancien état des choses, et sans pouvoir le modifier. C'est ce qui est formellement déclaré dans une circulaire du ministre de l'intérieur, du 4 mars 1816. On peut ajouter, comme considérations à l'appui de cette solution, qu'il est de l'intérêt général que les plans des villes soient arrêtés dans les vues d'ensemble, et par une autorité indépendante des influences locales ; que laisser aux maires la faculté de régler eux-mêmes les alignements, c'est retarder indéfiniment l'époque de la confection de ces plans, parce qu'ils différeront toujours une opération dispendieuse dont le résultat serait de diminuer l'importance de leurs attributions.

» Cependant plusieurs arrêts de la Cour de cassation et du Conseil d'état, et notamment un avis des comités de législation et de l'intérieur du 6 avril 1824 (1), dé-

--------

(1) *V*. arrêts de la Cour de cassation, 18 juin 1831, 4 octobre 1832, 8 août 1833 ; avis du Conseil d'état du

cident que l'autorité municipale était revêtue, antérieurement à la loi du 16 septembre 1807, du droit de dresser des plans d'alignement, et que ce droit ne lui a point été enlevé par cette loi. Ces deux points nous semblent tous les deux sujets à contestation. En effet, on voit bien par les lois citées dans les arrêts que l'édit de 1607 est encore aujourd'hui en vigueur, ce que nous ne contestons pas quant à l'obligation imposée aux propriétaires de demander la permission de construire, et de prendre l'alignement; maison ne peut rien en conclure quant au droit de créer un plan nouveau. L'article 50 de la loi du 14 décembre 1789 ne dit autre chose, si ce n'est que les fonctions propres au pouvoir municipal sont de faire jouir les habitants des avantages d'une bonne police, notamment de la propreté, de la sûreté et de la tranquillité dans les rues, lieux et édifices publics. L'article 3, n° 1, t. XI de la loi des 16 et 24 août 1790, ajoute, il est vrai, que l'autorité municipale est chargée de tout ce qui intéresse la sûreté et la salubrité du passage dans les rues, quais, places publiques; mais il y a loin de là au droit de changer ce qui est, et de mettre un plan nouveau au lieu et place de l'ancien. Les lois antérieures à 1807 n'accordaient donc au maire qu'un pouvoir de surveillance et de conservation, et non un pouvoir de création.

6 avril 1824; arrêts du Conseil d'état du 4 mars 1830 et du 16 mars 1836. (F.)

» En supposant que l'autorité municipale ait eu le droit de faire des plans d'alignement en vertu des lois précitées, il nous semble que la loi du 16 septembre 1807 le lui a enlevé quant aux rues des villes, en prescrivant, pour l'avenir, que les plans des villes seraient arrêtés au Conseil d'état; et ce qui prouve que tel est l'esprit de la loi, c'est le décret de 1808, qui attribue *provisoirement* aux maires le droit de régler l'alignement, attribution qui aurait été inutile s'ils avaient tenu ce droit de la loi, et qui, dans cette hypothèse, n'aurait pu être limitée par un simple décret.

» Le Conseil d'état reconnaît lui-même que l'alignement donné par le maire, dans les villes où il n'existe pas de plan arrêté en Conseil d'état, a bien moins d'effet que celui qui est donné en vertu de ce plan; car il a jugé, le 10 février 1835, que l'alignement donné *provisoirement* par le maire, avec permission d'avancer sur la voie publique, ne peut avoir pour effet de transporter de plein droit au riverain la propriété de la portion de terrain détachée de la voie publique, et que l'aliénation de ce terrain ne peut avoir lieu que suivant les formes voulues pour l'aliénation des propriétés communales (1).

---

(1) Le ministre de l'intérieur a dit positivement, dans les observations qu'il a adressées au Conseil d'état au sujet de cette affaire : « Les maires ne peuvent donner d'alignement que conformément aux plans; et lorsqu'il n'y a en pas, ils

» Nous devons dire que la question s'étant présentée aux chambres pendant la discussion de la loi du 18 juillet 1837 sur les attributions municipales, M. Vivien, rapporteur, a présenté comme constant le principe que le maire avait le droit de donner les alignements, et que cette doctrine n'a été contredite par personne. Il nous semble que, pour être conséquent avec ce principe, il faut décider que l'arrêté du maire, qui force le riverain à avancer sur la voie publique, a pour effet de lui transporter la propriété du terrain, sauf une indemnité réglée conformément à la loi du 16 septembre 1807. S'il en était autrement, le riverain qui aurait été obligé d'avancer, d'après l'arrêté du maire, pourrait être ensuite obligé de reculer, et même de démolir ses constructions, si le conseil municipal n'était pas d'avis de l'aliénation; c'est ce qui est arrivé dans l'espèce jugée par le Conseil d'état, le 10 février 1835. » (V. *Éléments de droit public*, t. II, 2ᵉ édit., nº 52, p. 413. )

§ II. — Des constructions faisant saillie sur les rues.

Ces sortes de saillies, aujourd'hui si sévèrement défendues, étaient fort communes autrefois. Les officiers institués par le Roi, sous le titre de voyers, étaient autorisés à les permettre, moyennant des

---

doivent en faire dresser dans les formes légales. » ( *Recueil des arrêts du Conseil*, 2ᵉ série, t. V, p. 87. ) ( F. )

sommes de deniers ou des redevances annuelles au profit du fisc. Dès le commencement du seizième siècle, le parlement s'éleva contre cet abus, et le proscrivit par un arrêt qui en est tout à la fois la preuve et le remède. Comme à cet arrêt se rattachent tous les règlements faits depuis sur cette matière, je vais en rapporter le dispositif; il est du 5 juillet 1508. « La Cour a deffendu et deffend
» à tous, de quelque estat et condition qu'ils soient,
» que doresnavant ils ne facent, ne renouvellent
» aucunes saillies en cette ville de Paris, et au
» *receveur ordinaire* et voyer d'icelle ville de Paris,
» et à tous voyers, officiers et autres personnes
» quelconques, que doresnavant ils ne donnent
» congé et ne permettent faire lesdittes saillies, ne
» renouveller celles qui par cy-devant ont esté
» faites, en quelque manière et façon que ce soit,
» sur peine d'icelles faire abbattre et démolir à
» leurs dépens et d'amende arbitraire; en outre
» deffend ladite Cour, que en bâtissant et édiffiant
» ils n'entrepreignent sur la voirie et chemin pu-
» bliq, sur pareilles peines, et que cette présente
» ordonnance sera publiée, à son de trompe, par
» les carrefours de cette ville de Paris. »

Cette disposition, adoptée par quelques coutumes, fut érigée en loi par une déclaration de Henri II, du 14 mai 1554, et par l'ordonnance

d'Orléans, l'un des plus beaux monuments de la législation française ; nous y lisons, art. 96 : « Que
» tous propriétaires des maisons et bastiments ez
» villes du royaume, seront tenus et contraints
» par les juges des lieux, abattre et retrancher à
» leurs dépens les saillies desdites maisons abou-
» tissans sur rue, et ce dans deux ans pour tout
» délai, sans espérance de prolongation. »

L'article 97 enjoint très-expressément « à tous
» juges et aux maires, eschevins, conseillers des
» villes, de tenir la main à cette décoration et bien
» public des villes, à peine de s'en prendre à eux,
» en cas de dissimulation ou négligence. »

Les troubles qui suivirent la publication de cette ordonnance en entravèrent l'exécution. Mais dès le commencement du dix-septième siècle, la sollicitude de Henri IV se porta sur cet important objet. Un édit du mois de décembre 1607, qui règle les fonctions des officiers de la voirie dans la ville de Paris, porte, art. 4 : « Faisons défense au grand voyer ou son commis, de permettre qu'il soit fait aucune saillie et pan de bois aux bâtiments neufs, et même à ceux où il y en auroit à présent de contraindre à les réédifier ; ni faire ouvrages qui les puissent conforter, conserver et soutenir, ni faire aucun encorbellement en avance pour porter aucun mur, pans de bois, ou autres choses en sail-

lics et porter à faux sur lesdites rues; ains faire
continuer le tout à plomb , depuis le rez-de-chaussée, tout contre-mont , et pourvoir à ce que les rues
s'embélissent et élargissent au mieux que faire se
pourra ; et en baillant par lui les alignements , re-
dressera les murs où il y aura ply ou coude, et du
tout sera tenu à donner par écrit son procès-verbal,
de lui signé ou de son greffier , portant l'alignement desdits édifices , de deux toises en deux toises,
à ce qu'il n'y soit contrevenu. »

Par l'art. 5 le Roi « défend à tous ses sujets de
la ville, faubourgs, prevôté et vicomté de Paris,
*et autres villes de ce royaume*, faire aucun édifice ,
pan de mur , jambes estrières , encoignure , cave,
ni canal , forme ronde en saillie, siéges , barrières,
contre-fenêtres , huis de cave, bornes , pas , marches, siéges, montoirs à cheval , auvents, enseignes,
établis , cages de menuiserie , châssis à verre , et
autres avances sur ladite voirie, sans le congé et
l'alignement du grand voyer ou de ses commis ; et,
après la perfection d'iceux , seront tenus, lesdits
particuliers, d'en avertir le grand voyer ou ses
commis , afin qu'il récolle lesdits alignements, et
reconnaisse si les ouvriers auront travaillé suivant
iceux , sans toutefois payer aucune chose pour ledit
récollement et confrontation ; et où il se trouveroit
qu'ils auroient contrevenu auxdits alignements,

seront, lesdits particuliers, assignés par-devant le prévôt de Paris ou son lieutenant, pour voir ordonner que la besongne mal plantée sera abattue, et condamnés en telle amende que de raison. »

L'art. 7 « fait défenses à toutes personnes de faire creuser aucune cave sous rues ; et pour le regard de ceux qui voudront faire degrés à monter en leurs maisons, par le moyen desquels les rues étrécissent, faire siéges esdites rues, estail ou auvent, clore ou fermer aucunes rues, faire planter bornes aux coins d'icelles ès entrées des maisons, poser enseignes nouvelles, ou faire le tout réparer, prennent congé du grand voyer ou commis. »

Un arrêt du Conseil, du 19 novembre 1666, portant règlement sur le fait de la voirie, « ordonne que tous propriétaires et locataires des maisons, marchands, artisans et autres, de quelque qualité et condition qu'ils puissent estre, de la ville et faubourgs de Paris, feront réformer les pas de pierre, seuils de portes, marches, bornes, et autres avances estant le long et au-devant de leurs maisons et boutiques, en sorte qu'ils n'excèdent pas plus de huit pouces en saillie les corps des murs d'icelles. »

Les précautions ont été portées encore plus loin. Les ordonnances de police défendent aux maîtres maçons, aux charpentiers, aux menuisiers, aux serruriers et aux ouvriers d'entreprendre aucun ouvrage de leur profession, qu'après avoir vu la permission et l'alignement du voyer pour s'y conformer, à peine d'en demeurer responsables.

Enfin ces mêmes ordonnances enjoignent au voyer de récoler ses alignements après les ouvrages finis, pour reconnaître les contraventions.

### § III. Des étalages des marchands.

On comprend sous cette dénomination les auvents, les devantures, les serpillières et les enseignes des boutiques.

Les temps ne sont pas très-éloignés où ces étalages n'étaient assujétis à aucune règle. Les marchands jouissaient à cet égard d'une liberté presque illimitée. Chacun donnait aux enseignes de sa boutique les dimensions qu'il jugeait à propos : mais tous abusaient de cette faculté, au point que les rues peu larges en étaient presque entièrement obstruées.

Des inconvénients aussi graves fixèrent enfin l'attention de la police; et, par une ordonnance du 12 septembre 1595, il fut fait défense aux maçons, menuisiers, serruriers, d'établir aucune espèce d'étalage ou enseigne en avant des boutiques, sans la permission et congé du voyer.

Cinq ans après, le 22 septembre 1600, parut une nouvelle ordonnance de police qui porte : « Seront aussi ostés et abattus tous étalages excédant huit pouces après le gros mur ès plus grandes rues, serpillières, râtelliers, escofferois, selles, tonneaux, billots, troncs et pièces de bois, siéges et autres pierres ou encombrements qui se trouveront par les rues. »

Les marchands sont dans l'usage d'établir de petits toits au-dessus de leurs boutiques pour les garantir de la pluie. On les avait d'abord supprimés comme toutes les saillies ; mais l'utilité en ayant étére connue, la faveur due au commerce a déterminé la police à les permettre. Un règlement du 19 novembre 1666 en fixe la hauteur à dix pieds, et la largeur à trois dans les grandes rues, et à deux et demi dans les autres.

Il fallait des règles particulières pour les passages ou petites rues dont la largeur n'excède pas sept à huit pieds. On les trouve dans une ordonnance de police concernant le Palais-Royal. Elle est du 16 août 1819. Nous y lisons, art. 4 : « Les propriétaires, locataires, et sous-locataires de boutiques situées dans les passages de deux mètres et demi ne pourront, et en aucun cas, établir d'une manière fixe ni même mobile des devantures, fermetures, étalages, enseignes, montres, tableaux, ou autres

21

objets faisant saillie de plus de seize centimètres en avant du corps de bâtiment dans lequel sont formées lesdites boutiques.

» Il est défendu d'établir aucune devanture de boutique saillante, de former aucun étalage fixe ou mobile hors des boutiques situées dans ceux desdits passages qui ont moins de deux mètres et demi de largeur. »

Les serpillières, ou toiles que les marchands déploient au devant de leurs boutiques pour les mettre à l'abri de l'ardeur du soleil, ne pouvaient pas échapper à l'attention de la police. Effectivement elle s'en est souvent occupée. Enfin, après avoir été successivement permises et défendues, un règlement, émané du Conseil le 19 novembre 1666, les a autorisées, mais avec injonction aux marchands et artisans *de les retirer au niveau des jambes étrières de leur boutique.*

Les marchands étaient dans l'usage d'avoir des enseignes d'une grandeur excessive, et d'avancer leurs tableaux quelquefois au-delà du milieu des rues. Cet abus a été réformé par M. de La Reynie. Ce magistrat ne fut pas plus tôt investi de la charge de lieutenant général de police, créée en 1666, qu'il s'empressa de rendre une ordonnance dont voici les termes : « La hauteur du tableau des » enseignes sera de treize pieds et demi depuis le

» pavé de la rue jusqu'à la partie inférieure du
» tableau ;

» La saillie de trois pieds ;

» Le tableau de l'enseigne en carré long de
» dix-huit pouces de largeur, sur deux pieds de
» haut, et dans le tableau sera compris l'écriteau
» du nom de l'enseigne. »

Je dois faire observer que la règle qui défend de
mettre des perches aux fenêtres qui donnent sur
les rues, pour y tendre des draps ou des toiles,
reçoit une exception en faveur des teinturiers. Un
arrêt du parlement, du 10 mars 1610, porte :
« Les teinturiers pourront mettre perches sortant
par les fenêtres de leurs maisons, et tendre sur
rues des toiles, fils, laines, soies, et autres marchandises de leur métier pour les sécher, pourvu
qu'elles n'excèdent et passent outre le ruisseau de
la rue, et soient lesdits toiles, fils, soies, laines,
et autres marchandises, à trois toises près de
terre. » Les teinturiers ont été confirmés dans
cette possession, par les art. 56 et 87 des statuts
qui leur ont été donnés au mois d'août 1669.

Je ne saurais mieux terminer ce chapitre qu'en
rapportant l'ordonnance du 24 décembre 1823,
qui règle la forme et les dimensions des étalages
des marchands, des enseignes des boutiques, et
des constructions faisant saillie sur les rues.

Cette ordonnance modifie, sur plusieurs points, les règlements antérieurs; elle mérite donc beaucoup d'attention. Elle paraît n'être faite que pour Paris, mais elle est également applicable à toutes les grandes villes; et dans toutes les communes, quelle que soit leur population, elle est, pour les fonctionnaires chargés de la police intérieure, le meilleur guide qu'ils puissent suivre.

TITRE PREMIER. — *Dispositions générales.*

Art. 1er. Il ne pourra à l'avenir être établi, sur les murs de face des maisons de notre bonne ville de Paris, aucune saillie autre que celles déterminées par la présente ordonnance.

2. Toute saillie sera comptée à partir du nu du mur au-dessus de la retraite.

TITRE II. — *Dimensions des saillies.*

3. Aucune saillie ne pourra excéder les dimensions suivantes.

SECTION I. — *Saillies fixes.*

Pilastres et colonnes en pierre.
Dans les rues, au-dessous de huit mètres de largeur. . . . . . . . . . . . . . . . 0 m 03 c
Dans les rues de huit à dix mètres de largeur. . . . . . . . . . . . . . . . 0   04

Dans les rues de douze mètres de largeur et au-dessus. . . . . . . . . 0 10

Lorsque les pilastres et les colonnes auront une épaisseur plus considérable que les saillies permises, l'excédant sera en arrière de l'alignement de la propriété, et le nu du mur de face formera arrière-corps à l'égard de cet alignement; toutefois les jambes étrières ou boutisses devront toujours être placées sur l'alignement.

Dans ce cas, l'élévation des assises de retraite sera réglée, à partir du sol,

Dans les rues de dix mètres de largeur et au-dessus, à. . . . . . . . . . . 0 m 80 c

Dans celles de dix à douze mètres de largeur, à. . . . . . . . . . 1 00

Dans celles de douze mètres et au-dessus, à. . . . . . . . . . . 1 15

Grands balcons. . . . . . . . 0 80

Herses, chardons, artichauts et fraises. 0 80

Auvents de boutique. . . . . . 0 80

Petits auvents, au-dessus des croisées. 0 25

Bornes dans les rues au-dessous de dix mètres de largeur. . . . . . . . 0 50

Bornes dans les rues de dix mètres et au-dessus. . . . . . . . . . . 0 80

Bancs de pierre aux côtés des portes des maisons. . . . . . . . . . 0 60

Corniches en menuiserie sur boutique. 0 50

Abat-jour de croisée, dans la partie la plus élevée. . . . . . . . . . . 0 33

Moulinets de boulangers et poulies. . 0 50

Petits balcons, y compris l'appui des croisées. . . . . . . . . . . . 0 22

Seuils , socles. . . . . . . . . 0 22

Colonnes isolées en menuiserie. . . 0 16

Colonnes engagées en menuiserie.. . 0 16

Pilastres en menuiserie. . . . . . 0 16

Barreaux et grilles de boutique. . . 0 16

Appui de boutique. . . . . . . 0 16

Tuyaux de descente ou d'évier. . . 0 16

Cuvettes. . . . . . . . . . . 0 16

Devanture de boutique , toute espèce d'ornements compris. . . . . . . 0 16

Tableaux , enseignes, bustes , reliefs, montres, attributs , y compris les bordures, supports et points d'appui. . . 0 16

Jalousies. . . . . . . . . . . 0 16

Persiennes ou contrevents. . . . . 0 11

Appui de croisée. . . . . . . 0 08

Barres de support. . . . . . . 0 80

(Les parements de décoration au-dessus du rez-de-chaussée n'auront que l'épaisseur des bois appliqués au mur.)

SECTION II. — *Saillies mobiles.*

Lanternes ou transparents avec potence    0   75

Lanternes ou transparents en forme d'applique. . . . . . . . .   0   22

Tableaux, écussons, enseignes, montres, étalages, attributs, y compris les supports, bordures, crochets et points d'appui. . . . . . . . . . . 0   16

Appui de boutique, y compris les barres et crochets. . . . . . . . 0   16

Volets, contrevents, ou fermeture de boutique. . . . . . . . . . 0   16

4. Les saillies déterminées par l'article précédent pourront être restreintes suivant les localités.

TITRE III. — *Dispositions relatives à chaque espèce de saillie.*

SECTION I. — *Barrières au devant des maisons.*

5. Il est défendu d'établir des barrières fixes au devant des maisons et de leurs dépendances, quelles qu'elles puissent être, tant dans les rues et places que sur les boulevards, à moins qu'elles ne soient reconnues nécessaires à la propriété, et qu'elles ne gênent point la circulation.

La saillie de ces barrières ne pourra, dans aucun cas, excéder un mètre et demi.

6. Les propriétaires auxquels il aura été accordé la permission d'établir des barrières seront obligés de les maintenir en bon état.

SECTION II. — *Bancs, pas, marches, perrons, bornes.*

7. Il ne sera permis de placer des bancs au devant des maisons que dans les rues de dix mètres de largeur et au-dessus. Ces bancs seront en pierre, ne dépasseront pas l'alignement de la base des bornes, et seront établis dans toute leur longueur sur maçonnerie pleine et chanfreinée.

8. Il est défendu de construire des perrons en saillie sur la voie publique.

Les perrons actuellement existants seront supprimés, autant que faire se pourra, lorsqu'ils auront besoin de réparations.

Il ne sera accordé de permission que pour les pas et marches, lorsque les localités l'exigeront. Ces pas et marches ne pourront dépasser l'alignement de la base des bornes. En cas d'insuffisance de cette saillie, le propriétaire rachètera la différence du niveau en se retirant sur lui-même. Néanmoins les propriétaires des maisons riveraines des boulevards intérieurs de Paris pourront être autorisés à construire des perrons au devant desdites maisons, s'il est reconnu qu'ils soient absolument nécessaires, et que les localités ne permettent pas aux propriétaires de se retirer sur eux-mêmes. Ces perrons, quelle qu'en soit la forme, ne pourront, sous aucun prétexte, excéder un mètre de saillie, tout compris, ni approcher à plus d'un mètre de distance de la ligne extérieure des arbres de la contre-allée.

9. Il est permis d'établir des bornes aux angles saillants des maisons formant encoignures de rue ; mais, lorsque ces encoignures seront disposées en pan coupé de soixante centimètres au moins et d'un mètre au plus de largeur, une seule borne sera placée au milieu du pan coupé.

SECTION III. — *Grands balcons.*

10. Les permissions d'établir de grands balcons ne seront accordées que dans les rues de dix mètres de largeur et au-dessus, ainsi que dans les places et carrefours, et ce d'après une enquête *de commodo et incommodo*.

S'il n'y a point d'opposition, les permissions sont délivrées. En cas d'opposition, il sera statué par le conseil de préfecture, sauf le recours au Conseil d'état.

Dans aucun cas, les grands balcons ne pourront être établis à moins de six mètres du sol de la voie publique.

Le préfet de police sera toujours consulté sur l'établissement des grands et petits balcons.

### SECTION IV. — *Constructions provisoires, échoppes.*

11. Il pourra être permis de masquer par des constructions provisoires ou des appentis tout renfoncement entre deux maisons, pourvu qu'il n'ait pas au-delà de huit mètres de longueur, et que sa profondeur soit au moins d'un mètre. Ces constructions ne devront, dans aucun cas, excéder la hauteur du rez-de-chaussée, et elles seront supprimées dès qu'une des maisons attenantes subira retranchement.

Il est permis de masquer par des constructions légères, en forme de pan coupé, les angles de toute espèce de retranchement au-dessus de huit mètres de longueur, mais sous la même condition que ci-dessus pour leur établissement et leur suppression.

Le préfet de police sera toujours consulté sur les demandes formées à cet effet.

12. Il est expressément défendu d'établir des échoppes en bois ailleurs que dans les angles et renfoncements hors de l'alignement des rues et places.

Toutes les échoppes existantes qui ne sont point conformes aux dispositions ci-dessus, seront supprimées lorsque les détenteurs actuels cesseront de les occuper, à moins que l'autorité ne juge nécessaire d'en ordonner plus tôt la suppression.

SECTION V. — *Auvents et corniches de boutique.*

13. Il est défendu de construire des auvents et corniches en plâtre au-dessus des boutiques. Il ne pourra en être établi qu'en bois, avec la faculté de les revêtir extérieurement de métal ; toute autre manière de les couvrir est prohibée.

Les auvents et corniches en plâtre actuellement établis au-dessus des boutiques ne pourront être réparés. Ils seront démolis lorsqu'ils auront besoin de réparation, et ne seront rétablis qu'en bois.

SECTION VI. — *Enseignes.*

14. Aucuns tableaux, enseignes, montres, étalages et attributs quelconques, ne seront suspendus, attachés ni appliqués, soit aux balcons, soit aux auvents. Leurs dimensions seront déterminées, au besoin, par le préfet de police, suivant les localités.

Il pourra néanmoins être placé, sous les auvents, des tableaux ou plafonds en bois, pourvu qu'ils soient posés dans une direction inclinée.

Tout étalage formé de pièces d'étoffe disposées

en draperie et guirlande, et formant saillie, est interdit au rez-de-chaussée. Il ne pourra descendre qu'à trois mètres du sol de la voie publique.

Tout crochet destiné à soutenir des viandes en étalage devra être placé de manière que les viandes ne puissent excéder le nu des murs de face, ni faire aucune saillie sur la voie publique.

SECTION VII. — *Tuyaux de poêle et de cheminée.*

15. A l'avenir, et pour toutes les maisons de construction nouvelle, aucun tuyau de poêle ne pourra déboucher sur la voie publique.

Dans l'année de la publication de la présente ordonnance, les tuyaux de poêle crêtés et autres qui débouchent actuellement sur la voie publique, seront supprimés, s'il est reconnu qu'ils peuvent avoir une issue intérieure. Dans le cas où la suppression ne pourrait avoir lieu, ces mêmes tuyaux seraient élevés jusqu'à l'entablement, avec les précautions nécessaires pour assurer leur solidité et empêcher l'eau rousse de tomber sur les passants.

16. Les tuyaux de cheminée en maçonnerie et en saillie sur la voie publique seront démolis et supprimés, lorsqu'ils seront en mauvais état, ou que l'on fera de grosses réparations dans les bâtiments auxquels ils sont adossés.

Les tuyaux de cheminée en tôle, en poterie et en grès, ne pourront être conservés extérieurement sous aucun prétexte.

SECTION VIII. — *Bannes.*

17. La permission d'établir des bannes ne sera donnée que sous la condition de les placer à trois mètres au moins au-dessus du sol, dans sa partie la plus basse, de manière à ne pas gêner la circulation. Leurs supports seront horizontaux. Elles n'auront de joues qu'autant que les localités le permettront, et les dimensions en seront déterminées par l'autorité.

Les bannes devront être en toile ou en coutil, et ne pourront, en aucun cas, être établies sur châssis.

La saillie des bannes ne pourra excéder un mètre cinquante centimètres.

Dans l'année de la publication de la présente ordonnance, toutes les bannes qui ne seront pas conformes aux conditions exigées plus haut, seront changées, réduites ou supprimées.

SECTION IX. — *Perches.*

18. Les perches et étendoirs de blanchisseuses, teinturiers, dégraisseurs, couverturiers, etc., ne pourront être établis que dans des rues écartées et

peu fréquentées, et après une enquête *de commodo et incommodo*, sur laquelle il sera statué comme il a été dit en l'art. 10 ci-dessus.

### SECTION X. — *Eviers.*

19. Les éviers pour l'écoulement des eaux ménagères seront permis, sous la condition expresse que leur orifice extérieur ne s'élèvera pas à plus d'un décimètre au-dessus du pavé de la rue.

### SECTION XI. — *Cuvettes.*

20. A l'avenir et dans toutes les maisons de construction nouvelle, il ne pourra être établi en saillie sur la voie publique aucune espèce de cuvettes pour l'écoulement des eaux ménagères des étages supérieurs.

Dans les maisons actuellement existantes, les cuvettes placées en saillie seront supprimées lorsqu'elles auront besoin de réparation, s'il est reconnu qu'elles peuvent être établies à l'intérieur. Dans le cas contraire, elles seront disposées, autant que faire se pourra, de manière à recevoir les eaux intérieurement, et garnies de hausses pour prévenir le déversement des eaux et toute éclaboussure au-dessous.

### SECTION XII. — *Construction en encorbellement.*

21. A l'avenir, il ne sera permis aucune con-

struction en encorbellement; et la suppression de celles qui existent aura lieu toutes les fois qu'elles seront dans le cas d'être réparées.

SECTION XIII. — *Corniches ou entablements.*

22. Les entablements et corniches en plâtre, au-dessus de seize centimètres de saillie, seront prohibés dans toutes les constructions en bois.

Il ne sera permis d'établir des corniches ou entablements de plus de seize centimètres de saillie, qu'aux maisons construites en pierre ou moellon, sous la condition que ces corniches seront en pierre de taille ou en bois, et que la saillie n'excédera, dans aucun cas, l'épaisseur du mur à sa sommité.

On pourra permettre des corniches ou entablements en bois sur les pans de bois.

Les entablements ou corniches des maisons actuellement existantes qui auront besoin d'être reconstruites en tout ou en partie, seront réduits à la saillie de seize centimètres, s'ils sont en plâtre, et ne pourront excéder en saillie l'épaisseur du mur à sa sommité, s'ils sont en pierre ou bois.

SECTION XIV. — *Gouttières saillantes.*

23. Les gouttières saillantes seront supprimées en totalité dans le délai d'une année, à partir de la publication de la présente ordonnance.

Il ne sera perçu aucun droit de petite voirie pour

les tuyaux de descente qui seront établis en remplacement des gouttières saillantes supprimées dans ce délai.

24. Les devantures de boutique, montres, bustes, reliefs, tableaux, enseignes et attributs fixes, dont la saillie excède celle qui est permise par l'article 3 de la présente ordonnance, seront réduits à cette saillie, lorsqu'il y sera fait quelques réparations.

Dans aucun cas, les objets ci-dessus désignés qui sont susceptibles d'être réduits, ne pourront subsister, savoir : les devantures de boutique, au-delà de neuf années, et les autres objets, au-delà de trois années, à compter de la publication de la présente ordonnance.

Les établissements du même genre qui sont mobiles, seront réduits dans l'année.

Seront supprimées dans le même délai toutes saillies fixes placées au devant d'autres saillies.

25. Il n'est point dérogé aux dispositions des anciens règlements concernant les saillies, ni au décret du 13 août 1810, concernant les auvents des spectacles et de l'esplanade des boulevards, er tout ce qui n'est pas contraire à la présente ordonnance.

# CHAPITRE IX.

Des serruriers, et des règlements qui concernent leur
profession.

Cette profession exige, de la part des autorités
locales, une vigilance sévère et une grande sollicitude. En effet, tout ce que la serrurerie peut
faire pour la sûreté des habitations, les serruriers
peuvent le rendre inutile, puisque, toujours
maîtres d'abuser des secrets de leur art, il est vrai
de dire que rien n'est fermé pour eux. Aussi trouvons-nous dans nos anciens Codes plusieurs règlements qui les concernent, et dans les nouveaux,
des lois qui maintiennent ces règlements et en ordonnent l'exécution. Celle du 22 juillet 1791 porte,
art. 29 : *Sont provisoirement maintenus les règlements actuellement existants sur les objets de serrurerie;* et l'article 46 ajoute : *Les corps municipaux
pourront faire publier de nouveau les lois et règlements de police, et rappeler les citoyens à leur observation.*

Pour épargner aux officiers municipaux la peine
de rechercher ces règlements, je vais en rappeler

22

les dispositions qu'il leur importe le plus de connaître.

On voit, par des statuts donnés à la communauté des serruriers, vers le milieu du treizième siècle, statuts qui vraisemblablement ne sont pas les premiers, que dans tous les temps on a senti combien il importait d'assujétir cette profession à des règles sévères. Ces statuts sont rapportés par le commissaire Lamarre, dans son *Traité de la police*, tome 4, p. 96. On y lit « qu'il était défendu aux serruriers » de vendre aucune serrure neuve qui ne fût » garnie de toutes ses gardes, autrement elle était » réputée fausse ; qu'il ne devait sortir que de » bons ouvrages des mains des maîtres. Pour leur » ôter l'occasion d'en faire de mauvais, il n'était » permis à aucun d'eux de travailler la nuit. » Pour prévenir les vols, il y avait des défenses » expresses à tous les maîtres de faire aucune clef » sans avoir les serrures entre les mains. »

Ce règlement est le type de tous ceux qui ont été faits depuis. On en compte trois : le premier du 21 mars 1392, donné par le prévôt de Paris, *de concert avec le conseil du roi et autres sages ;* le second, en 1543 ; le troisième, de l'année 1650, est le plus complet et le plus parfait de tous. Enregistré au parlement, le 27 janvier 1652, il a toute l'autorité d'une loi, et constitue le dernier état. En voici les articles qui se recommandent plus particulièrement à l'attention des officiers municipaux.

Art. 10. Pour remédier aux trop grands abus que la liberté pourrait causer dans la vente des ouvrages dudit art, nous voulons (ainsi que l'a ordonné le feu roi François I<sup>er</sup>, notre prédécesseur, par le 15<sup>e</sup> article desdits anciens statuts) que lesdits maîtres, les marchands forains, de quelque pays qu'ils puissent venir, et tous autres, ne pourront dorénavant exposer en vente ni débiter aucun ouvrage neuf dépendant dudit art, qu'ils n'ayent été préalablement visités par lesdits jurez.

Art. 17. D'autant que la maîtrise dudit art est de si grande importance qu'elle n'a véritablement pour objet que la conservation de la vie des hommes et la sûreté de leurs possessions, nous voulons que nul ne sera dorénavant maître, ne pourra exercer ladite maîtrise, et ne lui sera permis de tenir boutique ouverte, qu'après avoir fait apparoir..... de son brevet d'apprentissage, et n'aye fait un chef-d'œuvre.

L'article 23 exige, de celui qui veut exercer en qualité de maître, qu'il ait travaillé cinq ans comme apprenti et cinq ans en qualité de compagnon, fidèlement et sans reproche.

Art. 37. Les compagnons qui, chez lesdits maîtres, travailleront à leurs pièces, au mois et par année, ou qui auront abandonné le service desdits maîtres, ni à plus justes raisons les apprentis, ne pourront faire achat ni vente de marchandises ni ouvrages dépendants dudit art.

Art. 41. Nous faisons défenses très-expresses à tous compagnons et apprentis dudit art, de travailler, forger, ni faire forger les ouvrages en dépendants, hors de chez lesdits maîtres.

Art. 51. Défendons aux maîtres dudit art, compagnons, apprentis, de faire ouverture d'aucune serrure de cabinets et coffres-forts fermants à clefs ou loquets, que par l'ordre et en présence du maître, comme aussi d'aucune serrure de portes cochères, chambres et autres, qu'en la présence dudit maître ou de la maîtresse de la maison au moins, en laquelle ils auront été requis se transporter.

Art. 52. Lesdits maîtres, compagnons et apprentis, ne pourront forger ni faire aucune clef, que l'on n'ait mis en leur possession la serrure ou une clef, qu'ils iront en ce cas essayer sur ladite serrure, et la délivreront au maître ou à la maîtresse de la maison, ni même n'en pourront faire sur modèles de cire, terre, ou autres patrons.

Art. 54. Afin que le cours d'une infinité de malheurs soit heureusement arrêté, nous défendons pareillement à tous marchands orfévres, et maîtres chaudronniers, fondeurs, et autres, de faire serrures, clefs, contre-clefs, fiches ou latons, bloques, rosettes, entrées de clefs, boutons, et autres ouvrages dudit art.

Art. 62. Les bourgeois et habitants de notre-dite ville, communautés, colléges, couvents et monastères, ni les académies et autres gens, ne pourront dorénavant avoir des forges pour le fait dudit art de serrurerie en leurs maisons, crainte que les malheurs ci-devant arrivés à la faveur de cette liberté ne continuent leur cours.

Ces statuts ont été faits sous le régime des corporations, et pour la ville de Paris; mais leur sagesse les rend applicables à toutes les communes, sauf quelques modifications que peuvent exiger certaines circonstances ou certaines localités. Je ne signale pas ces modifications, dans la confiance où je suis qu'elles n'échapperont pas à la sagacité des officiers municipaux.


[ *Add.* ] L'une des principales modifications que l'on doit apporter aux anciens règlements sur les arts et métiers résulte de l'article 7 de la loi du 2 mars 1791, qui veut : « Qu'il soit libre à toute personne de faire tel négoce ou d'exercer telle profession, art ou métier qu'elle trouvera bon. » Aussi la loi du 19 juillet 1791, art. 29, ne maintient-elle que les règlements sur *les objets de serrurerie*, et non ceux relatifs aux personnes. Nous pensons donc, en présence du principe de la liberté d'industrie auquel il n'a point été dérogé ici par une loi spéciale, que l'on ne pourrait appliquer aujourd'hui les dispositions des articles 17, 23 et 37, qui subordonnent à l'accomplissement de certaines conditions l'exercice de la profession de serrurier.

## CHAPITRE X.

### Des manufactures et ateliers qui répandent une odeur insalubre ou incommode.

C'est au gouvernement qu'il appartient de régler ce qui concerne les manufactures et les ateliers qui répandent une odeur insalubre ou incommode. Cependant, comme les corps municipaux sont chargés de faire jouir les habitants d'un air salubre, on a senti qu'ils ne devaient pas être tout-à-fait étrangers aux mesures qu'il convenait de prendre à cet égard. Ils ont donc été appelés à y concourir. A la vérité, la part qu'ils y prennent est peu considérable ; mais, quelque faible qu'elle soit, il est nécessaire qu'ils la connaissent : ceux qui l'ignorent l'apprendront dans les règlements dont je vais parler.

Ces règlements sont au nombre de trois ; savoir, un décret impérial du 15 octobre 1810, et deux ordonnances royales des 14 janvier 1815 et 29 juillet 1818.

Voici d'abord les règles établies par le décret :

Les manufactures et ateliers qui répandent une odeur insalubre ou incommode ne peuvent être établis sans une permission du pouvoir administratif.

Ces établissements sont divisés en trois classes :

La première comprend ceux qui doivent être éloignés des habitations particulières ;

La seconde, les manufactures et ateliers dont l'éloignement des habitations n'est pas rigoureusement nécessaire, mais dont il importe, néanmoins, de ne permettre la formation qu'après avoir acquis la certitude que les opérations qu'on y pratique sont exécutées de manière à ne pas incommoder les propriétaires du voisinage, ni à leur causer des dommages.

Dans la troisième classe sont placés les établissements qui peuvent rester, sans inconvénient, auprès des habitations, mais qui doivent rester soumis à la surveillance de la police.

La permission nécessaire pour la formation des

manufactures et ateliers compris dans la première classe, est accordée par un décret délibéré en Conseil d'état.

Celle qu'exigera la mise en activité des établissements compris dans la seconde classe, le sera par les préfets, sur l'avis des sous-préfets.

Les permissions pour l'exploitation des établissements placés dans la dernière classe, seront délivrées par les sous-préfets, qui prendront préalablement l'avis des maires.

La permission pour les manufactures et fabriques de première classe ne sera accordée qu'avec les formalités suivantes.

La demande en autorisation sera présentée au préfet, et affichée, par son ordre, dans toutes les communes, à cinq kilomètres de rayon.

Dans ce délai, tout particulier sera admis à présenter ses moyens d'opposition.

*Les maires des communes auront la même faculté.*

S'il y a des oppositions, le conseil de préfecture donnera son avis, sauf la décision du Conseil d'état.

S'il n'y a pas d'opposition, la permission sera accordée, s'il y a lieu, sur l'avis du préfet et le rapport du ministre de l'intérieur.

S'il s'agit de fabrique de soude, ou si la fabrique doit être établie dans la ligne des douanes, le directeur général des douanes doit être consulté.

L'autorisation d'établir des manufactures et ateliers compris dans la seconde classe, ne sera accordée qu'après que les formalités suivantes auront été remplies.

L'entrepreneur adressera d'abord sa demande au sous-préfet de son arrondissement, qui la transmettra au maire de la commune dans laquelle on projette de former l'établissement, en le chargeant de procéder à des informations *de commodo et incommodo*. Ces informations terminées, le sous-préfet prendra sur le tout un arrêté qu'il transmettra au préfet. Celui-ci statuera, sauf le recours au Conseil d'état par toutes parties intéressées.

S'il y a opposition, il y sera statué par le conseil de préfecture, sauf le recours au Conseil d'état (1).

---

(1) On a pensé longtemps que le conseil de préfecture devait statuer sur les oppositions formées avant l'autorisation. *V.* notamment un arrêt du Conseil du 14 avril 1824. Depuis il a été décidé que, si l'arrêté du préfet contient un refus d'autorisation, c'est directement devant le Conseil d'état que le demandeur doit se pourvoir ; mais que, si l'arrêté contient une autorisation, et que, par ce motif, il donne lieu à des oppositions de la part des parties intéressées, ces opposi-

Les manufactures et ateliers ou établissements portés dans la troisième classe, ne pourront se former que sur la permission du préfet de police à Paris, et sur celle du maire dans les autres villes.

S'il s'élève des réclamations contre la décision prise par le préfet de police ou les maires, sur une demande en formation de manufacture ou d'atelier compris dans la troisième classe, elles seront jugées au conseil de préfecture.

L'autorité locale indiquera le lieu où les manufactures et ateliers compris dans la première classe pourront s'établir, et exprimera sa distance des habitations particulières. Tout individu qui ferait des constructions dans le voisinage de ces manufactures et ateliers, après que la formation en aura été permise, ne sera plus admis à en solliciter l'éloignement.

---

tions sont jugées par le conseil de préfecture, et l'appel contre la décision du conseil de préfecture est porté au Conseil d'état. ( Arrêts du Conseil des 14 novembre 1821, 12 janvier et 3 mars 1825, 15 novembre 1826; circulaires du 19 août 1825 et du 7 avril 1835. *V*. Questions de droit administratif de M. de Cormenin, 4ᵉ édition, t. I, p. 366; Jurisprudence du Conseil d'état, par M. Chevalier, t. I, p. 11.)

(F.)

A ce décret est jointe la nomenclature des manufactures et ateliers jugés insalubres ou incommodes.

Ce règlement est une création. Rien encore d'aussi complet n'avait paru sur cette matière. Cependant on remarque quelque négligence dans sa rédaction. 1° Il implique contradiction en ce que, suivant l'une de ses dispositions, la permission du maire est nécessaire pour l'établissement des ateliers de la troisième classe; et que, dans une autre, il est dit qu'il suffit de prendre son avis, et que le droit de donner cette permission appartient au sous-préfet. 2° Le décret exige que, lorsqu'il s'agit d'un atelier de la deuxième classe, la permission soit précédée d'une information *de commodo et incommodo*; et, dans les dispositions relatives aux ateliers de la première classe, cette information n'est pas mise au nombre des formalités nécessaires; ce qui implique encore contradiction, puisque, dans les deux cas, la raison de décider est la même. Enfin, l'expérience ne tarda pas à faire connaître que la nomenclature jointe au décret était imparfaite, et qu'il était nécessaire de la rectifier par un état supplémentaire.

Une ordonnance royale, du 14 janvier 1815, a fait disparaître ces imperfections. Son peu d'étendue nous permet de la transcrire. La voici :

Art. 1er. A compter de ce jour, la nomenclature jointe à la présente ordonnance servira seule de règle pour la formation des établissements répandant une odeur insalubre ou incommode.

2. Le procès-verbal d'information *de commodo et incommodo*, exigé par l'art. 7 du décret du 15 octobre 1810, pour la formation des établissements compris dans la seconde classe de la nomenclature, sera pareillement exigible, en outre de l'affiche de demande, pour la formation de ceux compris dans la première classe.

Il n'est rien innové aux autres dispositions de ce décret.

3. Les permissions nécessaires pour la formation des établissements compris dans la troisième classe, seront délivrées, dans les départements, conformément aux art. 2 et 8 du décret du 15 octobre 1810, par les sous-préfets, après avoir pris préalablement l'avis des maires et de la police locale.

4. Les attributions données aux préfets et sous-préfets, par le décret du 15 octobre 1810, relativement à la formation des établissements répandant une odeur insalubre ou incommode, seront exercées par notre directeur général de la police dans toute l'étendue du département de la Seine,

et dans les communes de Saint-Cloud, de Meudon et de Sèvres, du département de Seine-et-Oise.

5. Les préfets sont autorisés à faire suspendre la formation ou l'exercice des établissements nouveaux qui, n'ayant pu être compris dans la nomenclature précitée, seraient cependant de nature à y être placés. Ils pourront accorder l'autorisation d'établissement pour tous ceux qu'ils jugeront devoir appartenir aux deux dernières classes de la nomenclature, en remplissant les formalités prescrites par le décret du 15 octobre 1810, sauf, dans les deux cas, à en rendre compte à notre directeur général des manufactures et du commerce.

La nomenclature dont parle l'art. 1er est jointe à l'ordonnance royale. On la trouve dans le Bulletin des lois, *an* x, *deuxième semestre*. Enfin, le 29 juillet 1818, est encore intervenue une ordonnance royale, relative à ces sortes d'établissements ; mais elle se borne à déplacer les fours à chaux et à plâtre permanents. Ils étaient dans la première classe, l'ordonnance les range dans la seconde (1).

_____

(1) La nomenclature jointe à l'ordonnance du 14 janvier 1815 est bientôt devenue incomplète ; des additions y ont été faites par différentes ordonnances, et le tout a été réuni

Du rapprochement de ces différents textes, il résulte que les maires ne sont rien moins qu'étrangers aux établissements qui se forment dans les communes. On voit en effet que la loi les associe au pouvoir administratif, toutes les fois qu'il s'agit d'autoriser la formation de manufactures ou ateliers qui répandent des odeurs incommodes ou malsaines; et qu'ils y concourent de cinq manières :

1° Lorsqu'il s'agit d'établissements qui appartiennent à la première ou à la seconde classe, la demande à fin d'autorisation doit leur être communiquée.

2° Ils ont le droit d'y former opposition au nom de la commune.

3° C'est à eux que la loi confie la confection des informations *de commodo et incommodo*, exigées toutes les fois qu'il s'agit d'établissements qui appartiennent aux deux premières classes.

---

dans un tableau publié au mois de mai 1825. Deux ans après, un nouveau tableau est devenu nécessaire ; il a été publié le 22 novembre 1827. Puis de nouvelles additions ont été faites par les ordonnances des 26 novembre 1826, 25 mai 1828, 31 mai et 14 juin 1833, 25 novembre 1836, 27 janvier 1837, 25 mars 1838, 27 mai 1838, 15 avril 1838. *Voir* aussi ord. du 29 oct. 1823 sur les usines à vapeur, et celles des 20 août 1824 et 25 mars 1838 sur la fabrication du gaz hydrogène. ( F. )

4° Les maires sont encore chargés de déterminer la distance des habitations à laquelle les
établissements de première classe doivent être
placés.

5° Si l'établissement appartient à la troisième
classe, le sous-préfet ne peut l'autoriser qu'après
avoir pris l'avis du maire.

## CHAPITRE XI.

### De la police extérieure des cultes.

La distinction des pouvoirs spirituels et tempo-
rels n'importe pas moins à la paix des campagnes
qu'à la tranquillité de l'État. Effectivement, dans
es communes les moins populeuses comme dans
es plus grandes cités, il y a des agents de chacune
le ces deux puissances : et toutes les fois qu'ils
'entre-choquent, c'est non-seulement un désor-
lre, mais un scandale. A la vérité, la nature de
eurs fonctions les sépare de toute la distance qui
xiste entre le ciel et la terre ; mais cela n'est rigoureusement exact que lorsque la puissance spiri-
uelle, concentrée dans son royaume, qui n'est
as de ce monde, se renferme dans le sanctuaire,

et se borne à l'enseignement du dogme, à la pré-
dication de la morale, et à l'administration des
sacrements. Il en est autrement toutes les fois que,
franchissant ces limites, cette puissance se porte
dans le domaine de la politique, ou se manifeste
par des pratiques extérieures. Comme, par ces
actes, elle entre dans la société civile, et se place
sous l'empire de la loi commune, ce qu'elle peut
gagner en importance et en éclat, elle le perd en
indépendance; et c'est pour la puissance temporelle un droit et un devoir de la rappeler aux principes de sa divine institution, et de régulariser ses
mouvements de manière qu'ils n'aient rien d'of-
fensif pour l'ordre public.

Il faut le dire à la gloire de nos rois, aucuns
princes n'ont mieux rempli cette obligation. Témoin la pragmatique de saint Louis, celle de
Charles VII, le célèbre édit que Louis XIV fit publier en 1695, et tant d'autres monuments de
notre législation.

Mais ces grandes mesures, auxquelles la couronne doit son indépendance et l'Église gallicane
sa pureté, n'embrassent pas, à beaucoup près
toutes les difficultés qui peuvent s'élever entre les
agents des deux puissances. Si plusieurs de ces
difficultés ont été réglées par des lois, notamment
par l'édit de 1695, il en est d'autres, telles que

celles qui sont relatives à la police des fêtes et dimanches, à l'usage des cloches, et aux inhumations, sur lesquelles nous n'avons eu, jusqu'à ces derniers temps, que des arrêts de règlement et des statuts locaux. Enfin, des lois nouvelles ont fixé la jurisprudence sur ces différents points. Ce qui les concerne fera la matière des trois chapitres suivants.

## CHAPITRE XII.

### Des cimetières et des inhumations.

Les cimetières appartiennent aux communes; on ne peut pas en douter, puisqu'ils sont établis sur des terrains donnés par elles, ou acquis de leurs deniers; puisqu'elles sont chargées de les clore et d'entretenir les murs de clôture; puisque la loi met à leur charge l'acquisition des terrains nécessaires pour les transférer ou les agrandir.

Ces assertions sont prouvées,

1° Par l'article 22 de l'édit de 1695, qui porte : *Ordonnons que la clôture des cimetières sera entretenue par les habitants des paroisses;*

2° Par l'édit du mois de mars 1776, dont l'art. 8

23

*permet aux villes et communautés d'habitants d'ac-
quérir les terrains nécessaires pour de nouveaux cimetières , dérogeant à cet effet à l'édit du mois d'août
1749 ;*

3° Par le célèbre arrêt de règlement du 21 mai
1765 , qui , après avoir défendu de faire à l'avenir
aucune inhumation dans les cimetières alors existants dans l'intérieur de Paris , ajoute que la dépense à faire pour l'acquisition des terrains qui
devront servir à l'emplacement des nouveaux cimetières, sera supportée par les habitants de chaque paroisse.

Les cimetières , semblables à toutes les propriétés
communales , sont donc soumis à l'administration,
à la surveillance et à la police des officiers municipaux; telle est en effet la disposition d'un décret du
23 prairial an XII , dont voici l'article 16 : *Les lieux
de sépulture , soit qu'ils appartiennent aux communes ,
soit qu'ils appartiennent aux particuliers , sont soumis
à l'autorité , police et surveillance des administrations
municipales.*

Mais , si les habitants des communes ont sur les
cimetières les mêmes titres que sur les autres biens
communaux , il faut nécessairement reconnaître
que tous, quel que soit le culte qu'ils professent ,
ont le droit d'y être inhumés.

On a peine à concevoir que des notions aussi

simples aient jamais été méconnues. Cependant il n'est que trop vrai qu'il a été un temps où le droit de mêler ses cendres à celles de ses pères, dans le cimetière commun, était subordonné à la volonté des évêques. Cet abus de la puissance spirituelle est prouvé par l'arrêt du parlement de Paris qui le proscrit ; cet arrêt, rendu contre l'évêque d'Amiens, est du 19 mai 1409. *Joannes Galli* le rapporte dans ses *Questions de droit*, quest. 102 (1).

Depuis cette époque, les lois et la jurisprudence ont constamment proclamé que la police extérieure des funérailles est dans le domaine de l'autorité civile.

Ces lois, cette jurisprudence, laissaient des lacunes ; elles sont remplies par le décret du 23 prairial an XII que j'ai déjà cité, et dont voici les principales dispositions :

Art. 1er. Aucune inhumation n'aura lieu dans les églises, temples, synagogues, hôpitaux, chapelles publiques, et généralement dans aucun des édifices clos et fermés, où les citoyens se réunissent

---

(1) On considérait alors le cimetière comme un lieu religieux soumis à la discipline ecclésiastique. Aujourd'hui c'est un établissement communal soumis à la police municipale.

( F. )

pour la célébration de leurs cultes, ni dans l'enceinte des villes et bourgs.

Art. 2. Il y aura, hors de chacune de ces villes ou bourgs, à la distance de trente-cinq à quarante mètres au moins de leur enceinte, des terrains spécialement consacrés à l'inhumation des morts.

Art. 6. Pour éviter le danger qu'entraîne le renouvellement trop rapproché des fosses, l'ouverture des fosses pour de nouvelles sépultures n'aura lieu que de cinq années en cinq années ; en conséquence, les terrains destinés à former les lieux de sépulture seront cinq fois plus étendus que l'espace nécessaire pour y déposer le nombre présumé des morts qui peuvent y être enterrés chaque année.

Art. 10. Lorsque l'étendue des lieux consacrés aux inhumations le permettra, il pourra y être fait des concessions de terrains aux personnes qui désireront y posséder une place distincte et séparée pour y fonder leur sépulture et celle de leurs parents ou successeurs, et y construire des caveaux, monuments ou tombeaux.

Art. 11. Les concessions ne seront néanmoins accordées qu'à ceux qui offriront de faire des fondations ou donations en faveur des pauvres et des hôpitaux, indépendamment d'une somme qui

sera donnée à la commune, et lorsque ces fondations ou donations auront été autorisées par le
gouvernement, dans les formes accoutumées, sur
l'avis des conseils municipaux et la proposition des
préfets..

Art. 12. Il n'est point dérogé, par les deux articles précédents, aux droits qu'a chaque particulier, sans besoin d'autorisation, de faire placer sur
la fosse de son parent ou de son ami une pierre
sépulcrale ou autre signe indicatif de sépulture,
ainsi qu'il a été pratiqué jusqu'à présent.

Art. 13. Les maires pourront également, sur
l'avis des administrations des hôpitaux, permettre
que l'on construise, dans l'enceinte de ces hôpitaux, des monuments pour les fondateurs et bien-
faiteurs de ces établissements, lorsqu'ils en auront
déposé le désir dans leurs actes de donation, de
fondation ou de dernière volonté.

Art. 14. Toute personne pourra être enterrée
sur sa propriété, pourvu que ladite propriété soit
hors et à la distance prescrite de l'enceinte des
villes et bourgs.

Art. 15. Dans les communes où on professe
plusieurs cultes, chaque culte doit avoir un lieu
d'inhumation particulier ; et dans le cas où il n'y
aurait qu'un seul cimetière, on le partagera par
des murs, haies ou fossés, en autant de parties

qu'il y a de cultes différents, avec une entrée particulière pour chacun, et en proportionnant cet espace au nombre d'habitants de chaque culte.

Art. 17. Les autorités locales sont spécialement chargées de maintenir l'exécution des lois et règlements qui prohibent les exhumations non autorisées, et d'empêcher qu'il ne se commette dans les lieux de sépulture aucun désordre, ou qu'on s'y permette aucun acte contraire au respect dû à la mémoire des morts.

Enfin, le décret du 23 prairial an XII prévoit le cas où un curé refuserait de concourir à l'inhumation de l'un de ses paroissiens, et il porte, article 19 : « Lorsque le ministre d'un culte, sous
» quelque prétexte que ce soit, se permettra de
» refuser son ministère pour l'inhumation d'un
» corps, l'autorité civile, soit d'office, soit sur la
» réquisition de la famille, commettra un autre
» ministre du même culte pour remplir ces fonc-
» tions ; dans tous les cas, l'autorité civile est
» chargée de faire porter, présenter, déposer et
» inhumer le corps. »

[*Add.*] Le décret du 23 prairial an XII a reçu pendant longtemps une interprétation tout-à-fait contraire au principe de la liberté des cultes, consacré par l'article 5 de la Charte. On a cru y voir le droit pour l'autorité de forcer les portes de l'église et de contraindre ses ministres à procéder à des cérémonies religieuses que les lois ecclésiastiques leur feraient un devoir de refuser. Aujourd'hui tous les bons esprits s'accordent pour condamner cette interprétation empreinte de l'esprit étroit qui a présidé aux querelles religieuses du dernier siècle. L'autorité elle-même a plusieurs fois, depuis 1830, donné des instructions dans ce sens à ses agents; nous citerons à ce sujet le passage d'une circulaire de M. Aubernon, préfet de Seine-et-Oise, parce qu'elle contient les véritables principes, et que d'ailleurs elle est revêtue de l'approbation de M. le ministre de la justice et des cultes, dont elle cite textuellement l'opinion.

« L'article 19 du décret impérial du 23 prairial an XII a introduit ici une confusion fâcheuse dans les esprits. Cet article, dicté par un pouvoir qui, dans plusieurs circonstances, a cherché à faire fléchir devant lui nos libertés, donnait aux maires, contrairement aux lois du Concordat, la faculté de *commettre* un autre ministre du culte pour remplir les fonctions du ministre refusant, et de faire porter, *présenter*, déposer et inhumer le corps. Sous un régime de liberté, un décret doit fléchir à son tour devant les lois et la Charte constitutionnelle que je vous ai rappelées, et l'article 23, comme je l'avais pensé et comme l'a confirmé M. le ministre des cultes dans sa lettre du 28 juin, « *ne saurait recevoir ni in-* » *terprétation ni exécution contraires aux lois fonda-* » *mentales et à la distinction et l'indépendance réciproque* » *des deux puissances que ces lois ont établies.* »

» S'il en était autrement, si l'autorité civile voulait encore mettre cet article en pratique, elle empiéterait arbitrairement sur l'autorité ecclésiastique, dépouillerait le prêtre de la liberté d'action dont il doit jouir dans l'exercice de ses fonctions spirituelles, et opprimerait la religion au lieu de la soutenir.

» On retrouve le même arbitraire, si l'on considère cette situation sous le rapport seul de l'individu décédé. Ainsi, quand un homme a vécu toute sa vie hors des lois de l'Eglise; lorsque, dans ses divers actes, il n'a voulu se soumettre à aucune des épreuves, à aucun des sacrements que le culte catholique comporte; lorsqu'enfin, dans ses derniers moments, il refuse même d'exprimer les regrets et le repentir que l'Eglise demande pour lui rouvrir son sein, il y a de l'inconséquence autant que de l'intolérance à demander de gré ou de force au prêtre les prières et la sépulture chrétiennes; à la violence qu'on fait à la conscience du prêtre, on ajoute la violence à la conscience du défunt. » ( *V.* aussi M. de Cormenin, Questions de droit administratif, 4ᵉ édition, t. I, p. 333, note 1.

## CHAPITRE XIII.

### De l'usage des cloches.

L'opinion commune est que l'usage des cloches, dans les églises, n'est devenu général que vers l'an 912, sous le pontificat de Jean XIII.

Les cloches sont mises dans la classe des choses nécessaires à la célébration du service divin. En conséquence, tous les frais qu'elles occasionnent, le clocher qui les renferme, la charpente qui les porte, les cordes nécessaires pour les mettre en mouvement, tout cela est à la charge des habitants, lorsque les fonds de la fabrique ne suffisent pas pour y pourvoir. Aussi l'usage des cloches est-il alternativement religieux et civil. Si l'Église s'en sert pour appeler les fidèles à ses solennités, les officiers municipaux en usent également toutes les fois qu'ils le jugent nécessaire, à l'effet de réunir les habitants de la commune (1).

Si les cloches ont servi à provoquer des rassemblements séditieux, l'autorité civile peut les faire enlever. C'est ce qu'elle fit à Bordeaux, en 1552, et à Montpellier, en 1574.

L'ancienne discipline de l'Église ne permettait qu'une seule cloche aux couvents de religieux et de religieuses. Si l'on a cru devoir s'écarter de cette règle, au moins ne doit-il pas être permis aux couvents de multiplier arbitrairement leurs cloches. C'est ce qui résulte d'un arrêt du parlement d'Aix, rendu dans l'espèce suivante, et que l'on trouve dans le nouveau Denisart, *verbo* cloches.

---

(1) *V.* l'addition au présent chapitre.

Les frères prêcheurs, établis à Toulon, ayant voulu se procurer plusieurs cloches, un arrêt du parlement d'Aix, du 3 juin 1638, leur défendit d'innover. Au mépris de cet arrêt, ils obtinrent du pape un bref qui leur permettait d'avoir le nombre de cloches que leur général jugerait à propos : arrêt du 2 mai 1682, qui déclare qu'il y a abus dans le bref du pape.

Le 29 juillet 1784, le parlement de Paris a fait, concernant la sonnerie des cloches, un règlement général dans lequel on remarque les deux dispositions suivantes : « 1° Il est défendu de sonner » ou faire sonner pendant les orages, à peine de » dix livres d'amende pour la première fois, et de » cinquante livres en cas de récidive ; 2° il ne » sera sonné qu'une seule cloche pour la convo- » cation aux assemblées, tant des fabriques que » des communautés d'habitants. »

Les recueils d'arrêts en renferment un grand nombre qui prouvent que les cloches des églises ont souvent fixé l'attention de nos anciennes cours souveraines. Cependant leur jurisprudence laissait plusieurs choses à désirer : par exemple elle n'avait pas pourvu à ce que les habitants ne fussent appelés aux offices par le son des cloches, qu'à des heures compatibles avec leurs besoins et leurs habitudes ; elle était également muette sur l'autorité en qui résidait le droit de permettre l'emploi des cloches pour les usages profanes. Ces deux lacunes sont remplies par la loi du 18 germinal an x, dont l'article 48 porte : « L'évêque se concertera avec le » préfet pour régler la manière d'appeler les fidèles » au service divin par le son des cloches. On ne » pourra les sonner pour toute autre cause, sans » la permission de la police locale. »

[*Add.*] Le droit attribué, dans le cours de ce chapitre, aux officiers municipaux, par M. Henrion de Pansey, de se servir des cloches *toutes les fois qu'ils le jugent nécessaire*, est dénié par des canonistes et des jurisconsultes très-distingués ; leur opinion se fonde sur la destination des cloches qui est toute religieuse, destination reconnue autrefois par les arrêts du parlement et plus récemment par des circulaires ministérielles. On peut en voir le développement dans une consultation très-savante, insérée au Journal des conseils de fabrique, t. I, p. 151, parmi les signataires de laquelle on trouve MM. Berryer, Hennequin, Dupin, Parquin, etc. Les conclusions de cette consultation sont :

« 1° Qu'en général et en principe, le droit de faire sonner les cloches des églises n'appartient qu'à l'autorité ecclésiastique ;

» 2° Que toutes les fois qu'il s'agit de les faire sonner pour un motif religieux, le droit doit en appartenir au curé , sans qu'il ait à demander l'autorisation de la police locale ;

» 3° Que, dans tous les autres cas et pour toutes les autres causes , le droit de faire sonner doit appartenir encore au curé , mais qu'il ne peut l'exercer qu'après avoir préalablement obtenu la permission de la police locale ;

» 4° Que, toutes les fois que le maire d'une commune désire faire sonner les cloches de l'église , il doit s'adresser au curé ou desservant , et qu'il ne peut faire sonner lui-même, malgré le refus du curé ou du desservant , que dans les cas expressément prévus par la loi , et dans les circonstances extraordinaires, comme celles d'incendie , d'inondation , d'émeute , d'invasion de l'ennemi , et autres cas où la sûreté publique exige qu'il soit fait usage des cloches. »

## CHAPITRE XIV.

De la célébration des fêtes et dimanches , et des travaux défendus ou permis, soit pendant, soit avant ou après les offices.

Les monuments de notre législation déposent qu'à toutes les époques, et dans toutes les circonstances, la puissance publique a couvert la puissance spirituelle de la protection la plus éclatante;

et que, constamment occupée du maintien de la religion, elle s'est fait un devoir habituel d'environner son culte et ses solennités des lois les plus propres à les faire respecter. Celle que l'on va lire en est un nouveau témoignage, et nous dispense de recourir aux précédentes ; elle est du 18 novembre 1814. En voici d'abord le texte ; nous ferons ensuite les observations dont elle nous paraît susceptible.

« Art. 1er. Les travaux ordinaires seront interrompus les dimanches et jours de fêtes reconnues par la loi de l'État.

» Art. 2. En conséquence, il est défendu, lesdits jours,

» 1° Aux marchands, d'étaler et de vendre, les ais et volets des boutiques ouverts ;

» 2° Aux colporteurs et étalagistes, de colporter et d'exposer en vente leurs marchandises dans les rues et places publiques ;

» 3° Aux artisans et ouvriers, de travailler extérieurement et d'ouvrir leurs ateliers ;

» 4° Aux charretiers et voituriers employés à des services locaux, de faire des chargements dans les lieux publics de leur domicile.

» Art. 3. Dans les villes dont la population est au-dessous de cinq mille âmes, ainsi que dans les bourgs et villages, il est défendu aux cabaretiers,

marchands de vin, débitants de boissons, trai-
teurs, limonadiers, maîtres de paume et de billard,
de tenir leurs maisons ouvertes et d'y donner à
boire et à jouer lesdits jours pendant le temps de
l'office.

» Art. 4. Les contraventions aux dispositions ci-
dessus seront constatées par procès – verbaux des
maires et adjoints, ou des commissaires de police.

» Art. 5. Elles seront jugées par les tribunaux
de police simple, et punies d'une amende qui, pour
la première fois, ne pourra pas excéder cinq francs.

» Art. 6. En cas de récidive, les contreve nant
pourront être condamnés au *maximum* des peines
de police.

» Art. 7. Les défenses précédentes ne sont pas
applicables,

» 1° Aux marchands de comestibles de toute
nature, sauf cependant l'exécution de l'art. 3 ;

» 2° A tout ce qui tient au service de santé ;

» 3° Aux postes, messageries et voitures publiques ;

» 4° Aux voituriers de commerce, par terre et
par eau, et aux voyageurs ;

» 5° Aux usines, dont le service ne pourrait
être interrompu sans dommage ;

» 6° Aux ventes usitées dans les foires et fêtes
dites *patronales*; au débit des menues marchan-

dises, dans les communes rurales, hors le temps du service divin ;

» 7° Aux chargements des navires marchands et autres bâtiments de commerce maritime.

» Art. 8. Sont également exceptés des défenses ci-dessus, les meuniers, et les ouvriers employés, 1° à la moisson et autres récoltes ; 2° aux travaux urgents de l'agriculture ; 3° aux constructions et réparations motivées par un péril imminent ; à la charge, dans ces deux derniers cas, d'en demander la permission à l'autorité municipale.

» Art. 9. L'autorité administrative pourra étendre les exceptions ci-dessus aux usages locaux.

» Art. 10. Les lois et règlements de police antérieurs, relatifs à l'observation des dimanches et fêtes, sont et demeurent abrogés. »

Je m'arrête d'abord sur le dernier article. J'y vois qu'il élève un mur de séparation entre l'avenir et le passé ; et j'observe que, mettant à l'écart la formule ordinaire, il ne dit pas qu'il abroge les lois contraires à la présente, mais qu'il annule indistinctement et généralement toutes les lois, tous les règlements antérieurs. Ainsi plus de précédents, plus de recherches à faire, plus d'inductions à tirer des lois antérieures. Tout ce que celle-ci ne défend pas est permis. Voyons donc ce qu'elle défend, cela nous reporte à l'article premier.

Cet article veut que les travaux ordinaires soient interrompus les dimanches et les jours de fêtes reconnues par la loi de l'État.

Cette disposition donne lieu à deux observations ; la première a pour objet le mot *ordinaire*. La loi ne prohibe que les travaux ordinaires : elle permet donc tous ceux que peuvent exiger des cas imprévus et des circonstances extraordinaires.

J'observe en second lieu que la loi n'embrasse pas indistinctement toutes les fêtes, mais seulement les fêtes reconnues *par la loi de l'État*.

Le nombre de ces fêtes est déterminé par un indult du 9 avril 1802, inséré au Bulletin des lois, en vertu d'un arrêté du gouvernement du 29 germinal an x, et devenu par cette solennité une loi de l'État. J'en transcris les principales dispositions, parce que, en voyant l'esprit de sagesse et de modération qui les a dictées, les autorités comprendront mieux la manière dont elles doivent en faire l'application.

Nous, Jean-Baptiste Caprara, cardinal légat *à latere*, etc.

Le devoir du siége apostolique, qui a été chargé, par Notre-Seigneur Jésus-Christ, du soin de toutes les Églises, est de modérer l'observance de la discipline ecclésiastique avec tant de douceur et de sagesse qu'elle puisse convenir aux différentes circonstances des temps et des lieux. Notre très-saint Père le pape Pie VII, par la Providence, souverain pontife, avait devant les yeux ce devoir, lorsqu'il a mis au nombre des soins qui l'occupent à l'égard de l'Église de France, celui de réfléchir sur ce qu'il devait statuer touchant la célébration des fêtes dans ce nouvel ordre de choses. Sa Sainteté savait parfaitement que, dans la vaste étendue qu'embrasse le territoire de la république française, on n'avait pas suivi partout les mêmes coutumes ; mais que, dans les divers diocèses, des jours de fêtes différents avaient été observés. Sa Sainteté observait, de plus, que les peuples soumis au gouvernement de la même république avaient le plus grand besoin, après tant d'événements et tant de guerres, de réparer les pertes qu'ils avaient faites pour le commerce et pour toutes les choses nécessaires à la vie, ce qui devenait difficile par l'interdiction du travail aux jours de fêtes, si le nombre de ces jours n'était diminué. Enfin elle voyait, et ce n'était pas sans une grande douleur, elle voyait que, dans ce pays, les fêtes, jusqu'à ce jour, n'avaient pas été observées partout avec la même piété, d'où il résultait, en plusieurs lieux, un grave scandale pour les âmes pieuses et fidèles.

Après avoir examiné et mûrement pesé toutes ces

24

choses, il a paru qu'il serait avantageux, pour le bien de la religion et de l'État, de fixer un certain nombre de fêtes, le plus petit possible, qui seraient gardées dans tout le territoire de la république, de manière que tous ceux qui sont régis par les mêmes lois fussent également soumis partout à la même discipline; que la réduction de ces jours vînt au secours d'un grand nombre de personnes dans leurs besoins, et que l'observation des fêtes conservées en devînt plus facile.

En conséquence, et en même temps pour se rendre aux désirs et aux demandes du premier consul de la république à cet égard, Sa Sainteté nous a enjoint, en notre qualité de légat *à latere*, de déclarer, en vertu de la plénitude de la suprême puissance apostolique, que le nombre des jours de fêtes, autres que les dimanches, sera réduit aux jours marqués dans le tableau que nous mettons au bas de cet indult, de manière qu'à l'avenir tous les habitants de la même république soient censés exempts, et que réellement ils soient entièrement déliés, non-seulement de l'obligation d'entendre la messe, et de s'abstenir des œuvres serviles aux autres jours de fêtes, mais encore de l'obligation du jeûne aux veilles de ces mêmes jours.

*Les jours de fêtes qui seront célébrés en France, outre les dimanches, sont:*

La Naissance de Notre-Seigneur Jésus-Christ ;

L'Ascension ;

L'Assomption de la très-sainte Vierge ;

La Fête de tous les Saints. »

A ces quatre fêtes il faut ajouter le premier jour de l'an, qu'un usage général, sanctionné par un avis du Conseil d'état, du 20 mars 1810, considère comme une fête légale.

Je reviens à la loi du 18 novembre. On vient de la lire. On a vu que, par son premier article, elle défend les travaux ordinaires les jours de dimanches et de fêtes ; que, dans l'article suivant, elle signale les travaux que sa défense embrasse ; enfin, que, dans une dernière disposition, elle tempère et modifie, par plusieurs exceptions, les règles qu'elle vient d'établir.

Ces règles, ces exceptions, ont déjà donné lieu à un assez grand nombre de difficultés, dont plusieurs, portées à la Cour de cassation, ont été jugées par les arrêts que je vais faire connaître. Cela sera peut-être un peu long, mais la loi est nouvelle, son application est fréquente, et ces arrêtés en sont le meilleur commentaire : voilà mon excuse.

*Arrêt du 8 juin 1822, qui juge que l'article 2 de la loi du 18 novembre est applicable aux ouvriers qui travaillent dans un lieu fermé, mais dont la clôture ne les dérobe pas à la vue du public.*

Vu la loi du 18 novembre 1814, dont l'art. 1er porte que les travaux ordinaires seront interrompus les dimanches et jours de fêtes reconnues par la loi de l'État ;

Vu l'article 2 de la susdite loi, qui défend, lesdits jours, aux artisans et aux ouvriers de travailler extérieurement et d'ouvrir leurs ateliers ;

Vu enfin l'article 5 de la même loi, duquel il résulte que les contrevenants doivent être punis d'une amende qui, pour la première fois, ne peut excéder cinq francs ;

Et attendu que du jugement attaqué il résulte en fait que, le dimanche 31 mars dernier, François-Nicolas Pouart et Augustin Météreau fils, tous deux vignerons, ont été trouvés, par le garde champêtre, travaillant dans le jardin du sieur Chevalier, marchand de bois, clos de haies sèches ;

Que ce jugement n'a pas déclaré que cette haie sèche, qui fermait ce jardin, empêchait le public de voir le travail qui s'y faisait ; que cette circonstance n'étant pas établie, ledit travail devait nécessairement être réputé extérieur, et qu'en refusant de lui reconnaître ce caractère, et de prononcer par suite les peines de la susdite loi, le tribunal de simple police de Château-Thierry en a violé les dispositions :

Par ces motifs, la Cour casse et annule le jugement rendu par le tribunal de simple police du canton de Château-Thierry, le 1er mai dernier ;

Et, pour être statué conformément à la loi, sur l'action exercée par le ministère public contre les nommés Pouart et Météreau fils, renvoie les parties et les pièces devant le tribunal de simple police de Neuilly-Saint-Front.

Ordonne, etc.

*Arrêt du 13 septembre 1822, qui juge qu'un voiturier par eau, qui transporte des pierres et du sable un jour de dimanche, sans l'autorisation du maire, est passible des peines portées par la loi du 18 novembre.*

Ouï M. Ollivier, conseiller en la Cour, en son rapport, et M. Fréteau de Pény, avocat général, en ses conclusions ;

Statuant sur le pourvoi du commissaire de police d'Auxerre ;

Attendu que le jugement attaqué déclare constant et non dénié par les prévenus, que, le dimanche 4 août dernier, ils avaient charroyé dans un bateau, sur la rivière d'Yonne, du sable et des pierres, pour le compte du sieur Euger ;

Que ce fait ne rentrait dans aucune des exceptions à l'observation des fêtes et dimanches établies par l'article 7 de la loi du 18 novembre 1814 ;

Que l'exception établie par les n^os 2 et 3 de l'article 8, pour les travaux urgents de l'agriculture et les réparations motivées par un péril imminent, ne peut, d'après cet article, être invoquée que lorsqu'on a demandé à l'autorité municipale la permission de vaquer à ce genre de travaux ;

Que, dans l'espèce, aucune permission de l'autorité municipale n'était ni produite, ni même alléguée ;

Que, dès lors, le fait imputé ne pouvant rentrer dans l'exception déterminée par les n^os 2 et 3 de l'article 8, constituait une contravention à la disposition générale de l'article 1^er, et par conséquent était passible de la peine de police portée par l'article 5 ;

Que, conséquemment, en renvoyant les prévenus de la demande formée contre eux, parce que leurs travaux étaient urgents, le jugement attaqué a fait une fausse application de l'article 8, et violé l'article 1^er de la loi du 18 novembre 1814 :

Par ces motifs, la Cour casse et annule le jugement du tribunal de police d'Auxerre, du 20 août dernier, etc.

*Arrêt du 12 juillet 1821, qui juge qu'un particulier est contrevenu à la loi du 18 novembre en conduisant, le jour de l'Ascension, des échalas dans ses vignes, sans autorisation du maire de la commune.*

Le 31 mai dernier, jour de l'Ascension, Valentin Nicole, garçon meunier chez Matthieu, conduisit sur sa voiture, à la vigne de Jacquinot, treize bottes d'échalas.

Poursuivi à raison de la contravention à la loi du 18 novembre 1814, sur la célébration des fêtes et dimanches, il fut renvoyé d'instance par le tribunal de simple police de Tonnerre, sous prétexte que le transport des échalas était au nombre des travaux urgents de l'agriculture, et qu'il était autorisé par l'usage local de la commune de Tonnerre.

Mais le jugement ne déclarait pas, d'une part, que le prévenu eût demandé à l'autorité municipale la permission sans laquelle il ne pouvait faire un travail urgent de l'agriculture;

De l'autre, que l'autorité municipale eût étendu au transport des échalas dans les vignes, les exceptions portées par l'article 8, qui, sans cela, ne pouvaient lui être applicables.

Partant, violation des articles 1, 2, 8 et 9 de la loi du 18 novembre 1814, réprimée par l'arrêt ci-après :

Ouï M. Ollivier, conseiller en la Cour, en son rapport; M. Fréteau de Pény, avocat général, en ses conclusions ;

Après en avoir délibéré en la chambre du conseil ;

Statuant sur le pourvoi du commissaire de police près le tribunal de police simple du canton de Tonnerre ;

Vu l'article 1er de la loi du 18 novembre 1814, relative à la célébration des fêtes et dimanches, portant : « Les travaux ordinaires seront interrom- » pus les dimanches et jours de fêtes reconnues par » la loi de l'État ; »

Vu l'article 2, n° 4, portant : « En conséquence, » il est défendu, lesdits jours......, aux charre- » tiers et voituriers employés aux usages locaux, » de faire des chargements dans les lieux publics » de leur domicile ; »

Vu également l'article 8, nos 2 et 3, qui ex- ceptent des défenses ci-dessus les meuniers et les ouvriers employés aux travaux urgents de l'agri- culture et aux constructions et réparations motivées par un péril imminent, à la charge d'en demander la permission à l'autorité municipale;

L'article 9 portant : « L'autorité administrative » pourra étendre les exceptions ci-dessus aux usa- » ges locaux ; »

Attendu qu'il est reconnu et déclaré par le jugement attaqué, et d'ailleurs avoué par le prévenu, que, le 31 mai dernier, jour de la fête de l'Ascension, Valentin Nicole, meunier chez Matthieu, conduisit sur sa voiture, à la vigne de Jacquinot-Despréaux, treize bottes d'échalas ;

Que ce travail, fait le jour de l'Ascension, fête reconnue par la loi de l'État, était défendu par les articles 1 et 2, n° 4, de la loi du 18 novembre 1814, sur la célébration des fêtes et dimanches ;

Que, néanmoins, le jugement attaqué a renvoyé de l'action exercée contre eux, Valentin Nicole, prévenu, et Matthieu son maître, civilement responsable, sous prétexte, d'une part, que le transport fait par le prévenu était au nombre des travaux urgents de l'agriculture; de l'autre, qu'il était autorisé par l'usage local de la commune de Tonnerre;

Mais, attendu que ce jugement n'a pas déclaré, 1° que le prévenu eût demandé à l'autorité municipale la permission sans laquelle, d'après l'article 8, il ne pouvait se livrer à un travail urgent de l'agriculture ; 2° que l'autorité administrative eût étendu au transport des échalas dans les vignes les exceptions portées par l'article 8 ;

Que, néanmoins, à défaut de l'une et de l'autre de ces déclarations, le prévenu ne pouvait se trouver dans les exceptions faites, par les articles 8 et 9 de la loi du 18 novembre 1814, aux prohibitions de travail portées par les articles 1 et 2 de la même loi ;

Qu'ainsi, dans cet état des faits, le renvoi du prévenu, et de son maître, civilement responsable, a été une violation des articles 1 et 2, 8 et 9, de la loi du 18 novembre 1814 :

La Cour casse et annule le jugement du tribunal de police du canton de Tonnerre, du 18 juin dernier, qui renvoie Valentin Nicole, prévenu, et Matthieu, civilement responsable, de la demande formée contre eux par le commissaire de police de Tonnerre ; et, pour être de nouveau statué sur ladite demande, renvoie le prévenu et Matthieu, poursuivi comme civilement responsable, ensemble les pièces de la procédure, devant le tribunal de police simple du canton de Noyers, etc.

Ordonne, etc.

Ainsi jugé, etc. Section criminelle.

*Arrêt du 1ᵉʳ août 1823, qui juge que le maire d'une commune n'excède pas ses pouvoirs en ordonnant que, le jour de la fête patronale, on ne pourra danser dans les maisons particulières, mais seulement dans les lieux et places publics.*

Ouï le rapport de M. Aumont, conseiller, et M. Brière, conseiller, pour le ministère public, en ses conclusions ;

Vu la loi du 24 août 1790, titre XI, article 3, § 3 ;

L'article 46, titre Iᵉʳ de la loi du 22 juillet 1791 ;

La loi du 28 pluviôse an VIII, art. 14 ;

Les articles 408 et 413 du Code d'instruction criminelle, aux termes desquels la Cour de cassation annule les arrêts et les jugements en dernier ressort qui contiennent violation des règles de compétence ;

Attendu que « le maintien du bon ordre, dans » les lieux où il se fait de grands rassemblements » d'hommes, tels que foires, marchés, *réjouis-* » *sances et cérémonies publiques*, spectacles, jeux, » cafés, églises et autres lieux publics, » est l'un des objets confiés à la vigilance et à l'autorité des corps municipaux, par le § 3 de l'article 3 du titre XI de là loi du 24 août 1790 ;

Que celle du 22 juillet 1791 autorise, par son article 46, titre I<sup>er</sup>, les corps municipaux à faire des arrêtés, lorsqu'il s'agit d'ordonner des précautions locales, sur des objets confiés à la vigilance et à l'autorité des corps municipaux, par l'art. 3, titre XI, de la loi du 24 août 1790 ;

Qu'aux termes de la loi du 28 pluviôse an VIII, article 14, les maires remplissent aujourd'hui les fonctions que remplissaient les anciens corps municipaux ;

Que le maire de Cottenchy avait, par un arrêté du 18 mai dernier, ordonné que le jour de la fête de la commune les violons s'établiraient sur la place où les danses devaient avoir lieu, et qu'il avait défendu aux habitants de faire danser dans leurs maisons ;

Que cette mesure avait eu pour objet de faciliter la surveillance de la police, rendue plus particulièrement nécessaire par la grande quantité d'étrangers qui se rendent dans ladite commune le jour de la fête et le lendemain ;

Qu'il est établi dans la cause, et qu'il n'a pas été contesté, que le 20 mai, jour de cette fête, le cabaretier Lescot était allé chercher des joueurs d'instruments sur la place, d'où il les avait amenés dans sa demeure pour y faire danser ; que ces individus n'avaient quitté la maison de Lescot, et n'étaient retournés sur la place, que d'après les ordres formels du maire;

Qu'en rassemblant des joueurs d'instruments dans sa maison pour y faire danser, Lescot avait enfreint les défenses contenues dans l'arrêté du maire; que cependant cet arrêté étant fait dans l'exercice légal des fonctions municipales, puisqu'il se rattachait évidemment à la disposition du § 3, article 3, titre XI de la susdite loi du 24 août 1790, était obligatoire pour tous les habitants de la commune, et qu'il était du devoir du tribunal de police de punir les contraventions qui étaient commises; qu'en renvoyant le prévenu de l'action qui lui était intentée, au lieu de le condamner d'après les dispositions combinées des articles 3, titre XI, de la loi du 24 août 1790, 600 et 606 du Code du 3 brumaire an IV, ce tribunal a méconnu les principes et les lois de la matière; qu'il a violé les règles de compétence, et fait une fausse application de l'article 159 du Code d'instruction criminelle :

D'après ces motifs, la Cour casse et annule le jugement rendu le 18 juin dernier, dans la cause d'entre le ministère public et Nicolas Lescot, et, pour être statué conformément à la loi sur l'action du ministère public, renvoie la cause devant le tribunal de police du canton d'Amiens.

*Arrêt du 13 février 1819, qui déclare nul un jugement de police, rendu sur le rapport d'un garde champêtre, par le motif que ces gardes n'ont pas le droit de constater les contraventions à la loi du 18 novembre 1814.*

Ouï le rapport de M. Aumont, conseiller, et M. Fréteau, avocat général, en ses conclusions ;

Attendu que l'article 4 de la loi du 18 novembre 1814 est ainsi conçu : « Les contraventions aux » dispositions ci-dessus seront constatées par pro- » cès-verbaux des *maires* ou *adjoints* ou des *com-* » *missaires de police ;* »

Que l'article 5 de la même loi porte : « Elles (les » contraventions) sont jugées par les tribunaux de » police et punies d'une *amende* qui, pour la pre- » mière fois, ne pourra excéder 5 fr. ; »

Que l'article 16 du Code d'instruction criminelle charge les gardes champêtres et les gardes forestiers de rechercher, chacun dans le territoire pour lequel il est assermenté, les délits et contraventions de police qui ont porté atteinte aux propriétés rurales et forestières, et d'en dresser des procès-verbaux ;

Que l'article 2 du même Code impose aux commissaires de police et aux maires et adjoints, à

leur défaut, l'obligation de s'occuper de la recherche de toutes espèces de contraventions de police,
de celles même qui sont sous la surveillance spéciale des gardes champêtres et des gardes forestiers,
à l'égard desquels il leur donne la concurrence et
même la prévention ; mais que ni le Code d'instruction criminelle ni aucune autre loi ne donnent
la prévention ni même la concurrence à ces gardes
pour la recherche des contraventions de police
étrangères aux propriétés rurales et forestières ;

Que si, aux termes du § 4 de l'article 16 du Code
cité, les gardes champêtres et les gardes forestiers
doivent arrêter et conduire devant le juge de paix
tout individu surpris en flagrant délit, ou dénoncé
par la clameur publique, c'est uniquement, d'après
la disposition littérale de ce paragraphe, lorsque
ce délit emporte la peine d'emprisonnement, ou
une peine plus grave ;

Attendu que l'action intentée à Louis Langrais
devant le tribunal de police de Bourg, par l'adjoint du maire de ce canton, avait pour objet une
contravention à la loi du 18 novembre 1814, relative à la célébration des dimanches et fêtes ; que
la base de cette action était un procès-verbal du
garde champêtre des communes de Fontenoy et
Rocquencourt, qui attestait avoir trouvé, le dimanche 6 décembre, pendant la grand'messe,

plusieurs particuliers buvant dans le cabaret dudit Langrais ;

Qu'il résulte des articles 4 et 5 ci-dessus cités, de la loi du 18 novembre 1814, et des §§ 1er et 4 de l'article 16 du Code d'instruction criminelle, que le susdit garde champêtre était sans qualité pour constater, par un procès-verbal, des faits qui, à les supposer vrais, étaient absolument étrangers à la police rurale, et constituaient une contravention à la loi du 18 novembre 1814, sur la célébration des dimanches et des fêtes ; que ce procès-verbal, vicié par une nullité radicale que ne pouvait couvrir le silence des parties, ne devait pas fixer l'attention de la justice ; que le ministère public n'a pas, pour suppléer à l'absence d'un procès-verbal légal, demandé à prouver par témoins les faits par lui allégués, et que cette preuve n'a pas été ordonnée d'office ; que la condamnation prononcée par le tribunal contre Langrais, et uniquement déterminée par le procès-verbal du garde champêtre, n'a donc pas de fondement légitime ; qu'elle est une violation des règles de compétence, et une fausse application de la loi ; la Cour casse.

*Arrêt du 14 août 1823 , qui juge que le n° 4 de l'article 2*
*de la loi du 18 novembre 1814 n'interdit le charge-*
*ment aux voituriers et charretiers employés à des*
*services publics , que dans les lieux publics de leur*
*domicile.*

Le jugement attaqué condamnait Jean-Louis
Daguet, domicilié à Molay , à l'amende d'un franc,
pour avoir fait à Isigny , un jour de dimanche , un
déchargement de beurre.

Mais Isigny n'était pas le lieu du domicile de
Daguet , et le n° 4 de l'article 2 de la loi du 18 novembre 1814 n'interdit le chargement aux voituriers et charretiers employés à des services publics , que dans les lieux publics de leur domicile.

Partant, violation du n° 4 de cet article, réprimée par l'arrêt ci-après :

Ouï M. Ollivier, conseiller en la Cour , en son
rapport , Mᵉ Nicolle, avocat de Daguet, en ses observations , et M. de Marchangy , avocat général ,
en ses conclusions ;

Vu , 1° l'article 1ᵉʳ de la loi du 18 novembre
1814, portant : « Les travaux ordinaires seront
» interrompus les dimanches et jours de fêtes re-
» connues par la loi de l'État ; »

2° L'article 2 , portant : « En conséquence il est
» défendu , lesdits jours, 1°...; 2°...; 3°...; 4° aux

25

» charretiers et voituriers employés à des services
» locaux, de faire des chargements dans les lieux
» publics de leur domicile ; »

Attendu que le n° 4 de l'article 2, ainsi que les autres numéros du même article, ne sont pas simplement démonstratifs de quelques-uns des travaux ordinaires, prohibés les jours de dimanches et fêtes par l'art. 1er, de manière à laisser compris dans la prohibition générale de cet article d'autres travaux que ceux qu'ils énoncent ;

Qu'au contraire ce numéro, avec les trois précédents, sont spécificatifs de la nature de tous les travaux ordinaires ainsi qualifiés dans la disposition générale de l'art. 1er, de sorte que ces travaux qu'ils spécifient sont les seuls que l'article 1er prohibe ;

Et attendu que, dans l'espèce, le demandeur était domicilié, non pas à Isigny, mais à Molay ; que, par conséquent, le déchargement de beurre opéré à Isigny, qui formait le motif de la poursuite, n'était pas fait dans le lieu de son domicile, et, sous ce rapport, ne rentrait pas dans la prohibition portée par le n° 4 de l'article 2 ;

Qu'il ne rentrait pas non plus dans celle des numéros précédents, ni par conséquent dans la défense générale portée par l'article 1er ;

Que, néanmoins, le jugement attaqué décide

que la prohibition générale portée par l'article 1er
était applicable, et, par ce motif, condamne Daguet
à l'amende d'un franc ;

En quoi ce jugement a faussement appliqué
ledit article 1er, et violé la disposition du n° 4 de
l'art. 2 :

Par ces motifs, la Cour casse et annule le jugement du tribunal de simple police d'Isigny, du
21 juin dernier, qui condamne Jean-Louis Daguet
en l'amende d'un franc ; et, pour être de nouveau
statué sur la plainte portée contre Daguet, renvoie
les parties et les pièces de la procédure devant le
tribunal de simple police de Trévières.

*Arrêt du 22 avril 1820, qui juge qu'à défaut de procès-*
*verbaux, ou de procès-verbaux réguliers, les contra-*
*ventions à la loi du 18 novembre peuvent être prouvées*
*par témoins.*

Les nommés Cosson et Muret, cabaretiers,
avaient été traduits devant le tribunal de police
pour avoir donné à boire et à jouer dans leurs cabarets un jour de fête, pendant l'office. Cette contravention a été constatée par un procès-verbal
dressé par des gardes champêtres.

Les prévenus ont opposé la nullité du procès-
verbal, et alors le commissaire de police, faisant

les fonctions de ministère public, a demandé à faire preuve de la contravention par témoins.

Mais le tribunal considérant que la loi du 18 novembre 1814 n'avait attribué qu'aux commissaires de police, aux maires et adjoints, le droit de constater, par des procès-verbaux, les contraventions à ses dispositions, a refusé d'admettre la preuve offerte, et a renvoyé les prévenus de l'action formée contre eux.

Ce jugement a été annulé par les motifs énoncés dans l'arrêt qui suit, pour violation de l'art. 154 du Code d'instruction criminelle, qui veut qu'à défaut de procès-verbaux, ou à leur appui, les contraventions puissent être prouvées par témoins.

Ouï le rapport de M. Rataud, conseiller, et M. Fréteau de Pény, avocat général ;

Vu l'article 154 du Code d'instruction criminelle, ainsi conçu :

« Les contraventions seront prouvées, soit par » procès-verbaux, soit par témoins, à défaut de » rapports et procès-verbaux, ou à leur appui ; »

Vu aussi l'article 4 de la loi du 18 novembre 1814, portant :

« Les contraventions seront constatées par pro- » cès-verbaux des maires et adjoints ou des com- » missaires de police ; »

Attendu que cet article de ladite loi du 18 novembre 1814 a déterminé les officiers de police qui auraient le droit de constater les contraventions aux dispositions de cette loi , par des procès-verbaux qui doivent faire foi jusqu'à la preuve contraire, qu'il est dans les attributions des tribunaux de police d'admettre ou de refuser ; qu'en ne comprenant pas parmi ces officiers de police les gardes champêtres , il a dérogé , pour la constatation de ces contraventions , aux dispositions de l'article 21 du Code d'instruction criminelle ; mais qu'il n'a prescrit aucune disposition particulière sur la preuve qui pourrait être admise dans l'instruction , à défaut de rapports ou procès-verbaux , ou à leur appui ; que les contraventions aux dispositions de ladite loi du 18 novembre sont donc demeurées , à cet égard , dans les dispositions du droit commun, et spécialement dans celles de l'article 154 du Code d'instruction criminelle , qui sont générales pour toutes les contraventions de la compétence des tribunaux de police ;

Et attendu que , d'après cet article , les contraventions peuvent être prouvées par témoins , à défaut de procès-verbaux ou à leur appui ;

Qu'en refusant donc la preuve testimoniale offerte par le ministère public , pour prouver une contravention aux dispositions de ladite loi du 18 novembre , à défaut d'un procès-verbal qui pût

la constater, le tribunal de police du canton de
Mantes a violé ledit article 154 du Code d'instruction criminelle :

La Cour casse et annule le jugement rendu par
ledit tribunal de police, le 15 mars dernier.

*Arrêt de la Cour de cassation du 18 juillet 1823, qui
juge qu'il n'appartient aux maires ni aux préfets
d'ajouter aux prohibitions de la loi du 18 novembre
1814, en défendant les jeux et les danses les jours de
dimanches et de fêtes patronales, si ce n'est pendant
les heures consacrées aux offices.*

Ouï le rapport de M. Aumont, conseiller, et
M. Fréteau, avocat général, en ses conclusions ;

Attendu que, si les autorités administratives et
municipales ont le pouvoir de faire des arrêtés,
dont l'infraction doit être poursuivie devant les
tribunaux de police, et appeler des peines sur les
contrevenants, ce n'est que lorsque ces arrêtés sont
relatifs à l'exécution des lois ou des règlements de
police ; ou lorsqu'ils portent sur des objets mentionnés dans l'article 3, tit. XI de la loi du 24 août
1790, ou qui se rattachent aux dispositions de cet
article, ou qui sont compris dans des lois postérieures ;

Attendu que l'arrêté du 17 avril dernier, qui,

dans l'espèce , a servi de base à l'action du ministère public contre Hubert Motelet, Marcel Chevalier et autres , n'a point eu pour objet le maintien
du bon ordre dans les divertissements publics qui
doivent avoir lieu à Athies , à l'occasion de la fête
patronale de cette commune ; qu'il ne se rattache
à aucune des dispositions du susdit article 3 ,
titre XI de la loi du 24 août 1790 , ni à celles
d'aucune autre loi ou règlement de police ;

Que la loi du 18 novembre 1814, sur la célébration des dimanches et des fêtes , ne serait applicable à la cause qu'autant que c'eût été pendant
l'office divin qu'on aurait joué des instruments
et dansé sur la place publique d'Athies ; et qu'il
est au contraire déclaré en fait , de la manière la
plus formelle, par le jugement dénoncé , « qu'au-
» cune danse n'a eu lieu dans la commune d'A-
» thies , le dimanche 4 juin dernier , *pendant les*
» *offices ;* »

Que, quelque respectables que soient les motifs
qui ont déterminé l'arrêté du 17 avril , cet arrêté
n'étant pas fait dans l'exercice légal des fonctions
municipales , son infraction ne saurait avoir le caractère d'une contravention punissable de peine de
police ; qu'en refusant de déférer aux réquisitions
du ministère public contre les prévenus, et en les
renvoyant de l'action qu'il leur avait intentée , le

tribunal de police de Laon n'a pas violé les principes et les lois de la matière ; qu'il s'est renfermé dans les bornes de sa compétence, et a fait une juste application de l'article 159 du Code d'instruction criminelle ;

Attendu, d'ailleurs, la régularité de la procédure et du jugement dans sa forme :

D'après ces motifs, la Cour rejette le pourvoi du commissaire de police de Laon.

Ces arrêts développent si parfaitement l'esprit et les conséquences de la loi du 18 novembre 1814, que les maires et les juges de paix qui prendront la peine de les lire attentivement y trouveront la solution de toutes les difficultés auxquelles cette loi peut donner lieu.

[ *Add.* ] Depuis la révolution de 1830 on a soulevé la question de savoir si la loi du 18 novembre 1814 était encore en vigueur. On a dit, pour la négative, qu'elle avait été implicitement abrogée par la Charte de 1830, laquelle, en consacrant le principe général de la liberté des cultes, a supprimé l'article 6 de la Charte de 1814 qui proclamait comme *religion de l'État* la religion catholique, apostolique et romaine. Pendant plusieurs années, la loi de 1814 n'a point été invoquée ; mais, le 20 août 1836, le maire de la commune de Montastruc prit un arrêté par lequel il défendait aux cabaretiers de donner à boire le dimanche pendant le service divin.

Un cabaretier étant contrevenu à cette défense, un procès-verbal fut dressé contre lui, et il fut traduit devant le tribunal de police ; ce tribunal l'acquitta par un jugement du 22 mars 1838, motivé sur ce que la loi du 18 novembre 1814 avait été abrogée virtuellement par la Charte de 1830, et qu'en conséquence un règlement de police, fait en vue de cette loi, ne pouvait être obligatoire.

Sur le pourvoi en cassation du ministère public, et malgré les conclusions de M. l'avocat général Hello, la Cour a déclaré la non-abrogation de la loi du 18 novembre 1814 par l'arrêt suivant, en date du 23 juin 1838 :

« La Cour, — vu l'article 3 de la loi du 18 novembre 1814 ; — vu aussi l'article 3, n° 3, t. XI de la loi des 16-24 août 1790, et l'article 46, t. I de celle des 19-22 juillet 1791 ; — l'article 1$^{er}$ de l'ordonnance de police du maire de la ville de Montastruc, du 20 août 1836, conforme à l'article précédent de la loi du 18 novembre 1814 ; — l'article 471, n° 15, du Code pénal, l'article 161 du Code d'instruction criminelle ; — attendu que la loi du 18 novembre 1814 n'a point été expressément abrogée ; — que la proposition en avait été faite à la chambre des députés, le 11 février 1832, mais qu'elle n'a été suivie d'aucun résultat ; — que l'abrogation tacite de l'article 3 de ladite loi ne peut s'induire ni de la suppression de l'article 6 de la Charte de 1814, ni de l'article 5 de la Charte de 1830, portant que *chacun professe sa religion avec une égale liberté, et obtient pour son culte la même protection* ; — que ces diverses dispositions n'ont rien d'incompatible et peuvent facilement se concilier ; — que, d'une part, l'article 3 de la loi du 18 novembre 1814 ne contient aucune prescription qui soit contraire à la liberté religieuse ; — que, de l'autre, la protection promise à tous les cultes légalement reconnus n'exclut pas le respect dont la loi civile est partout empreinte pour le culte professé par la majorité des Français ; — qu'ainsi, par l'article 57 de la loi du 18 germinal an x, le repos des fonctionnaires publics est fixé au dimanche ; — que les articles 63, 781, 1037 du Code de procédure civile, 162 du Code de commerce, interdisent tout exploit, tout protêt, toute signification et exécution les jours de fêtes légales ; — que les prohibitions portées par l'article 3 de la loi du 18 novembre 1814 ont le même caractère, et qu'il n'appartient qu'au pouvoir législatif d'en changer et d'en modifier les dispositions ;

» Attendu que les règlements faits par l'autorité municipale dans le cercle de ses attributions, tant qu'ils n'ont pas été réformés par l'autorité administrative supérieure, sont obligatoires pour les citoyens et pour les tribunaux, et que ceux-ci ne peuvent se dispenser d'en ordonner l'exécution ; — attendu que l'article 3, n° 3, t. XI de la loi des 16-24 août 1790 a rangé parmi les objets de police confiés à la vigilance et à l'autorité des corps municipaux, le maintien du bon ordre dans les lieux publics ; — que, si l'expérience a fait reconnaître que, dans certaines localités, et principalement dans les jours consacrés au repos des citoyens, la fréquentation prolongée des cabarets était une cause de désordres graves, l'autorité municipale peut, sans outre-passer les limites du pouvoir dont elle est investie par la loi, marquer certains intervalles de temps pendant lesquels les cabarets et autres lieux publics seraient fermés ; qu'ainsi des considérations d'ordre public viennent s'ajouter aux motifs de décision puisés dans l'article 3 de la loi du 18 novembre 1814 ; — qu'en refusant de punir les contraventions à l'ordonnance de police du 20 août 1836 , par le motif qu'elle avait son fondement dans une loi virtuellement abrogée, le jugement dénoncé a donc faussement appliqué les articles 5 et 70 de la Charte constitutionnelle, l'article 159 du Code d'instruction criminelle, et violé formellement, tant l'article 3 de la loi du 18 novembre 1814, que l'article 1$^{er}$ de ladite ordonnance, l'article 471, n° 15, du Code pénal, et l'article 161 du Code d'instruction criminelle : — par ces motifs, — casse, etc. »

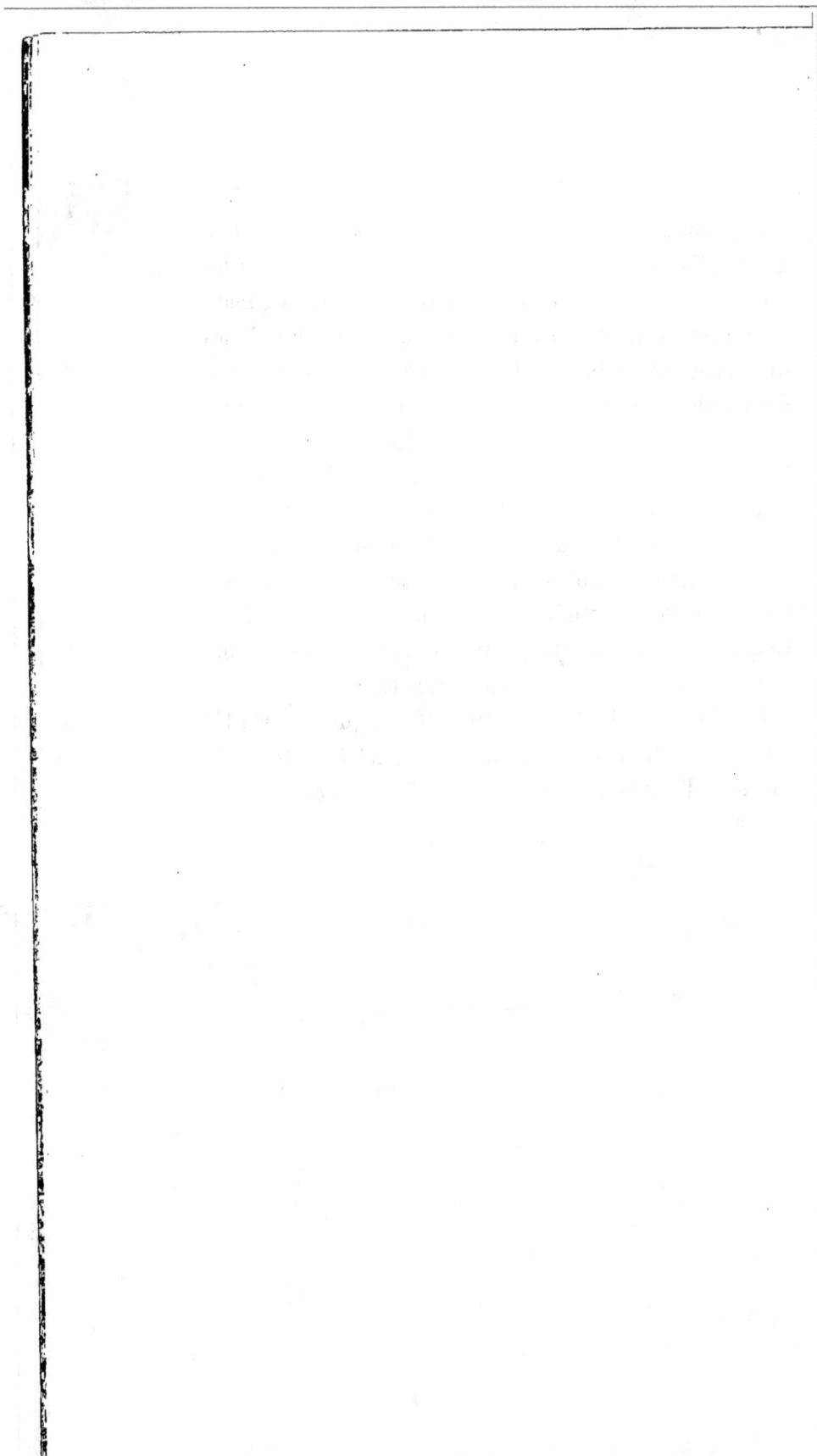

# LOI

SUR L'ORGANISATION MUNICIPALE.

21 Mars 1831.

## CHAPITRE PREMIER.

### DE LA COMPOSITION DU CORPS MUNICIPAL.

Art. 1er. Le corps municipal de chaque commune se compose du maire, de ses adjoints et des conseillers municipaux.

Les fonctions des maires, des adjoints et des autres membres du corps municipal, sont essentiellement gratuites, et ne peuvent donner lieu à aucune indemnité ni frais de représentation.

2. Il y aura un seul adjoint dans les communes de 2,500 habitants et au-dessous; deux, dans celles de 2,500 à 10,000 habitants ; et dans les communes d'une population supérieure, un adjoint de plus par chaque excédant de 20,000 habitants. ( *Loi du 28 pluviôse an VII, art. 12.* )

Lorsque la mer ou quelque autre obstacle rend difficiles, dangereuses ou momentanément impossibles, les communications entre le chef-lieu et une portion de commune, un adjoint spécial, pris parmi les habitants de cette fraction, est nommé en sus du nombre ordinaire, et remplit les fonctions d'officier de l'état civil dans cette partie détachée de la commune.

3. Les maires et les adjoints sont nommés par le Roi, ou en son nom par le préfet.

Dans les communes qui ont 3,000 habitants et au-dessus, ils sont nommés par le Roi, ainsi que dans les chefs-lieux d'arrondissement, quelle que soit la population.

Les maires et les adjoints seront choisis parmi les membres du conseil municipal, et ne cesseront pas pour cela d'en faire partie.

Ils peuvent être suspendus par un arrêté du préfet, mais ils ne sont révocables que par une ordonnance du Roi.

4. Les maires et les adjoints sont nommés pour trois ans; ils doivent être âgés de vingt-cinq ans accomplis.

Ils doivent avoir leur domicile réel dans la commune.

5. En cas d'absence ou d'empêchement, le maire est remplacé par l'adjoint disponible, le premier dans l'ordre des nominations.

En cas d'absence ou d'empêchement du maire et des adjoints, le maire est remplacé par le conseiller municipal le premier dans l'ordre du tableau, lequel sera dressé suivant le nombre des suffrages obtenus.

6. Ne peuvent être ni maires ni adjoints :

1º Les membres des cours et tribunaux de première instance et des justices de paix ;

2º Les ministres des cultes ;

3º Les militaires et employés des armées de terre et de mer en activité de service ou en disponibilité ;

4º Les ingénieurs des ponts et chaussées et des mines en activité de service ;

5º Les agents et employés des administrations financières et des forêts ;

6º Les fonctionnaires et employés des colléges communaux et les instituteurs primaires ;

7º Les commissaires et agents de police.

7. Néanmoins, les juges suppléants aux tribunaux de

première instance et les suppléants des juges de paix peuvent être maires ou adjoints.

Les agents salariés du maire ne peuvent être ses adjoints.

8. Il y a incompatibilité entre les fonctions de maire et d'adjoint et le service de la garde nationale.

## CHAPITRE II.

### DES CONSEILS MUNICIPAUX.

SECTION I^re. — *De la composition des conseils municipaux.*

9. Chaque commune a un conseil municipal, composé, y compris les maire et adjoints,

De 10 membres dans les communes de 500 habitants et au-dessous,

De 12 dans celles de     500 à   1,500,
De 16 dans celles de  1,500 à  2,500,
De 21 dans celles de  2,500 à  3,500,
De 23 dans celles de  3,500 à 10,000,
De 27 dans celles de 10,000 à 30,000,

Et de 36 dans celles d'une population de 30,000 âmes et au-dessus.

Dans les communes où il y aura plus de trois adjoints, le conseil municipal sera augmenté d'un nombre de membres égal à celui des adjoints au-dessus de trois.

Dans celles où il aura été nommé un ou plusieurs adjoints spéciaux et supplémentaires, en vertu du second paragraphe de l'article 2 de la présente loi, le conseil municipal sera également augmenté d'un nombre égal à celui de ses adjoints.

10. Les conseillers municipaux sont élus par l'assemblée des électeurs communaux.

11. Sont appelés à cette assemblée, 1° les citoyens les

plus imposés aux rôles des contributions directes de la commune, âgés de vingt-un ans accomplis, dans les proportions suivantes :

Pour les communes de mille âmes et au-dessous, un nombre égal au dixième de la population de la commune.

Ce nombre s'accroîtra de cinq par cent habitants en sus de mille jusqu'à cinq mille,

De quatre par cent habitants en sus de cinq mille jusqu'à quinze mille,

De trois par cent habitants au-dessus de quinze mille.

2° Les membres des cours et tribunaux, les juges de paix et leurs suppléants ;

Les membres des chambres de commerce, des conseils de manufactures, des conseils de prud'hommes,

Les membres des commissions administratives, des colléges, des hospices et des bureaux de bienfaisance ;

Les officiers de la garde nationale ;

Les membres et correspondants de l'Institut, les membres des sociétés savantes instituées ou autorisées par une loi ;

Les docteurs de l'une ou de plusieurs des facultés de droit, de médecine, des sciences, des lettres, après trois ans de domicile réel dans la commune ;

Les avocats inscrits au tableau, les avoués près les cours et tribunaux, les notaires, les licenciés de l'une des facultés de droit, des sciences, des lettres, chargés de l'enseignement de quelqu'une des matières appartenant à la faculté où ils auront pris leur licence, les uns et les autres après cinq ans d'exercice et de domicile réel dans la commune ;

Les anciens fonctionnaires de l'ordre administratif et judiciaire jouissant d'une pension de retraite ;

Les employés des administrations civiles et militaires jouissant d'une pension de retraite de 600 fr. et au-dessus ;

Les élèves de l'École Polytechnique qui ont été, à leur sortie, déclarés admis ou admissibles dans les services publics, après deux ans de domicile réel dans la commune.

Toutefois les officiers appelés à jouir du droit électoral, en qualité d'anciens élèves de l'École Polytechnique, ne pourront l'exercer dans les communes où ils se trouveront en garnison, qu'autant qu'ils y auraient acquis leur domicile civil ou politique avant de faire partie de la garnison.

Les officiers de terre et de mer jouissant d'une pension de retraite;

Les citoyens appelés à voter aux élections des membres de la chambre des députés ou des conseils généraux des départements, quel que soit le taux de leurs contributions dans la commune.

12. Le nombre des électeurs domiciliés dans la commune ne pourra être moindre de trente, sauf le cas où il ne se trouverait pas un nombre suffisant de citoyens payant une contribution personnelle.

13. Les citoyens qualifiés pour voter dans l'assemblée des électeurs communaux, conformément au paragraphe 2 de l'article 11, et qui seraient en même temps inscrits sur la liste des plus imposés, voteront en cette dernière qualité.

14. Le tiers de la contribution du domaine exploité par un fermier, à prix d'argent ou à portion de fruits, lui est compté pour être inscrit sur la liste des plus imposés de la commune, sans diminution des droits du propriétaire du domaine.

15. Les membres du conseil municipal seront tous choisis sur la liste des électeurs communaux, et les trois quarts, au moins, parmi les électeurs domiciliés dans la commune.

16. Les deux tiers des conseillers municipaux sont nécessairement choisis parmi les électeurs désignés au paragraphe 1er de l'article 11; l'autre tiers peut être choisi parmi tous les citoyens ayant droit de voter dans l'assemblée en vertu de l'article 11.

17. Les conseillers municipaux doivent être âgés de vingt-cinq ans accomplis. Ils sont élus pour six ans, et toujours rééligibles.

Les conseils seront renouvelés par moitié tous les trois ans.

18. Les préfets, sous-préfets, secrétaires généraux et conseillers de préfecture, les ministres des divers cultes en exercice dans la commune, les comptables des revenus communaux et tout agent salarié par la commune ne peuvent être membres des conseils municipaux. Nul ne peut être membre de deux conseils municipaux.

19. Tout membre d'un conseil municipal dont les droits civiques auraient été suspendus, ou qui en aurait perdu la jouissance, cessera d'en faire partie, et ne pourra être réélu que lorsqu'il aura recouvré les droits dont il aurait été privé.

20. Dans les communes de 500 âmes et au-dessus, les parents au degré de père, de fils, de frère, et les alliés au même degré, ne peuvent être en même temps membres du même conseil municipal.

21. Toutes les dispositions des lois précédentes concernant les incompatibilités et empêchements des fonctions municipales sont abrogées.

22. En cas de vacance dans l'intervalle des élections triennales, il devra être procédé au remplacement dès que le conseil municipal se trouvera réduit aux trois quarts de ses membres.

SECTION II. — *Des Assemblées des Conseils municipaux.*

23. Les conseils municipaux se réunissent quatre fois l'année, au commencement des mois de février, mai, août et novembre. Chaque session peut durer dix jours.

24. Le préfet ou sous-préfet prescrit la convocation extraordinaire du conseil municipal, ou l'autorise sur la demande du maire, toutes les fois que les intérêts de la commune l'exigent.

Dans les sessions ordinaires, le conseil municipal peut s'occuper de toutes les matières qui rentrent dans ses attributions.

En cas de réunion extraordinaire, il ne peut s'occuper que des objets pour lesquels il a été spécialement convoqué.

La convocation pourra également être autorisée pour un objet spécial et déterminé, sur la demande du tiers des membres du conseil municipal adressée directement au préfet, qui ne pourra la refuser que par un arrêté motivé, qui sera notifié aux réclamants et dont ils pourront appeler au Roi.

Le maire préside le conseil municipal; les fonctions de secrétaire sont remplies par un de ses membres, nommé au scrutin et à la majorité à l'ouverture de chaque session.

25. Le conseil municipal ne peut délibérer que lorsque la majorité des membres en exercice assiste au conseil.

Il ne pourra être refusé, à aucun des citoyens contribuables de la commune, communication, sans déplacement, des délibérations des conseils municipaux.

26. Le préfet déclarera démissionnaire tout membre d'un conseil municipal qui aura manqué à trois convocations consécutives, sans motifs reconnus légitimes par le conseil.

27. La dissolution des conseils municipaux peut être prononcée par le Roi.

L'ordonnance de dissolution fixera l'époque de la réélection.

Il ne pourra y avoir un délai de plus de trois mois entre la dissolution et la réélection. Toutefois, dans le cas où les maire et adjoints cesseraient leurs fonctions par des causes quelconques avant la réélection du corps municipal, le Roi, ou le préfet en son nom, pourront désigner, sur la liste des électeurs de la commune, les citoyens qui exerceront provisoirement les fonctions de maire et d'adjoints.

28. Toute délibération d'un conseil municipal portant sur des objets étrangers à ses attributions est nulle de plein droit. Le préfet, en conseil de préfecture, déclarera la nullité; le conseil pourra appeler au Roi de cette décision.

29. Sont pareillement nulles de plein droit toutes délibé-

rations d'un conseil municipal prises hors de sa réunion légale. Le préfet, en conseil de préfecture, déclarera l'illégalité de l'assemblée et la nullité de ses actes.

Si la dissolution du conseil est prononcée, et si, dans le nombre de ses actes, il s'en trouve qui soient punissables d'après les lois pénales en vigueur, ceux des membres du conseil qui y auraient participé sciemment pourront être poursuivis.

30. Si un conseil se mettait en correspondance avec un ou plusieurs autres conseils, ou publiait des proclamations ou adresses aux citoyens, il serait suspendu par le préfet, en attendant qu'il eût été statué par le Roi.

Si la dissolution du conseil était prononcée, ceux qui auraient participé à ces actes pourront être poursuivis conformément aux lois pénales en vigueur.

31. Lorsque, en vertu de la dissolution prononcée par le Roi, un conseil aura été renouvelé en entier, le sort désignera, à la fin de la troisième année, les membres qui seront à remplacer.

## CHAPITRE III.

### DES LISTES ET DES ASSEMBLÉES DES ÉLECTEURS COMMUNAUX.

SECTION Iʳᵉ. — *De la Formation des Listes.*

32. Le maire, assisté du percepteur et des commissaires répartiteurs, dressera la liste de tous les contribuables de la commune jouissant des droits civiques, et qualifiés à raison de la quotité de leurs contributions, pour faire partie de l'assemblée communale, conformément à l'article 11 ci-dessus.

Les plus imposés seront inscrits sur cette liste dans l'ordre décroissant de la quotité de leurs contributions.

33. Cette liste présentera la quotité des impôts de chacun de ceux qui y seront portés; elle énoncera le chiffre et la population de la commune, et sera affichée dans la commune,

et communiquée, au secrétariat de la mairie, à tout requérant.

34. Tout individu omis pourra, pendant un mois, à dater de l'affiche, présenter sa réclamation à la mairie.

Dans le même délai, tout électeur inscrit sur la liste pourra réclamer contre l'inscription de tout individu qu'il croirait indûment porté.

35. Le maire prononcera dans le délai de huit jours, après avoir pris l'avis d'une commission de trois membres du conseil, délégués à cet effet par le conseil municipal. Il notifiera dans le même délai sa décision aux parties intéressées.

36. Toute partie qui se croirait fondée à contester une décision rendue par le maire, dans la forme ci-dessus, peut en appeler, dans le délai de quinze jours, devant le préfet qui, dans le délai d'un mois, prononcera en conseil de préfecture, et notifiera sa décision.

37. Le maire, sur la notification de la décision intervenue, fera sur la liste la rectification prescrite.

38. Le maire dressera la liste des électeurs appelés à voter dans l'assemblée de la commune, en vertu du paragraphe 2 de l'article 11 ci-dessus, avec l'indication de la date des diplômes, inscriptions, domicile, et autres conditions exigées par ce paragraphe.

39. Les dispositions des articles 33, 34, 35, 36 et 37, sont applicables aux listes des électeurs dressées en exécution de l'article précédent.

40. L'opération de la confection des listes commencera, chaque année, le 1er janvier; elles seront publiées et affichées le 8 du même mois, et closes définitivement le 31 mars. Il ne sera plus fait de changement aux listes pendant tout le cours de l'année; en cas d'élections, tous les citoyens qui y seront portés auront droit de voter, excepté ceux qui auraient été privés de leurs droits civiques par un jugement.

41. Les dispositions relatives à l'attribution des contributions, contenues dans les lois concernant l'élection des

députés, sont applicables aux élections réglées par la présente loi.

42. Les difficultés relatives, soit à cette attribution, soit à la jouissance des droits civiques ou civils et au domicile réel ou politique, seront portées devant le tribunal civil de l'arrondissement, qui statuera en dernier ressort suivant les formes établies par l'article 18 de la loi du 2 juillet 1828.

Section ii. — *Des Assemblées des Électeurs communaux.*

43. L'assemblée des électeurs est convoquée par le préfet.

44. Dans les communes qui ont 2,500 âmes et plus, les électeurs sont divisés en sections.

Le nombre des sections sera tel que chacune d'elles ait au plus huit conseillers à nommer dans les communes de 2,500 à 10,000 habitants ; six, dans celles de 10,000 à 30,000 ; et quatre dans celles dont la population excède ce dernier nombre.

La division en sections se fera par quartiers voisins, et de manière à répartir également le nombre des votants, autant que faire se pourra, entre les sections.

Le nombre et la limite des sections seront fixés par une ordonnance du Roi, le conseil municipal entendu.

Chaque section nommera un nombre égal de conseillers, à moins toutefois que le nombre des conseillers ne soit pas exactement divisible par celui des sections, auquel cas les premières sections, suivant l'ordre des numéros, nommeront un conseiller de plus. Leur réunion aura lieu à cet effet successivement, à deux jours de distance.

L'ordre des numéros sera déterminé, pour la première fois, par la voie du sort en assemblée publique du conseil municipal. A chaque élection nouvelle, la section qui avait le premier numéro dans l'élection précédente prendra le dernier ; celle qui avait le second prendra le premier, et ainsi de suite.

Les sections seront présidées, savoir : la première à voter, par le maire, et les autres successivement, par les adjoints, dans l'ordre de leur nomination, et par les conseillers municipaux dans l'ordre du tableau. Les quatre scrutateurs sont les deux plus âgés et les deux plus jeunes des électeurs présents sachant lire et écrire ; le bureau ainsi constitué désigne le secrétaire.

45. Dans les communes qui ont moins de deux mille cinq cents âmes, les électeurs se réuniront en une seule assemblée. Toutefois, sur la proposition du conseil général du département, et le conseil municipal entendu, les électeurs pourront être divisés en sections par un arrêté du préfet. Le même arrêté fixera le nombre et la limite des sections et le nombre des conseillers qui devront être nommés par chacune d'elles.

Les dispositions du précédent article relatives à la constitution du bureau sont applicables aux assemblées électorales des communes qui ont moins de deux mille cinq cents âmes.

46. Lorsqu'en exécution de l'article 22 il y aura lieu à remplacer des conseillers municipaux dans les communes dont le corps électoral se divise en sections, ces remplacements seront faits par les sections qui avaient élu ces conseillers.

47. Aucun électeur ne pourra déposer son vote qu'après avoir prêté, entre les mains du président, serment de fidélité au Roi des Français, d'obéissance à la Charte constitutionnelle et aux lois du royaume.

48. Le président a seul la police des assemblées. Elles ne peuvent s'occuper d'autres objets que des élections qui leur sont attribuées. Toute discussion, toute délibération, leur sont interdites.

49. Les assemblées des électeurs communaux procèdent aux élections qui leur sont attribuées au scrutin de liste.

La majorité absolue des votes exprimés est nécessaire au premier tour de scrutin ; la majorité relative suffit au second.

Les deux tours de scrutin peuvent avoir lieu le même jour. Chaque scrutin doit rester ouvert pendant trois heures au moins. Trois membres du bureau au moins seront toujours présents.

50. Le bureau juge provisoirement les difficultés qui s'élèvent sur les opérations de l'assemblée.

51. Les procès-verbaux des assemblées des électeurs communaux seront adressés, par l'intermédiaire du sous-préfet, au préfet, avant l'installation des conseillers élus.

Si le préfet estime que les formes et conditions légalement prescrites n'ont pas été remplies, il devra déférer le jugement de la nullité au conseil de préfecture dans le délai de quinze jours, à dater de la réception du procès-verbal. Le conseil de préfecture prononcera dans le délai d'un mois.

52. Tout membre de l'assemblée aura également le droit d'arguer les opérations de nullité. Dans ce cas, si la réclamation n'a pas été consignée au procès-verbal, elle devra être déposée, dans le délai de cinq jours, à compter du jour de l'élection, au secrétariat de la mairie : il en sera donné récépissé, et elle sera jugée dans le délai d'un mois par le conseil de préfecture.

Si la réclamation est fondée sur l'incapacité légale d'un ou de plusieurs des membres élus, la question sera portée devant le tribunal d'arrondissement, qui statuera, comme il est dit à l'article 42.

S'il n'y a pas eu de réclamations portées devant le conseil de préfecture, ou si ce conseil a négligé de prononcer dans les délais ci-dessus fixés, l'installation des conseillers élus aura lieu de plein droit. Dans tous les cas où l'annulation aura été prononcée, l'assemblée des électeurs devra être convoquée dans le délai de quinze jours, à partir de cette annulation.

L'ancien conseil restera en fonctions jusqu'à l'installation du nouveau.

# CHAPITRE IV.

### DISPOSITIONS TRANSITOIRES.

53. Toutes les opérations relatives à la confection des listes pour la première convocation des assemblées des électeurs devront être terminées dans le délai de six mois, à dater de la promulgation de la présente loi. La première nomination qui sera faite aura lieu intégralement pour chaque conseil municipal.

Lors de la deuxième élection, qui aura lieu trois ans après, le sort désignera ceux qui seront compris dans la moitié sortant.

Si la totalité du corps municipal est en nombre impair, la fraction la plus forte sortira la première.

54. L'exécution de la présente loi pourra être suspendue par le gouvernement dans les communes où il le jugera nécessaire.

Cette suspension ne pourra durer plus d'un an, à partir de la promulgation de la présente loi.

# CHAPITRE V.

55. Il sera statué, par une loi spéciale, sur l'organisation municipale de la ville de Paris. ( *V.* cette loi à la page suiv. )

# LOI

SUR L'ORGANISATION DU CONSEIL GÉNÉRAL ET DES CONSEILS D'ARRONDISSEMENT DE LA SEINE, ET L'ORGANISATION MUNICIPALE DE LA VILLE DE PARIS (1).

20-23 Avril 1834.

## TITRE PREMIER.

### DU CONSEIL GÉNÉRAL DU DÉPARTEMENT DE LA SEINE.

Art. 1er. Le conseil général du département de la Seine se compose de quarante-quatre membres.

2. Les douze arrondissements de la ville de Paris nomment chacun trois membres du conseil général du département, et les deux arrondissements de Sceaux et de St-Denis chacun quatre. Les membres choisis par les arrondissements de Paris sont pris parmi les éligibles ayant leur domicile à Paris.

---

(1) Nous avons cru devoir donner cette loi tout entière, quoique le troisième titre seulement soit applicable à l'organisation municipale de Paris, parce que ce troisième titre aurait été inintelligible sans les deux premiers.

3. Les élections sont faites dans chaque arrondissement par des assemblées électorales convoquées par le préfet de la Seine.

Sont appelés à ces assemblées :

1° Tous les citoyens portés sur les listes électorales formées en vertu des dispositions de la loi du 19 avril 1831 ;

2° Les électeurs qui, ayant leur domicile réel à Paris, ne sont pas portés sur ces listes, parce qu'ils ont leur domicile politique dans un autre département où ils exercent et continueront d'exercer tous leurs droits d'électeurs, conformément aux lois existantes ;

3° Les officiers des armées de terre et de mer en retraite, jouissant d'une pension de retraite de douze cents francs au moins, et ayant, depuis cinq ans, leur domicile dans le département de la Seine ;

4° Les membres des cours, ceux des tribunaux de première instance et de commerce siégeant à Paris ;

5° Les membres de l'Institut et autres sociétés savantes instituées par une loi ;

6° Les avocats aux Conseils du Roi et à la Cour de cassation, les notaires et les avoués, après trois ans d'exercice de leurs fonctions dans le département de la Seine ;

7° Les docteurs et licenciés en droit inscrits depuis 10 années non interrompues sur le tableau des avocats près les cours et tribunaux dans le département de la Seine ;

8° Les professeurs au collége de France, au muséum d'histoire naturelle, à l'école polytechnique, et les docteurs et licenciés d'une ou de plusieurs des facultés de droit, de médecine, des sciences et des lettres, titulaires des chaires d'enseignement supérieur ou secondaire dans les écoles de l'État situées dans le département de la Seine ;

9° Les docteurs en médecine après un exercice de 10 années consécutives dans la ville de Paris, dûment constaté par le paiement ou par l'exemption régulière du droit de patente.

4. Sont appliquées à la confection des listes les dispositions de la loi du 19 avril 1831 qui y sont relatives.

5. Aucun scrutin n'est valable si la moitié plus un des électeurs inscrits n'a voté.

Nul n'est élu s'il ne réunit la majorité absolue des suffrages exprimés.

Lorsqu'il y aura plusieurs membres du conseil général à élire, on procédera au scrutin de liste.

Après les deux premiers tours de scrutin, si l'élection n'est point faite, le bureau proclame les noms des candidats qui ont obtenu le plus de suffrages en nombre double de celui des membres à élire. Au troisième tour de scrutin, les suffrages ne pourront être valablement donnés qu'aux candidats ainsi proclamés.

Lorsque l'élection n'a pu être faite faute d'un nombre suffisant d'électeurs, ou est déclarée nulle pour quelque cause que ce soit, le préfet du département de la Seine assigne un jour, dans la quinzaine suivante, pour procéder de nouveau à l'élection.

6. Les colléges électoraux et leurs sections sont présidés par le maire, par ses adjoints, suivant l'ordre de leur nomination, et par les conseillers municipaux de l'arrondissement ou de la commune où l'élection a lieu, suivant l'ordre de leur inscription au tableau.

Les quatre scrutateurs sont les deux plus âgés et les deux plus jeunes des électeurs présents ; le bureau ainsi constitué désigne le secrétaire.

L'élection a lieu par un seul collége dans chacun des arrondissements de Sceaux et de St-Denis.

7. La tenue des assemblées électorales a lieu conformément aux dispositions contenues dans les articles 41, 43, 46, 47, 48, 49, 50, 51, 52, 53, 56 et 58 de la loi du 19 avril 1831, et les articles 50 et 51 de la loi du 21 mars 1831.

# TITRE II.

## DES CONSEILS D'ARRONDISSEMENT DU DÉPARTEMENT DE LA SEINE.

8. Les conseillers d'arrondissement sont élus dans chacun des cantons des arrondissements de Sceaux et de St-Denis par des assemblées électorales composées des électeurs appartenant à chaque canton, et portés sur les listes, conformément aux dispositions des art. 3 et 4 de la présente loi.

9. Il n'y aura point de conseil d'arrondissement pour la ville de Paris.

10. Toutes les dispositions de la loi du 22 juin 1833, sur l'organisation départementale, qui ne sont pas contraires aux dispositions précédentes, sont applicables au conseil général du département de la Seine et aux conseils des arrondissements de Sceaux et de St-Denis.

# TITRE III.

## DE L'ORGANISATION MUNICIPALE DE LA VILLE DE PARIS.

11. Le corps municipal de Paris se compose du préfet du département de la Seine, du préfet de police, des maires, des adjoints et des conseillers élus par la ville de Paris.

12. Il y a un maire et deux adjoints pour chacun des douze arrondissements de Paris.

Ils sont choisis par le Roi, pour chaque arrondissement, sur une liste de 12 candidats nommés par les électeurs de l'arrondissement. Ils sont nommés pour trois ans, et toujours révocables.

13. En exécution de l'article précédent, les électeurs qui ont concouru, à Paris, à la nomination des membres du conseil général, sont convoqués, tous les trois ans, pour

procéder, par un scrutin de liste, à la désignation de douze citoyens réunissant les conditions d'éligibilité que la loi a déterminées pour les membres du conseil général. Ces candidats sont indéfiniment rééligibles.

Pour que le scrutin soit valable, la majorité absolue des votes exprimés est nécessaire au premier tour ; la majorité relative suffit au second tour de scrutin.

14. Le conseil municipal de la ville de Paris se compose de trente-six membres qui, en exécution des articles 2 et 3, sont élus par les douze arrondissements de Paris pour faire partie du conseil général du département de la Seine.

15. Le Roi nomme chaque année, parmi les membres du conseil municipal, le président et le vice-président de ce conseil.

Le secrétaire est élu chaque année par les membres du conseil et parmi eux.

16. Le préfet de la Seine et le préfet de police peuvent assister aux séances du conseil municipal ; ils y ont voix consultative.

17. Le conseil municipal ne s'assemble que sur la convocation du préfet de la Seine. Il ne peut délibérer que sur les questions que lui soumet le préfet, et lorsque la majorité de ses membres assiste à la séance.

18. Il y a chaque année une session ordinaire, qui est spécialement consacrée à la présentation et à la discussion du budget. Cette session ne peut durer que 6 semaines. L'époque de la convocation doit être notifiée à chaque membre du conseil un mois au moins à l'avance.

19. Lorsqu'un membre du conseil a manqué à une session ordinaire, et à trois convocations extraordinaires consécutives, sans excuses légitimes ou empéchements admis par le conseil, il est déclaré démissionnaire par un arrêté du préfet, et il sera procédé à une élection nouvelle.

20. Les membres du conseil municipal prêtent serment la première fois qu'ils prennent séance, s'ils ne l'ont déjà prêté en qualité de membres du conseil général.

21. Les dispositions des articles 5, 6, 18, 19, 20, 21 de la loi du 21 mars 1831, relatifs aux incompatibilités, et l'article 11 de la loi du 22 juin 1833, relatif aux cas de vacances, sont applicables aux maires, aux adjoints et aux membres du conseil municipal de la ville de Paris.

Il en est de même des articles 27, 28, 29 et 30 de la loi du 21 mars 1831, relatifs à l'irrégularité des délibérations des conseils municipaux et à leur dissolution.

22. La présente loi sera mise à exécution avant le 1er janvier 1835.

# LOI

SUR L'ADMINISTRATION MUNICIPALE.

18 Juillet 1837.

## TITRE PREMIER.

### DES RÉUNIONS, DIVISIONS ET FORMATIONS DE COMMUNES.

Art. 1er. Aucune réunion, division ou formation de commune ne pourra avoir lieu que conformément aux règles ci-après.

2. Toutes les fois qu'il s'agira de réunir plusieurs communes en une seule, ou de distraire une section d'une commune, soit pour la réunir à une autre, soit pour l'ériger en commune séparée, le préfet prescrira préalablement, dans les communes intéressées, une enquête, tant sur le projet en lui-même que sur ses conditions.

Les conseils municipaux, assistés des plus imposés en nombre égal à celui de leurs membres, les conseils d'arrondissement et le conseil général donneront leur avis.

3. Si le projet concerne une section de commune, il sera créé, pour cette section, une commission syndicale. Un arrêté du préfet déterminera le nombre des membres de la commission.

Ils seront élus par les électeurs municipaux domiciliés dans la section ; et si le nombre des électeurs n'est pas double de celui des membres à élire, la commission sera composée des plus imposés de la section.

La commission nommera son président. Elle sera chargée de donner son avis sur le projet.

4. Les réunions et distractions de communes qui modifieront la composition d'un département, d'un arrondissement ou d'un canton, ne pourront être prononcées que par une loi.

Toutes autres réunions et distractions de communes pourront être prononcées par ordonnance du Roi, en cas de consentement des conseils municipaux, délibérant avec les plus imposés, conformément à l'article 2 ci-dessus, et, à défaut de ce consentement, pour les communes qui n'ont pas trois cents habitants, sur l'avis affirmatif du conseil général du département.

Dans tous les autres cas, il ne pourra être statué que par une loi.

5. Les habitants de la commune réunie à une autre commune conserveront la jouissance exclusive des biens dont les fruits étaient perçus en nature.

Les édifices et autres immeubles servant à usage public deviendront propriété de la commune à laquelle sera faite la réunion.

6. La section de commune érigée en commune séparée ou réunie à une autre commune emportera la propriété des biens qui lui appartenaient exclusivement.

Les édifices et autres immeubles servant à usage public, et situés sur son territoire, deviendront propriété de la nouvelle commune ou de la commune à laquelle sera faite la réunion.

7. Les autres conditions de la réunion ou de la distraction seront fixées par l'acte qui la prononcera. Lorsqu'elle sera prononcée par une loi, cette fixation pourra être renvoyée à une ordonnance royale ultérieure, sauf réserve, dans tous les cas, de toutes les questions de propriété.

8. Dans tous les cas de réunion ou fractionnement de communes, les conseils municipaux seront dissous. Il sera procédé immédiatement à des élections nouvelles.

## TITRE II.

### DES ATTRIBUTIONS DES MAIRES ET DES CONSEILS MUNICIPAUX.

#### Chap. Ier. — *Des Attributions des Maires.*

9. Le maire est chargé, sous l'autorité de l'administration supérieure :

1° De la publication et de l'exécution des lois et règlements ;

2° Des fonctions spéciales qui lui sont attribuées par les lois ;

3° De l'exécution des mesures de sûreté générale.

10. Le maire est chargé, sous la surveillance de l'administration supérieure :

1° De la police municipale, de la police rurale et de la voirie municipale, et de pourvoir à l'exécution des actes de l'autorité supérieure qui y sont relatifs ;

2° De la conservation et de l'administration des propriétés de la commune, et de faire en conséquence tous actes conservatoires de ses droits ;

3° De la gestion des revenus, de la surveillance des établissements communaux et de la comptabilité communale ;

4° De la proposition du budget et de l'ordonnancement des dépenses ;

5° De la direction des travaux communaux ;

6° De souscrire les marchés, de passer les baux des biens et les adjudications des travaux communaux, dans les formes établies par les lois et règlements ;

7° De souscrire dans les mêmes formes les actes de vente, échange, partage, acceptation de dons ou legs, acquisition, transaction, lorsque ces actes ont été autorisés conformément à la présente loi ;

8° De représenter la commune en justice, soit en demandant, soit en défendant.

11. Le maire prend des arrêtés à l'effet ,

1° D'ordonner les mesures locales sur les objets confiés par les lois à sa vigilance et à son autorité ;

2° De publier de nouveau les lois et règlements de police, et de rappeler les citoyens à leur observation.

Les arrêtés pris par le maire sont immédiatement adressés au sous-préfet. Le préfet peut les annuler ou en suspendre l'exécution.

Ceux de ces arrêtés qui portent règlement permanent ne seront exécutoires qu'un mois après la remise de l'ampliation constatée par les récépissés donnés par le sous-préfet.

12. Le maire nomme à tous les emplois communaux pour lesquels la loi ne prescrit pas un mode spécial de nomination. Il suspend et révoque les titulaires de ces emplois.

13. Le maire nomme les gardes champêtres, sauf l'approbation du conseil municipal. Ils doivent être agréés et commissionnés par le sous-préfet ; ils peuvent être suspendus par le maire, mais le préfet peut seul les révoquer.

Le maire nomme également les pâtres communs , sauf l'approbation du conseil municipal. Il peut prononcer leur révocation.

14. Le maire est chargé seul de l'administration ; mais il peut déléguer une partie de ses fonctions à un ou plusieurs de ses adjoints, et, en l'absence des adjoints, à ceux des conseillers municipaux qui sont appelés à en faire les fonctions.

15. Dans le cas où le maire refuserait ou négligerait de faire un des actes qui lui sont prescrits par la loi, le préfet, après l'en avoir requis, pourra y procéder d'office par lui-même ou par un délégué spécial.

16. Lorsque le maire procède à une adjudication publique

pour le compte de la commune , il est assisté de deux membres du conseil municipal désignés d'avance par le conseil , ou , à défaut , appelés dans l'ordre du tableau.

Le receveur municipal est appelé à toutes les adjudications.

Toutes les difficultés qui peuvent s'élever sur les opérations préparatoires de l'adjudication sont résolues , séance tenante , par le maire et les deux conseillers assistants , à la majorité des voix , sauf le recours de droit.

CHAP. II. — *Des Attributions des Conseils municipaux.*

17. Les conseils municipaux règlent , par leurs délibérations , les objets suivants :

1° Le mode d'administration des biens communaux ;

2° Les conditions des baux à ferme ou à loyer dont la durée n'excède pas dix-huit ans pour les biens ruraux , et neuf ans pour les autres biens ;

3° Le mode de jouissance et la répartition des pâturages et fruits communaux , autres que les bois , ainsi que les conditions à imposer aux parties prenantes ;

4° Les affouages , en se conformant aux lois forestières.

18. Expédition de toute délibération sur un des objets énoncés en l'article précédent est immédiatement adressée par le maire au sous-préfet, qui en délivre ou fait délivrer récépissé. La délibération est exécutoire si, dans les trente jours qui suivent la date du récépissé , le préfet ne l'a pas annulée , soit d'office , pour violation d'une disposition de loi ou d'un règlement d'administration publique , soit sur la réclamation de toute partie intéressée.

Toutefois , le préfet peut suspendre l'exécution de la délibération pendant un autre délai de trente jours.

19. Le conseil municipal délibère sur les objets suivants :

1° Le budget de la commune , et , en général , toutes les recettes et dépenses , soit ordinaires , soit extraordinaires ;

2° Les tarifs et règlements de perception de tous les revenus communaux ;

3° Les acquisitions, aliénations et échanges des propriétés communales, leur affectation aux différents services publics, et, en général, tout ce qui intéresse leur conservation et leur amélioration ;

4° La délimitation ou le partage des biens indivis entre deux ou plusieurs communes ou sections de commune ;

5° Les conditions des baux à ferme ou à loyer dont la durée excède dix-huit ans pour les biens ruraux et neuf ans pour les autres biens, ainsi que celles des baux des biens pris à loyer par la commune, quelle qu'en soit la durée ;

6° Les projets de constructions, de grosses réparations et de démolitions, et, en général, tous les travaux à entreprendre ;

7° L'ouverture des rues et places publiques, et les projets d'alignement de voirie municipale ;

8° Le parcours et la vaine pâture ;

9° L'acceptation des dons et legs faits à la commune et aux établissements communaux ;

10° Les actions judiciaires et transactions ;

Et tous les autres objets sur lesquels les lois et règlements appellent les conseils municipaux à délibérer.

20. Les délibérations des conseils municipaux sur les objets énoncés à l'article précédent sont adressées au sous-préfet.

Elles sont exécutoires sur l'approbation du préfet, sauf les cas où l'approbation par le ministre compétent, ou par ordonnance royale, est prescrite par les lois ou par les règlements d'administration publique.

21. Le conseil municipal est toujours appelé à donner son avis sur les objets suivants :

1° Les circonscriptions relatives au culte ;

2° Les circonscriptions relatives à la distribution des secours publics ;

3° Les projets d'alignement de grande voirie dans l'intérieur des villes, bourgs et villages ;

4° L'acceptation des dons et legs faits aux établissements de charité et de bienfaisance;

5° Les autorisations d'emprunter, d'acquérir, d'échanger, d'aliéner, de plaider ou de transiger, demandées par les mêmes établissements, et par les fabriques des églises et autres administrations préposées à l'entretien des cultes dont les ministres sont salariés par l'État;

6° Les budgets et les comptes des établissements de charité et de bienfaisance;

7° Les budgets et les comptes de fabriques et autres administrations préposées à l'entretien des cultes dont les ministres sont salariés par l'État, lorsqu'elles reçoivent des secours sur les fonds communaux;

8° Enfin, tous les objets sur lesquels les conseils municipaux sont appelés par les lois et règlements à donner leur avis ou seront consultés par le préfet.

22. Le conseil municipal réclame, s'il y a lieu, contre le contingent assigné à la commune dans l'établissement des impôts de répartition.

23. Le conseil municipal délibère sur les comptes présentés annuellement par le maire.

Il entend, débat et arrête les comptes de deniers des receveurs, sauf règlement définitif, conformément à l'article 66 de la présente loi.

24. Le conseil municipal peut exprimer son vœu sur tous les objets d'intérêt local.

Il ne peut faire ni publier aucune protestation, proclamation ou adresse.

25. Dans les séances où les comptes d'administration du maire sont débattus, le conseil municipal désigne au scrutin celui de ses membres qui exerce la présidence.

Le maire peut assister à la délibération; il doit se retirer au moment où le conseil municipal va émettre son vote. Le président adresse directement la délibération au sous-préfet.

26. Lorsque, après deux convocations successives faites par le maire, à huit jours d'intervalle et dûment constatées,

les membres du conseil municipal ne se sont pas réunis en nombre suffisant, la délibération prise après la troisième convocation est valable, quel que soit le nombre des membres présents.

27. Les délibérations des conseils municipaux se prennent à la majorité des voix. En cas de partage, la voix du président est prépondérante.

28. Les délibérations seront inscrites, par ordre de date, sur un registre coté et paraphé par le sous-préfet. Elles seront signées par tous les membres présents à la séance, ou mention sera faite de la cause qui les aura empêchés de signer.

29. Les séances des conseils municipaux ne sont pas publiques; leurs débats ne peuvent être publiés officiellement qu'avec l'approbation de l'autorité supérieure.

Il est voté au scrutin secret toutes les fois que trois des membres présents le réclament.

## TITRE III.

DES DÉPENSES ET RECETTES, ET DES BUDGETS DES COMMUNES.

30. Les dépenses des communes sont obligatoires ou facultatives.

Sont obligatoires les dépenses suivantes :

1° L'entretien, s'il y a lieu, de l'hôtel-de-ville ou du local affecté à la mairie ;

2° Les frais de bureau et d'impression pour le service de la commune ;

3° L'abonnement au *Bulletin des Lois ;*

4° Les frais de recensement de la population ;

5° Les frais des registres de l'état civil, et la portion des tables décennales à la charge des communes ;

6° Le traitement du receveur municipal, du préposé en chef de l'octroi, et les frais de perception ;

7° Le traitement des gardes des bois de la commune et des gardes champêtres ;

8° Le traitement et les frais de bureau des commissaires de police, tels qu'ils sont déterminés par les lois ;

9° Les pensions des employés municipaux et des commissaires de police, régulièrement liquidées et approuvées ;

10° Les frais de loyer et de réparation du local de la justice de paix, ainsi que ceux d'achat et d'entretien de son mobilier, dans les communes chefs-lieux de canton ;

11° Les dépenses de la garde nationale, telles qu'elles sont déterminées par les lois ;

12° Les dépenses relatives à l'instruction publique, conformément aux lois ;

13° L'indemnité de logement aux curés et desservants, et autres ministres des cultes salariés par l'État, lorsqu'il n'existe pas de bâtiment affecté à leur logement ;

14° Les secours aux fabriques des églises et autres administrations préposées aux cultes dont les ministres sont salariés par l'État, en cas d'insuffisance de leurs revenus, justifiée par leurs comptes et budgets ;

15° Le contingent assigné à la commune, conformément aux lois, dans la dépense des enfants trouvés et abandonnés ;

16° Les grosses réparations aux édifices communaux, sauf l'exécution des lois spéciales concernant les bâtiments militaires et les édifices consacrés au culte ;

17° La clôture des cimetières, leur entretien et leur translation, dans les cas déterminés par les lois et règlements d'administration publique ;

18° Les frais des plans d'alignements ;

19° Les frais et dépenses des conseils des prud'hommes, pour les communes où ils siégent ; les menus frais des chambres consultatives des arts et manufactures, pour les communes où elles existent ;

20° Les contributions et prélèvements établis par les lois sur les biens et revenus communaux ;

21° L'acquittement des dettes exigibles ;

Et généralement toutes les autres dépenses mises à la charge des communes par une disposition des lois.

Toutes dépenses autres que les précédentes sont facultatives.

31. Les recettes des communes sont ordinaires ou extraordinaires.

Les recettes ordinaires des communes se composent,

1° Des revenus de tous les biens dont les habitants n'ont pas la jouissance en nature ;

2° Des cotisations imposées annuellement sur les ayant-droit aux fruits qui se perçoivent en nature ;

3° Du produit des centimes ordinaires affectés aux communes par les lois de finances ;

4° Du produit de la portion accordée aux communes dans l'impôt des patentes ;

5° Du produit des octrois municipaux ;

6° Du produit des droits de place perçus dans les halles, foires, marchés, abattoirs, d'après les tarifs dûment autorisés ;

7° Du produit des permis de stationnement et des locations sur la voie publique, sur les ports et rivières, et autres lieux publics ;

8° Du produit des péages communaux, des droits de pesage, mesurage et jaugeage, des droits de voirie et autres droits légalement établis ;

9° Du prix des concessions dans les cimetières ;

10° Du produit des concessions d'eau, de l'enlèvement des boues et immondices de la voie publique, et autres concessions autorisées pour les services communaux ;

11° Du produit des expéditions des actes administratifs, et des actes de l'état civil ;

12° De la portion que les lois accordent aux communes dans le produit des amendes prononcées par les tribunaux de simple police, par ceux de police correctionnelle, et par les conseils de discipline de la garde nationale ;

Et généralement du produit de toutes les taxes de ville et de police dont la perception est autorisée par la loi.

32. Les recettes extraordinaires se composent,

1° Des contributions extraordinaires dûment autorisées ;

2° Du prix des biens aliénés ;

3° Des dons et legs ;

4° Du remboursement des capitaux exigibles et des rentes rachetées ;

5° Du produit des coupes extraordinaires de bois ;

6° Du produit des emprunts ,

Et de toutes autres recettes accidentelles.

33. Le budget de chaque commune, proposé par le maire, et voté par le conseil municipal, est définitivement réglé par arrêté du préfet.

Toutefois, le budget des villes dont le revenu est de 100,000 fr., ou plus, est réglé par une ordonnance du Roi.

Le revenu d'une commune est réputé atteindre 100,000 fr., lorsque les recettes ordinaires, constatées dans les comptes, se sont élevées à cette somme pendant les trois dernières années.

Il n'est réputé être descendu au-dessous de 100,000 fr. que lorsque, pendant les trois dernières années, les recettes ordinaires sont restées inférieures à cette somme.

34. Les crédits qui pourraient être reconnus nécessaires après le règlement du budget sont délibérés conformément aux articles précédents, et autorisés par le préfet dans les communes dont il est appelé à régler le budget, et par le ministre dans les autres communes.

Toutefois, dans ces dernières communes, les crédits supplémentaires pour dépenses urgentes pourront être approuvés par le préfet.

35. Dans le cas où, par une cause quelconque, le budget d'une commune n'aurait pas été approuvé avant le commencement de l'exercice, les recettes et dépenses ordinaires continueront, jusqu'à l'approbation de ce budget, à être faites conformément à celui de l'année précédente.

36. Les dépenses proposées au budget d'une commune peuvent être rejetées ou réduites par l'ordonnance du Roi, ou par l'arrêté du préfet, qui règle ce budget.

37. Les conseils municipaux peuvent porter au budget un crédit pour dépenses imprévues.

La somme inscrite pour ce crédit ne pourra être réduite ou rejetée qu'autant que les revenus ordinaires, après avoir satisfait à toutes les dépenses obligatoires, ne permettraient pas d'y faire face, ou qu'elle excéderait le dixième des recettes ordinaires.

Le crédit pour dépenses imprévues sera employé par le maire, avec l'approbation du préfet et du sous-préfet.

Dans les communes autres que les chefs-lieux de département ou d'arrondissement, le maire pourra employer le montant de ce crédit aux dépenses urgentes, sans approbation préalable, à la charge d'en informer immédiatement le sous-préfet, et d'en rendre compte au conseil municipal dans la première session ordinaire qui suivra la dépense effectuée.

38. Les dépenses proposées au budget ne peuvent être augmentées, et il ne peut y en être introduit de nouvelles par l'arrêté du préfet, ou l'ordonnance du Roi, qu'autant qu'elles sont obligatoires.

39. Si un conseil municipal n'allouait pas les fonds exigés pour une dépense obligatoire, ou n'allouait qu'une somme insuffisante, l'allocation nécessaire serait inscrite au budget par ordonnance du Roi, pour les communes dont le revenu est de 100,000 fr. et au-dessus, et par arrêté du préfet, en conseil de préfecture, pour celles dont le revenu est inférieur.

Dans tous les cas, le conseil municipal sera préalablement appelé à en délibérer.

S'il s'agit d'une dépense annuelle et variable, elle sera inscrite pour sa quotité moyenne pendant les trois dernières années. S'il s'agit d'une dépense annuelle et fixe de sa nature, ou d'une dépense extraordinaire, elle sera inscrite pour sa quotité réelle.

Si les ressources de la commune sont insuffisantes pour subvenir aux dépenses obligatoires inscrites d'office en vertu du présent article, il y sera pourvu par le conseil municipal, ou, en cas de refus de sa part, au moyen d'une contribution extraordinaire établie par une ordonnance du Roi, dans les limites du maximum qui sera fixé annuellement par la loi de finances, et par une loi spéciale, si la contribution doit excéder ce maximum.

40. Les délibérations du conseil municipal concernant une contribution extraordinaire destinée à subvenir aux dépenses obligatoires ne seront exécutoires qu'en vertu d'un arrêté du préfet s'il s'agit d'une commune ayant moins de 100,000 fr. de revenu, et d'une ordonnance du Roi s'il s'agit d'une commune ayant un revenu supérieur.

Dans le cas où la contribution extraordinaire aurait pour but de subvenir à d'autres dépenses que les dépenses obligatoires, elle ne pourra être autorisée que par ordonnance du Roi s'il s'agit d'une commune ayant moins de 100,000 fr. de revenu, et par une loi s'il s'agit d'une commune ayant un revenu supérieur.

41. Aucun emprunt ne pourra être autorisé que par ordonnance du Roi, rendue dans les formes des règlements d'administration publique, pour les communes ayant moins de 100,000 fr. de revenu, et par une loi s'il s'agit d'une commune ayant un revenu supérieur.

Néanmoins, en cas d'urgence et dans l'intervalle des sessions, une ordonnance du Roi, rendue dans la forme des règlements d'administration publique, pourra autoriser les communes dont le revenu est de 100,000 fr. et au-dessus à contracter un emprunt jusqu'à concurrence du quart de leurs revenus.

42. Dans les communes dont les revenus sont inférieurs à 100,000 fr., toutes les fois qu'il s'agira de contributions

extraordinaires ou d'emprunts, les plus imposés aux rôles de la commune seront appelés à délibérer avec le conseil municipal, en nombre égal à celui des membres en exercice.

Ces plus imposés seront convoqués individuellement par le maire, au moins dix jours avant celui de la réunion.

Lorsque les plus imposés appelés seront absents, ils seront remplacés en nombre égal par les plus imposés portés après eux sur le rôle.

43. Les tarifs des droits de voirie sont réglés par ordonnances du Roi, rendues dans la forme des règlements d'administration publique.

44. Les taxes particulières dues par les habitants ou propriétaires, en vertu des lois et des usages locaux, sont réparties par délibération du conseil municipal, approuvée par le préfet.

Ces taxes sont perçues suivant les formes établies pour le recouvrement des contributions publiques.

45. Aucune construction nouvelle, ou reconstruction entière ou partielle, ne pourra être autorisée que sur la production des projets et devis.

Ces projets et devis seront soumis à l'approbation préalable du ministre compétent quand la dépense excèdera 30,000 fr., et à celle du préfet quand elle sera moindre.

## TITRE IV.

#### DES ACQUISITIONS, ALIÉNATIONS, BAUX, DONS ET LEGS.

46. Les délibérations des conseils municipaux ayant pour objet des acquisitions, des ventes ou échanges d'immeubles, le partage de biens indivis, sont exécutoires sur arrêté du préfet, en conseil de préfecture, quand il s'agit d'une valeur n'excédant pas 3,000 fr., pour les communes dont le revenu est au-dessous de 100,000 fr., et 20,000 fr. pour les autres communes.

S'il s'agit d'une valeur supérieure, il est statué par ordonnance du Roi.

La vente des biens mobiliers et immobiliers des communes, autres que ceux qui servent à un usage public, pourra, sur la demande de tout créancier porteur de titres exécutoires, être autorisée par une ordonnance du Roi, qui déterminera les formes de la vente.

47. Les délibérations des conseils municipaux ayant pour objet des baux dont la durée devra excéder dix-huit ans, ne sont exécutoires qu'en vertu d'une ordonnance royale.

Quelle que soit la durée du bail, l'acte passé par le maire n'est exécutoire qu'après l'approbation du préfet.

48. Les délibérations ayant pour objet l'acceptation des dons et legs d'objets mobiliers ou de sommes d'argent, faits à la commune et aux établissements communaux, sont exécutoires en vertu d'un arrêté du préfet lorsque leur valeur n'excède pas 3,000 fr., et en vertu d'une ordonnance du Roi lorsque leur valeur est supérieure ou qu'il y a réclamation des prétendant-droit à la succession.

Les délibérations qui porteraient refus de dons et legs, et toutes celles qui concerneraient des dons et legs d'objets immobiliers, ne sont exécutoires qu'en vertu d'une ordonnance du Roi.

Le maire peut toujours, à titre conservatoire, accepter les dons et legs, en vertu de la délibération du conseil municipal; l'ordonnance du Roi, ou l'arrêté du préfet, qui intervient ensuite, a effet du jour de cette acceptation.

## TITRE V.

### DES ACTIONS JUDICIAIRES ET DES TRANSACTIONS.

49. Nulle commune ou section de commune ne peut introduire une action en justice sans être autorisée par le conseil de préfecture.

Après tout jugement intervenu, la commune ne peut se pourvoir devant un autre degré de juridiction qu'en vertu d'une nouvelle autorisation du conseil de préfecture.

Cependant tout contribuable inscrit au rôle de la commune a le droit d'exercer, à ses frais et risques, avec l'autorisation du conseil de préfecture, les actions qu'il croirait appartenir à la commune ou section, et que la commune ou section, préalablement appelée à en délibérer, aurait refusé ou négligé d'exercer.

La commune ou section sera mise en cause, et la décision qui interviendra aura effet à son égard.

50. La commune, section de commune, ou le contribuable auquel l'autorisation aura été refusée, pourra se pourvoir devant le Roi, en Conseil d'état. Le pourvoi sera introduit et jugé en la forme administrative. Il devra, à peine de déchéance, avoir lieu dans le délai de trois mois, à dater de la notification de l'arrêté du conseil de préfecture.

51. Quiconque voudra intenter une action contre une commune ou section de commune sera tenu d'adresser préalablement au préfet un mémoire exposant les motifs de sa réclamation. Il lui en sera donné récépissé.

La présentation du mémoire interrompra la prescription et toutes déchéances.

Le préfet transmettra le mémoire au maire, avec l'autorisation de convoquer immédiatement le conseil municipal pour en délibérer.

52. La délibération du conseil municipal sera, dans tous les cas, transmise au conseil de préfecture, qui décidera si la commune doit être autorisée à ester en jugement.

La décision du conseil de préfecture devra être rendue dans le délai de deux mois, à partir de la date du récépissé énoncé en l'article précédent.

53. Toute décision du conseil de préfecture portant refus d'autorisation devra être motivée.

En cas de refus de l'autorisation, le maire pourra, en

vertu d'une délibération du conseil municipal, se pourvoir devant le Roi, en son Conseil d'état, conformément à l'article 50 ci-dessus.

Il devra être statué sur le pourvoi dans le délai de deux mois, à partir du jour de son enregistrement au secrétariat général du Conseil d'état.

54. L'action ne pourra être intentée qu'après la décision du conseil de préfecture, et, à défaut de décision dans le délai fixé par l'article 52, qu'après l'expiration de ce délai.

En cas de pourvoi contre la décision du conseil de préfecture, l'instance sera suspendue jusqu'à ce qu'il ait été statué sur le pourvoi, et, à défaut de décision dans le délai fixé par l'article précédent, jusqu'à l'expiration de ce délai.

En aucun cas, la commune ne pourra défendre à l'action qu'autant qu'elle y aura été expressément autorisée.

55. Le maire peut toutefois, sans autorisation préalable, intenter toute action possessoire, ou y défendre, et faire tous autres actes conservatoires ou interruptifs des déchéances.

56. Lorsqu'une section est dans le cas d'intenter ou de soutenir une action judiciaire contre la commune elle-même, il est formé, pour cette section, une commission syndicale de trois ou cinq membres, que le préfet choisit parmi les électeurs municipaux, et, à leur défaut, parmi les citoyens les plus imposés.

Les membres du corps municipal qui seraient intéressés à la jouissance des biens ou droits revendiqués par la section ne devront point participer aux délibérations du conseil municipal relatives au litige.

Ils seront remplacés, dans toutes ces délibérations, par un nombre égal d'électeurs municipaux de la commune, que le préfet choisira parmi les habitants ou propriétaires étrangers à la section.

L'action est suivie par celui de ses membres que la commission syndicale désigne à cet effet.

57. Lorsqu'une section est dans le cas d'intenter ou de

soutenir une action judiciaire contre une autre section de la même commune, il sera formé, pour chacune des sections intéressées, une commission syndicale, conformément à l'article précédent.

58. La section qui aura obtenu une condamnation contre la commune, ou contre une autre section, ne sera point passible des charges ou contributions imposées pour l'acquittement des frais et dommages-intérêts qui résulteraient du fait du procès.

Il en sera de même à l'égard de toute partie qui aurait plaidé contre une commune ou une section de commune.

59. Toute transaction consentie par un conseil municipal ne peut être exécutée qu'après l'homologation par ordonnance royale, s'il s'agit d'objets immobiliers ou d'objets mobiliers d'une valeur supérieure à 3,000 fr., et par arrêté du préfet en conseil de préfecture, dans les autres cas.

## TITRE VI.

### COMPTABILITÉ DES COMMUNES.

60. Les comptes du maire, pour l'exercice clos, sont présentés au conseil municipal avant la délibération du budget. Ils sont définitivement approuvés par les préfets, pour les communes dont le revenu est inférieur à 100,000 fr., et par le ministre compétent, pour les autres communes.

61. Le maire peut seul délivrer des mandats. S'il refusait d'ordonnancer une dépense régulièrement autorisée et liquide, il serait prononcé par le préfet en conseil de préfecture.

L'arrêté du préfet tiendrait lieu du mandat du maire.

62. Les recettes et dépenses communales s'effectuent par un comptable chargé seul, et sous sa responsabilité, de poursuivre la rentrée de tous revenus de la commune et de toutes sommes qui lui seraient dues, ainsi que d'acquitter les dé-

penses ordonnancées par le maire, jusqu'à concurrence des crédits régulièrement accordés.

Tous les rôles de taxes, de sous-répartitions et de prestations locales, devront être remis à ce comptable.

63. Toutes les recettes municipales pour lesquelles les lois et règlements n'ont pas prescrit un mode spécial de recouvrement s'effectuent sur des états dressés par le maire. Ces états sont exécutoires après qu'ils ont été visés par le sous-préfet.

Les oppositions, lorsque la matière est de la compétence des tribunaux ordinaires, sont jugées comme affaires sommaires, et la commune peut y défendre sans autorisation du conseil de préfecture.

64. Toute personne, autre que le receveur municipal, qui, sans autorisation légale, se serait ingérée dans le maniement des deniers de la commune, sera, par ce seul fait, constituée comptable; elle pourra en outre être poursuivie en vertu de l'article 258 du Code pénal, comme s'étant immiscée sans titre dans des fonctions publiques.

65. Le percepteur remplit les fonctions de receveur municipal.

Néanmoins, dans les communes dont le revenu excède 30,000 fr., ces fonctions sont confiées, si le conseil municipal le demande, à un receveur municipal spécial. Il est nommé par le Roi, sur trois candidats que le conseil municipal présente.

Les dispositions du premier paragraphe ci-dessus ne seront applicables aux communes ayant actuellement un receveur municipal, que sur la demande du conseil municipal ou en cas de vacance.

66. Les comptes du receveur municipal sont définitivement apurés par le conseil de préfecture, pour les communes dont le revenu n'excède pas 30,000 fr., sauf recours à la Cour des comptes.

Les comptes des receveurs des communes dont le revenu

n'excède pas 30,000 fr. sont réglés et apurés par ladite Cour.

Les dispositions ci-dessus, concernant la juridiction des conseils de préfecture et de la Cour des comptes sur les comptes des receveurs municipaux, sont applicables aux comptes des trésoriers des hôpitaux et autres établissements de bienfaisance.

67. La responsabilité des receveurs municipaux et les formes de la comptabilité des communes seront déterminées par des règlements d'administration publique. Les receveurs municipaux seront assujétis, pour l'exécution de ces règlements, à la surveillance des receveurs des finances.

Dans les communes où les fonctions de receveur municipal et de percepteur sont réunies, la gestion du comptable est placée sous la responsabilité du receveur des finances de l'arrondissement.

68. Les comptables qui n'auront pas présenté leurs comptes dans les délais prescrits par les règlements pourront être condamnés, par l'autorité chargée de les juger, à une amende de 10 fr. à 100 fr., par chaque mois de retard, pour les receveurs et trésoriers justiciables des conseils de préfecture, et de 50 fr. à 500 fr., également par mois de retard, pour ceux qui sont justiciables de la Cour des comptes.

Ces amendes sont attribuées aux communes ou établissements que concernent les comptes en retard.

Elles seront assimilées aux débets de comptables, et le recouvrement pourra en être suivi par corps, conformément aux articles 8 et 9 de la loi du 17 avril 1832.

69. Les budgets et les comptes des communes restent déposés à la mairie, où toute personne imposée aux rôles de la commune a droit d'en prendre connaissance.

Ils sont rendus publics par la voie de l'impression dans les communes dont le revenu est de 100,000 fr. ou plus, et dans les autres, quand le conseil municipal a voté la dépense de l'impression.

# TITRE VII.

### DES INTÉRÊTS QUI CONCERNENT PLUSIEURS COMMUNES.

70. Lorsque plusieurs communes possèdent des biens ou des droits par indivis, une ordonnance du Roi instituera, si l'une d'elles le réclame, une commission syndicale composée de délégués des conseils municipaux des communes intéressées.

Chacun des conseils élira dans son sein, au scrutin secret et à la majorité des voix, le nombre de délégués qui aura été déterminé par l'ordonnance du Roi.

La commission syndicale sera renouvelée tous les trois ans, après le renouvellement partiel des conseils municipaux.

Les délibérations prises par la commission ne sont exécutoires que sur l'approbation du préfet, et demeurent d'ailleurs soumises à toutes les règles établies pour les délibérations des conseils municipaux.

71. La commission syndicale sera présidée par un syndic qui sera nommé par le préfet et choisi parmi les membres qui la composent.

Les attributions de la commission syndicale et du syndic, en ce qui touche les biens et les droits indivis, seront les mêmes que celles des conseils municipaux et des maires pour l'administration des propriétés communales.

72. Lorsqu'un même travail intéressera plusieurs communes, les conseils municipaux seront spécialement appelés à délibérer sur leurs intérêts respectifs et sur la part de la dépense que chacune d'elles devra supporter. Ces délibérations seront soumises à l'approbation du préfet.

En cas de désaccord entre les conseils municipaux, le préfet prononcera, après avoir entendu les conseils d'arrondissement et le conseil général. Si les conseils municipaux appartiennent à des départements différents, il sera statué par ordonnance royale.

La part de la dépense définitivement assignée à chaque commune sera portée d'office aux budgets respectifs, conformément à l'article 39 de la présente loi.

73. En cas d'urgence, un arrêté du préfet suffira pour ordonner les travaux, et pourvoira à la dépense à l'aide d'un rôle provisoire. Il sera procédé ultérieurement à sa répartition définitive, dans la forme déterminée par l'article précédent.

## TITRE VIII.

### DISPOSITION SPÉCIALE.

74. Il sera statué par une loi spéciale sur l'administration municipale de la ville de Paris. ( Cette loi n'a pas encore été rendue. )

# NOTICE HISTORIQUE

SUR LA VIE ET LES OUVRAGES

## DE M. HENRION DE PANSEY,

PAR M. LOUIS ROZET.

---

Placé par une étroite liaison de famille sous l'amitié tutélaire de M. le premier président Henrion de Pansey, comblé de ses bontés depuis mon enfance, admis par lui dans une intimité qui faisait mon bonheur, je n'ai pas dû laisser à d'autres le soin d'honorer sa mémoire en écrivant sa vie. Des relations de tous les jours m'ont rendu témoin ou confident des faits que je rapporte ; cette biographie aura donc l'avantage de la fidélité historique, et j'ose espérer que les nombreux amis de M. le premier président me rendront ce témoignage. Puissent-ils penser aussi que je n'étais pas trop indigne de tracer le portrait d'un si grand magistrat !

Pierre-Paul-Nicolas Henrion de Pansey naquit le 28 mars 1742 à Tréverai, près de Ligny en Lorraine (1), d'une famille honorable et justement considérée. Après avoir fait ses études et son droit à Pont-à-Mousson, il vint à Paris en 1762 sans être bien savant, comme il le disait lui-même. Reçu avocat le 10 mars 1763, il fit un stage de quatre ans, prescrit alors par les règlements, et fut inscrit sur le tableau en 1767.

---

(1) Aujourd'hui département de la Meuse.

A peine assis au barreau, M. Henrion conçut la noble pensée de s'y faire par son mérite seul un nom et une clientelle. Jeune, obscur, isolé, il sentait tout ce qu'il lui fallait de travaux, de courage et de persévérance, pour atteindre ce but; mais il avait une volonté forte, et les obstacles ne l'effrayaient pas.

« Ne compter pour rien les travaux de l'enfance, et
» commencer les sérieuses, les véritables études, dans le
» temps où nous les finissons; regarder la jeunesse, non
» comme un âge destiné par la nature au plaisir et au
» relâchement, mais comme un temps que la vertu con-
» sacre au travail et à l'application;... devenir invisible pour
» un temps; se réduire soi-même dans une captivité vo-
» lontaire, et s'ensevelir tout vivant dans une profonde
» retraite, pour y préparer de loin des armes toujours victo-
» rieuses, » voilà les conseils que d'Aguesseau donne aux avocats : M. Henrion, les suivant à la lettre, se déroba au monde pendant dix ans, et, caché dans son cabinet, s'y livra sans relâche aux plus solides méditations.

La France était alors soumise au régime féodal. Quoique le progrès des lumières minât sourdement ces institutions que M. Henrion appelait, en 1773, « un assemblage bizarre » de lambeaux gothiques et disparates, » personne ne pouvait encore prédire ni prévoir l'époque de leur chute : M. Henrion dut s'attacher aux lois existantes, et s'appliqua au droit féodal. Procédant avec ordre, il fouilla d'abord dans les fondements de l'édifice, interrogea les vieux monuments de notre histoire, et pénétra peu à peu dans ce vaste labyrinthe qui n'avait pas non plus effrayé Montesquieu. Mais comme il devait étudier les lois féodales en jurisconsulte plutôt qu'en publiciste, comme il avait besoin de les expliquer, et non pas mission de les réformer, il s'entoura des meilleurs écrits, les analysa, se les appropria par une méditation profonde, et finit par classer dans sa tête un corps complet de doctrine sur la législation et la jurisprudence féodales.

Parmi les nombreux feudistes qu'il consultait, Dumoulin fut son meilleur et son plus savant maître. Occupé pendant dix ans d'une analyse du *Traité des Fiefs*, M. Henrion voulut laisser un témoignage spécial de sa reconnaissance et de son admiration pour ce grand jurisconsulte : il prononça son éloge, en 1773, dans une de ces conférences où les jeunes avocats venaient comme aujourd'hui, sous les auspices des anciens, s'éclairer par une sorte d'enseignement mutuel, et préluder aux luttes judiciaires devant un tribunal simulé.

C'était un tableau bien digne de l'intérêt du barreau que la vie de Dumoulin, de cet avocat simple et fier, pauvre et désintéressé, supérieur à son siècle par ses lumières comme par sa raison; parent d'une reine d'Angleterre (1), et n'estimant que le mérite personnel ; décidant sur la possession d'un trône (2), et donnant des consultations devant un pilier du palais (3); arbitre des princes et dédaignant toutes leurs offres; inspirant une telle confiance qu'un de ces princes (4) voulut le forcer, par des tourments et l'appareil de la mort, à se charger de sa cause; plus utile au roi Henri II par sa plume qu'une armée de trente mille hommes, suivant le témoignage du connétable Anne de Montmorency; appelé en Allemagne, et traînant sur ses pas des flots d'admirateurs ; reçu par les villes, par une tête couronnée, et revenant aussi

---

(1) Élisabeth, par Anne de Boulen, sa mère.

(2) Celui de Hesse.

(3) Dans ses ouvrages, écrits en latin, Dumoulin interrompt quelquefois la plus savante dissertation en ces termes : « Ici ma femme » vint m'avertir qu'elle n'avait plus d'argent pour le ménage; j'allai » donc au Palais donner quelques consultations, et je rapportai de » l'argent pour plusieurs jours. Je reprends ma dissertation. » Cette naïveté charmait M. Henrion.

(4) Le prince de Montbéliard, dans les états duquel se trouvait alors Dumoulin.

modeste dans son cabinet; refusant dans sa patrie même l'honneur de siéger au parlement de Paris; combattant les erreurs de Genève et les abus de Rome.; puis en butte à la haine des protestants et des catholiques, persécuté, dépouillé, emprisonné, pour avoir dit la vérité, comme Socrate et Galilée ! Cette physionomie originale avait vivement frappé M. Henrion, il la peignit en traits vigoureux; et, s'il fit admirer Dumoulin, il se fit admirer lui-même par la force des pensées, la sagesse des jugements, l'éclat des couleurs et la beauté des images.

C'est dans l'Eloge de Dumoulin qu'on trouve ce portrait de l'avocat : « Libre des entraves qui captivent les autres » hommes, trop fier pour avoir des protecteurs, trop obs- » cur pour avoir des protégés, sans esclave et sans maître, » ce serait l'homme dans sa dignité originelle, si un tel » homme existait encore sur la terre. »

La même année, M. Henrion livra au public son Analyse du *Traité des Fiefs* (1), travail exécuté avec une profondeur digne de Dumoulin lui-même; car, en l'étudiant, il avait appris à l'égaler.

Cet ouvrage révéla au barreau l'existence d'un jurisconsulte du premier ordre; et le public, docile à la voix de la renommée, afflua bientôt dans le cabinet longtemps solitaire du savant avocat. On voulut désormais avoir son avis sur toutes les questions de droit féodal; et telle fut bientôt l'autorité de son opinion, qu'un particulier se plaignant un jour à un conseiller au parlement d'avoir perdu son procès, celui-ci lui répondit seulement : « M. Henrion était contre » vous. »

La publication de cet ouvrage, qui fit tant d'honneur au savoir et au jugement de M. Henrion, lui fournit aussi l'occasion de signaler l'indépendance de son caractère.

_____

(1) *Traité des Fiefs* de Dumoulin, analysé et conféré avec les au- tres feudistes, par M. Henrion de Panscy. Paris, 1773, in-4°.

Fatigué des courageuses résistances des parlements, le ministère de Louis XV les avait supprimés en 1771, et les avait remplacés presque tous par d'autres compagnies, qui n'étaient que des commissions de justice. Celle qui fut établie à Paris avait reçu le nom ironique de *Parlement Maupeou*. Fidèle au malheur et à la vertu, l'ordre des avocats refusa de paraître devant « ces fantômes dont on avait garni, » suivant la belle expression de M. Royer-Collard, « les bancs » révérés » de l'ancienne magistrature. M. Henrion fit plus : il dédia son Commentaire sur Dumoulin à M. Molé de Champlâtreux, fils du premier président du parlement exilé. Son épître dédicatoire, pleine de raison et de dignité, commençait ainsi : « Vous possédez, Monsieur, les deux avan- » tages que l'on estime le plus aujourd'hui, la naissance et la » fortune. Cependant le sage ne vous comptera pour quel- » que chose que lorsque vous aurez une grandeur qui vous » sera personnelle. Celle de vos aïeux n'est point à vous ; » l'héritier d'une gloire fondée sur la vertu ne peut recevoir » ce précieux héritage que des mains de la vertu même. »

Après ces pensées philosophiques, M. Henrion rappelait à M. Molé les exemples de ses ancêtres, de ces dignes magistrats qui avaient toujours cherché à servir le Roi et la nation plutôt qu'à flatter l'un ou l'autre (1).

Le chancelier Maupeou vit dans cet hommage rendu à une famille parlementaire une nouvelle protestation contre le coup d'état dont il s'était rendu coupable. Le censeur refusa d'approuver la dédicace ; le lieutenant de police manda l'auteur ; et il s'établit entre eux un entretien que M. Henrion racontait ainsi :

« Vous venez de publier un Commentaire sur Dumoulin ? » — Oui, Monsieur. — Vous l'avez dédié à M. Molé de

---

(1) M. le comte Molé, pair de France, est aujourd'hui le dernier rejeton de cette noble race, dont il soutient le nom par « une gran- deur personnelle, » comme M. Henrion le conseillait à son père.

» Champlâtreux le fils ? — Oui. — Vous n'ignorez pas ce-
» pendant que le premier président Molé a encouru la dis-
» grâce du Roi ? — Non, Monsieur. — Vous auriez mieux
» fait de dédier votre livre à monseigneur le chancelier. —
» Je n'aurais pas pu prendre cette liberté sans la permission
» de monseigneur le chancelier. — Je suis autorisé à croire
» qu'il vous le permettrait, et même que vous lui feriez
» plaisir. — Je ne changerai rien à ma dédicace. — Elle ne
» peut rester telle qu'elle est. — Eh bien ! M. Molé peut se
» passer de ma dédicace, et mon livre peut se passer de son
» nom. » Et M. Henrion sortit. Le lieutenant de police,
n'ayant pas réussi par la persuasion, usa d'autorité : il ordonna la suppression de l'épître dédicatoire, qui est devenue
excessivement rare.

Louis XV étant mort en 1774, un des premiers actes de
Louis XVI fut de rappeler les parlements. L'opinion publique accueillit avec transport ce commencement d'un règne
qui devait finir par une si terrible catastrophe. Rendu à ses
juges légitimes, l'ordre des avocats reparut avec joie au barreau ; et M. Henrion, ayant été chargé de prononcer le discours de rentrée de la conférence publique des avocats, en
1775, crut qu'il était à propos de faire le panégyrique d'un
grand magistrat, et choisit Mathieu Molé. Il lui était permis
de célébrer cette illustre famille dans son triomphe, car il
l'avait honorée dans son exil. Un si beau sujet devait inspirer
l'orateur : M. Henrion, dans son exorde, exprima son indignation contre les coups d'état, contre les commissions de
justice, exemples et organes de violence et d'iniquité, enfin
sa reconnaissance pour le jeune Roi qui rendait à la nation
sa constitution et sa liberté, en lui rendant les défenseurs
de l'une et de l'autre. Il nous montre ensuite dans Molé un
citoyen, un sage, un héros ; inébranlable dans ses devoirs
au milieu des orages de deux minorités et des troubles de la
Fronde, également inaccessible aux séductions de la cour et
intrépide sous le poignard des conjurés, rare et sublime

exemple du courage civil, qui arrachait au cardinal de Retz, chef des frondeurs, cet aveu mémorable : « Si ce n'était pas » une espèce de blasphème de dire qu'il y a dans l'Europe » un homme plus courageux que le roi de Suède (1) et » M. le prince (2), je dirais que c'est M. le premier pré- » sident. »

Le nombre et la diversité des coutumes et des juridictions qui régissaient l'ancienne France ne permettaient guère aux avocats de se livrer à la fois à l'étude approfondie des lois et aux soins multipliés de la plaidoirie. Les uns, appliqués aux travaux les plus épineux, dirigeaient les affaires et les procès par de savantes consultations ; les autres, brillants inter- prètes des délibérations prises en commun, les développaient à l'audience avec ces rares talents qui ont illustré les Cochin et les Gerbier. M. Henrion s'était placé dans les rangs des premiers. Il ne plaida qu'une seule fois, mais avec un grand succès, en 1770 ; et son plaidoyer, imprimé, fut lu avec empressement. Il s'agissait d'un Nègre esclave, qui récla- mait sa liberté devant la Table de marbre de l'amirauté, parce que son maître, en l'amenant en France, avait né- gligé d'accomplir les formalités alors prescrites par les lois pour le maintien de l'esclavage *en terre franche*. M. Henrion saisit cette occasion pour s'élever avec une généreuse chaleur contre l'asservissement et la traite des Nègres, trafic exé- crable que les lois ne condamnaient pas encore. Son client recouvra la liberté.

En 1775, M. Henrion étendit sa réputation dans le monde par un mémoire publié sur une affaire qui piquait vivement la curiosité générale.

Mercier, auteur original du *Tableau de Paris*, de *l'An 2440*, et de plusieurs drames connus (3), avait fait recevoir

---

(1) Gustave-Adolphe.
(2) Le grand Condé.
(3) *L'Habitant de la Guadeloupe, la Brouette du vinaigrier*, etc., etc.

une pièce à la Comédie française, et avait, en conséquence, d'après les règlements, le droit d'exiger la lecture d'une seconde pièce. La Comédie refusa d'entendre cette lecture, sous prétexte que Mercier était l'auteur d'un libelle anonyme contre elle. Mercier assigna les comédiens, et M. Henrion fit paraître pour lui un mémoire distingué par un talent littéraire que la nature de l'affaire favorisa sans doute, mais qu'elle n'aurait pas fait naître sous une plume médiocre. Cet écrit fixa l'attention publique, et mérita les suffrages des gens de goût. La Harpe en fit l'éloge dans son *Cours de littérature*.

Cependant Mercier ne put obtenir justice ; les comédiens eurent assez de crédit pour faire évoquer l'affaire au conseil du Roi, où elle n'eut pas de suite.

Ce singulier procès n'avait été pour M. Henrion qu'une agréable distraction (1). Il continuait ses consultations, et rédigeait pour l'ancien *Répertoire de jurisprudence* et pour *l'Encyclopédie méthodique* presque tous les articles relatifs aux fiefs. En 1789, il publia les deux premiers volumes d'un ouvrage intitulé *Dissertations féodales*, où il voulait réunir sous la forme alphabétique toutes les questions que pouvait offrir une matière si vaste et si difficile. Cet ouvrage supposait des connaissances prodigieuses. Mais l'Assemblée constituante ayant aboli la féodalité peu de jours après la publication des deux premiers volumes, les autres ne furent pas imprimés ; et sans doute M. Henrion regretta ses immenses travaux sur une législation pour jamais abolie.

Cependant il y a dans les *Dissertations féodales* une partie historique, pleine d'érudition et de jugement, qu'on peut encore consulter avec fruit. Le plus brillant écrivain de nos

---

(1) En 1772, il fit insérer dans la *Galerie française* un Éloge de l'abbé Pluche, auteur du *Spectacle de la nature*. Ce fait peu connu prouve que l'esprit flexible de M. Henrion pouvait se plier à tous les sujets.

jours y a trouvé lui-même d'utiles matériaux (1). M. Henrion avait appliqué toute la sagacité de son esprit à démêler et à ressaisir, à travers la nuit des temps, les traces presque effacées d'institutions aujourd'hui détruites ou complétement dénaturées. C'est ainsi qu'il nous fit connaître l'état des hommes dans les premiers âges de la monarchie, l'origine, les variations, et enfin l'abolition de la servitude; c'est ainsi qu'il nous montra l'établissement des justices seigneuriales par l'usurpation des grands feudataires à la fin du dixième siècle, époque d'ignorance et de barbarie, où l'esprit humain sommeilla, où la puissance publique fut au pillage, où, par un partage fait à la pointe de l'épée, Hugues Capet reçut pour son lot la couronne des faibles successeurs de Charlemagne.

Les orages de la révolution éloignèrent M. Henrion de la capitale. Il se retira à Pansey, où étaient ses propriétés de famille; puis à Joinville, petite ville voisine, dans le département de la Haute-Marne.

En 1796, M. Henrion fut nommé par le Directoire président de l'administration du même département : il se rendit à Chaumont, et s'y fit remarquer par sa modération, sa sagesse et sa justice, vertus dont la pratique n'était alors ni sans difficultés ni sans dangers (2). Un seul trait fera voir qu'il se prêtait mal aux mesures propres à perpétuer les dis-

---

(1) M. de Châteaubriand.

(2) Treilhard et Merlin, alors Directeurs, avaient connu M. Henrion au barreau de Paris, mais s'étaient éloignés de lui au commencement de la révolution, parce qu'il blâmait les défauts de la constitution de 1791, et prédisait que le pouvoir royal, énervé, succomberait promptement. « Vous êtes un aristocrate, lui disaient ses deux confrères; vous » regrettez le droit féodal, et votre cabinet de consultations. » L'événement leur fit reconnaître la justesse des vues de M. Henrion; ils le firent nommer à son insu premier administrateur du département de la Haute-Marne, et quand il revint plus tard à Paris, ils lui dirent : « Vous aviez bien raison, notre constitution de 1791 ne valait rien. »

cordes civiles. Le ministre de l'intérieur lui demanda un jour des renseignements sur la conduite et les opinions des principaux habitants du département, « afin, disait la circu-
» laire ministérielle, que je sache à quel degré de mon
» échelle politique je dois les placer. » M. Henrion répondit : « Je n'ai que de bons renseignements à donner sur la
» conduite et les opinions de nos administrés ; vous pouvez
» les placer tous au premier degré de votre échelle poli-
» tique. » Il y avait une grande leçon dans cette légère ironie.
On a vu plus d'exemples de pareilles circulaires que de pareilles réponses.

Quelque temps après, il fut nommé professeur de législation à l'école centrale de Chaumont, et s'appliqua dès lors à répandre ses connaissances par un enseignement méthodique et lumineux. En 1800, sous le gouvernement consulaire, le sénat, sur sa réputation seule, le désigna pour faire partie de la Cour de cassation; il l'apprit par le *Moniteur*, et revint à Paris après dix ans d'absence.

A partir de son entrée dans ce tribunal suprême, un nouvel ordre de travaux et d'études s'ouvrit devant lui. Magistrat, il mit tous ses soins à bien connaître, entendre et appliquer les lois nouvelles ; toujours jurisconsulte, il commenta, éclaircit ces lois par de savants écrits, suppléa souvent au silence du législateur, et marqua sa place à la tête des magistrats et des jurisconsultes.

Le premier ouvrage qu'il publia depuis la révolution fut le Traité *de la Compétence des Juges de paix* (1).

Cette institution, créée par l'Assemblée constituante à l'imitation de l'Angleterre, ne remplissait pas d'abord toutes les espérances qu'on en avait conçues. M. Henrion en trouva la principale raison dans l'insuffisance et l'obscurité des lois

---

(1) *De la Compétence des Juges de paix*, dixième édition. Paris, in-8°.

qui la concernaient : la compétence des juges de paix n'était pas bien définie ; la loi du 24 août 1790 n'avait sur ce point si important que deux articles ; et ces magistrats s'égaraient dans un cercle mal tracé. M. Henrion voulut guider leurs pas incertains : il se pénétra de l'esprit du législateur, et compléta son ouvrage.

Voici en peu de mots son plan et sa méthode : il commence par définir la juridiction des juges de paix ; de ce qu'elle est *extraordinaire et d'exception*, il tire deux conséquences : d'abord, que les juges de paix sont incompétents toutes les fois qu'il s'agit d'une affaire que la loi ne range pas nominativement dans leurs attributions ; ensuite, qu'ils n'ont pas l'exécution de leurs jugements.

Il dit pourquoi et comment leur juridiction peut être *prorogée*, pourquoi leurs jugements ne peuvent être cassés que pour incompétence ou excès de pouvoir, et montre la nuance si fine qui distingue l'incompétence de l'excès de pouvoir.

Passant alors en revue les attributions des juges de paix, il leur en reconnaît deux principales :

1° Objets d'une valeur déterminée, c'est-à-dire la connaissance des *actions personnelles et mobilières ;*

2° Objets d'une valeur indéterminée, c'est-à-dire la connaissance de toutes les *actions possessoires.*

Enfin il s'occupe des brevets d'invention, qui présentent aux juges de paix des difficultés fort sérieuses.

Tel est le plan qui a produit un des plus excellents traités de notre droit moderne.

Admirable logicien, l'auteur pose les principes, déduit les conséquences, discute les questions, réfute les objections, résout les difficultés. Enfin il fait voir les limites souvent imperceptibles qui séparent l'autorité judiciaire de l'autorité administrative, et caractérise le pouvoir des juges de paix comme tribunaux de simple police.

Il n'est pas possible de faire connaître par une simple ana-

lyse un ouvrage si substantiel et si profond. Mais neuf éditions, épuisées en peu d'années, prouvent assez que les juges de paix n'ont pas aujourd'hui de guide plus sûr et de *Manuel* plus complet. Cet éloge en action dispense de tous les autres (1). Je citerai cependant cette phrase, pour faire voir quelle haute idée M. le président Henrion s'était faite du jurisconsulte : « C'est l'homme rare, l'homme doué d'une
» raison forte, d'une sagacité peu commune, d'une ardeur
» infatigable pour la méditation et l'étude, qui planant sur la
» sphère des lois en éclaire les points obscurs, et fait briller
» d'un nouvel éclat les vérités connues ; qui non-seulement
» aplanit les avenues de la science, mais en recule les
» bornes ; qui indique aux législateurs ce qu'ils ont à faire,
» et laisse à ceux qui voudront marcher sur ses traces un fil
» qui les conduira sûrement dans cette vaste et pénible car-
» rière. » ( Pag. 436. )

D'après cette brillante définition, M. le président Henrion nomme seulement trois jurisconsultes : Dumoulin, Loyseau, et de Laurière. Tous ceux qui liront ses ouvrages en con-naîtront au moins un quatrième.

En 1810, parut le Traité *de l'Autorité judiciaire* (2) : ce n'est pas, comme la *Compétence des Juges de paix*, un ouvrage spécial sur une matière du droit civil. On y retrouve toujours le grand jurisconsulte, mais on y voit de plus l'historien et le publiciste. Doué d'un rare esprit d'analyse, il donne lui-même, au commencement de l'introduction, une idée com-plète de son livre :

« Je vais parler de l'autorité judiciaire, de sa nature, de
» ses attributions, de son influence, des éléments qui la
» composent, des divisions dont elle est susceptible, de ses

---

(1) Le Traité *de la Compétence des juges de paix* a été traduit en italien et en allemand. — Il est aujourd'hui à sa 11ᵉ édition.

(2) 1ʳᵉ édition. Paris, 1810, in-8°. — 2ᵉ édition. Paris, 1818, in-4°. — 3ᵉ édition. Paris, 1827, 2 vol. in-8°.

» rapports avec la puissance législative, le pouvoir adminis-
» tratif, et le commandement militaire ; de l'obligation où
» est le prince de la déléguer ; enfin de la hiérarchie des
» tribunaux, des devoirs que la loi leur impose, et des
» prérogatives qui appartiennent à chacun d'eux. »

Dans cette introduction, pleine de faits curieux et de détails intéressants, M. Henrion présente le tableau historique de la formation et des variations du pouvoir judiciaire sous l'ancienne monarchie. Il signale à nos regards cette grande innovation par laquelle saint Louis substitua au combat judiciaire l'appel au roi jugeant sur les moyens respectifs des parties ; œuvre de politique et d'habileté non moins que de sagesse : car, d'une part, le roi saisit par là le dernier ressort de la justice, sans lequel il n'y a point de vraie souveraineté ; et de l'autre, les seigneurs, s'étant bientôt dégoûtés des fonctions judiciaires quand elles ne consistèrent plus à combattre, furent remplacés dans les tribunaux par des hommes étrangers au métier des armes, mais instruits dans les lois. Quelque naturelle, quelque raisonnable que nous paraisse aujourd'hui cette mesure, il fallait en 1270 de grandes lumières pour en concevoir la pensée, une fermeté peu commune pour l'exécuter ; et c'est la plus belle gloire de saint Louis d'avoir, malgré son siècle, donné à la France la base d'une organisation judiciaire qui a déjà duré six cents ans.

Après un coup d'œil rapide sur les différentes espèces de gouvernement, et sur la forme que l'autorité judiciaire doit prendre sous chacune d'elles, M. le président Henrion examine plus particulièrement cette autorité sous les gouvernements monarchiques, dans sa source, ses modifications et ses diverses branches. Par de doctes recherches et de judicieuses conjectures, il découvre l'origine du ministère public dans un passage de Beaumanoir, profond jurisconsulte du treizième siècle ; celle du jury dans les lois saxonnes et les coutumes de la Germanie ; enfin celle de la juridiction temporelle de l'Église dans la supériorité de lumières qui dis-

tingua le clergé pendant plusieurs siècles. A mesure que cette
supériorité s'affaiblit, les abus qui en étaient la suite devinrent intolérables, et les parlements défendirent sans relâche
les droits de la Couronne et les libertés gallicanes contre les
invasions ultramontaines. Imbu de leurs doctrines et fidèle à
leurs traditions, M. le président Henrion trace d'une main
sage et ferme la ligne de démarcation entre la juridiction
spirituelle de l'Église, que tous les catholiques reconnaissent,
et sa juridiction temporelle, qui ne peut s'exercer que dans
les pays soumis à la souveraineté temporelle du pape.

Un des premiers magistrats de la Cour de cassation ne pouvait négliger ce tribunal imposant qui domine au-dessus de
tous les autres. Personne n'a mieux saisi l'esprit d'une institution établie uniquement dans l'intérêt des lois et gar-
dienne de ce dépôt sacré : personne n'a mieux précisé
dans quels cas et par quels moyens il est possible aux parties d'attaquer devant cette Cour suprême les décisions des
tribunaux. Le savant auteur porte aussi le flambeau de l'expérience et de la critique dans le dédale du contentieux administratif ; il montre ce qui est légal, pour que les citoyens
s'y conforment ; ce qui est vicieux, pour que le législateur
le corrige.

Enfin le Traité de l'Autorité judiciaire est le livre le plus
profond et le mieux écrit que notre siècle ait produit sur
ces matières qui tiennent à la fois au droit public et au droit
civil.

L'importance et l'éclat de ces travaux avaient attiré l'attention du chef du gouvernement impérial : il nomma M.
Henrion président de section. Bientôt après, une circonstance assez curieuse le lui fit connaître encore mieux.

L'empereur avait assemblé à Trianon, et présidait lui-
même, une commission convoquée pour délibérer sur des
demandes en grâce et sur un point de législation. Il ouvre
un avis : on le discute, et presque tous ses conseillers paraissent l'adopter ; mais le président expose ses raisons pour

l'avis contraire avec tant de force et de netteté, que Napoléon se range à son opinion, ainsi que toute la commission. « Pour- » quoi, s'écria-t-il en sortant de la séance, pourquoi ce » vieux bon homme n'est-il pas de mon conseil ? Je veux » qu'il en soit (1).

On sait que, sous l'empire, les conseillers d'État n'étaient pas seulement, comme aujourd'hui, juges d'intérêts privés et de contestations administratives. Le conseil d'État impérial était véritablement un conseil de gouvernement. Napoléon le présidait lui-même, et l'appelait à délibérer sur les plus grands intérêts de l'État ; les membres en étaient généralement nommés à vie, et, loin d'avoir aucune influence sur eux, les ministres n'étaient souvent que les exécuteurs des délibérations du conseil. Peu de jours après la séance de Trianon, le président Henrion reçut le brevet de conseiller d'État.

Il alla trouver le ministre de la justice, et lui dit : « Je » ne puis pas accepter ces fonctions, par deux raisons : » d'abord je suis presque aveugle, je ne pourrais pas faire » les rapports ; ensuite, je ne veux pas quitter la Cour de » cassation. » Le ministre transmit cette réponse à l'empe- reur, qui, le dimanche suivant, s'arrêta aux Tuileries devant le président : « Je n'entends pas que vous quittiez la Cour de » cassation ; vous ne serez chargé d'aucuns travaux ; je ne » vous demande que votre avis verbal. Il y a dix ans que vous » devriez être de mon conseil ; et j'ai grondé M. Cambacérès » de ne m'avoir pas parlé de vous plus tôt. » Napoléon con- féra aussi à M. Henrion le titre de baron.

------

(1) « ... Ce que vous dites de la nomination de M. Henrion de Pansey » au Conseil d'état est tout-à-fait exact. J'y étais, et ce fut à moi que » l'empereur témoigna son étonnement de ce que *ce vieux bon homme* » n'était pas encore membre de son conseil, en me chargeant de faire ✝ tout de suite un décret pour réparer cette omission. » *Extrait d'une lettre de M. le comte Daru à l'auteur de cette Notice.*

Des distinctions si flatteuses et alors si enviées n'éblouis-
saient pas le sage (1), et n'enchaînaient pas l'indépendance
du magistrat. Voici un exemple remarquable de son intégrité.
Le fisc avait succombé devant une cour d'appel dans un
procès où il s'agissait de plusieurs millions. Napoléon, ne
voulant pas qu'on formât au hasard un pourvoi en cassation, chargea son procureur général de sonder l'opinion de
la Cour ; celui-ci invita la section des requêtes à se réunir,
et lui fit cette communication. Le président Henrion examine, pèse, délibère, et pense avec la Cour qu'il n'y a pas lieu
de casser l'arrêt. « Mais que répondrai-je à S. M.? s'écrie le
» procureur général. — Répondez qu'il vaut mieux que S.
» M. perde plusieurs millions, que si la Cour de cassation se
» déconsidérait par une injustice. » L'empereur, instruit de
ce noble langage, n'en témoigna aucun déplaisir à M. Henrion (2).

---

(1) M. Henrion avait reçu la croix de la Légion-d'Honneur dès la
création de l'ordre. Peu après il partit pour Pansey, et en traversant
Épernay, il s'arrêta un instant et s'assit sur un banc dans la rue.
Aussitôt on s'attroupe autour de lui avec curiosité ; après dix années
de révolution, on ne savait plus ce que c'était que des rubans et des
croix. M. Henrion, ayant la vue très-basse, ne s'apercevait pas qu'il
était l'objet du rassemblement. A la fin, le plus hardi se détache, et
lui dit : « Qu'est-ce que vous avez donc à votre boutonnière? Pour-
» quoi portez-vous ce ruban rouge, et à quoi vous sert-il?—Mon ami,
» répond M. Henrion, vous m'en demandez plus que je n'en sais. »
Cette plaisanterie philosophique ferma la bouche au questionneur in-
discret.

(2) Bonaparte se plaisait à l'interroger. Il n'aimait pas moins le sel
de ses reparties que la rectitude de son jugement. « Président, lui
» dit-il un jour, vous qui savez tant de choses, apprenez-moi donc ce
» que jamais personne n'a pu me dire, l'origine du proverbe *quatre-*
» *vingt-dix-neuf moutons et un Champenois font cent bêtes.* — Sire,
» Votre Majesté sait que les princes ont toujours besoin d'argent.
» Thibault IV, comte de Champagne, étant dans ce cas, mit un im-
» pôt sur tous les troupeaux de cent bêtes et au-dessus. Pour échapper
» à l'impôt, les Champenois réduisirent leurs troupeaux à quatre-

A la chute de l'empire, en 1814, il s'établit un gouvernement provisoire, qui chargea M. Henrion du portefeuille de la justice : choix heureux, transition propre à rassurer le régime qui s'avançait, sans désespérer celui qui finissait à peine.

Quand les employés du ministère vinrent rendre leurs devoirs au nouveau ministre : « Messieurs, leur dit-il avec » cette bonté paternelle qui convenait si bien à son grand » âge, il est probable que je ne resterai pas assez longtemps » avec vous pour vous faire du bien ; mais au moins soyez » sûrs que je ne vous ferai pas de mal. »

M. Henrion employa son autorité passagère à réparer des injustices. Les prisons étaient remplies de citoyens détenus arbitrairement ; il les fit mettre en liberté. Les cours prévôtales et les tribunaux de douanes avaient été créés illégalement ; il les supprima. Enfin il rendit à la Cour royale de Paris, avec le titre de conseillers honoraires, MM. Lecourbe et Clavier, destitués pour leur fermeté dans le procès du général Moreau.

Au bout de quarante-cinq jours, il remit les sceaux à M. le chancelier Dambray.

Un prince d'un caractère fort et d'un esprit éclairé, à qui ses malheurs avaient appris à se suffire à lui-même, et ses voyages à connaître les hommes, choisit M. Henrion pour présider son conseil. S. A. R. avait en lui une entière confiance, lui écrivait quelquefois de sa main, et le traitait avec les égards les plus affectueux.

Un jour M. Couder, peintre, se présente chez M. Henrion : « Monsieur le président, monseigneur le duc d'Or-

---

» vingt-dix-neuf moutons ; mais, informé de cette subtilité, le comte » interpréta son édit en ces termes : Le berger du troupeau compte » bien pour un mouton, l'impôt sera perçu. » Ce que le vulgaire impoli a traduit ainsi : *Quatre-vingt-dix-neuf moutons et un Champenois font cent bêtes.*

» léans m'a chargé de faire votre portrait. — Mon portrait !
» et que veut-il en faire ? — Le prince, pour l'exemple de
» ses enfants, m'a commandé un tableau qui le représentera
» donnant des leçons de mathématiques dans un collége de
» Suisse. Il trouve que vous ressemblez au principal de ce
» collége, et il désire que vous vouliez bien prêter vos
» traits à cet homme respectable. » M. Henrion posa : sa
ressemblance fut frappante ; et ce tableau, conçu dans des
vues si élevées, décore la galerie du Roi des Français, où tout
le monde reconnaît le président de la Cour de cassation sous
les habits du vieux et bon principal du collége de Reichenau.

Le président Henrion accueillit avec joie la Charte constitutionnelle de Louis XVIII. Il pensa que le gouvernement
mixte réunirait à la fois les avantages de la monarchie, de
l'aristocratie, et de la démocratie ; que les inconvénients de
chacun de ces trois modes se neutraliseraient par une heureuse pondération ; et que d'ailleurs ce gouvernement était
le seul qui répondît aux vœux et aux besoins actuels de la
France. Il aurait certainement approuvé les modifications
nécessaires que cette Charte a reçues depuis dans l'intérêt
des libertés publiques.

Beaucoup de gens parlaient de la Chambre des Pairs comme
d'une institution absolument nouvelle. Pour fixer les idées
à cet égard, il écrivit en 1816 un petit livre sur la Pairie (1).
Il explique à la fois ce qu'était l'ancienne et ce qu'est aujour-
d'hui la nouvelle : il montre la Pairie féodale, absorbée et
fondue dans le parlement en 1363, lui prêtant ainsi l'éclat
de sa position politique, et lui empruntant à son tour l'ascendant naturel des lumières et du savoir : mais il remarque
aussi qu'elle n'exerçait, comme le parlement, que les fonctions judiciaires, sauf la faculté de porter quelquefois au

_____

(1) *Des Pairs de France et de l'ancienne constitution française.*
Paris, 1816, in-8°.

trône de respectueuses remontrances ; tandis que la Pairie constitutionnelle participe pour jamais à l'exercice du pouvoir législatif.

En 1822 , le président Henrion donna son traité *du Pouvoir municipal et des Biens communaux.* « Vivement frappé » de l'importance de ce pouvoir à la fois public et privé qui » réunit l'autorité du magistrat à celle du père de famille, » et qui, en contact immédiat avec tous les citoyens, agit » continuellement et sur tous, » il voulut en déterminer la nature, les limites et les fonctions. Le régime municipal n'existait plus de fait en France, et l'administration des communes était tout entière dans la main du gouvernement ; on sent bien qu'un esprit aussi élevé ne pouvait pas se contenter d'exposer simplement ce qui était, sans réflexions et sans vues d'amélioration. Il dit ce qui était, mais surtout ce qui devrait être ; il fit sur l'organisation des municipalités un ouvrage de principes et de doctrine ; il jeta des germes dans l'avenir, laissant à la raison publique le soin de les féconder, et à la prudence du gouvernement celui de les faire éclore et fructifier. La nature et la durée des fonctions municipales, les limites qui les séparent du pouvoir administratif, le nombre, le choix, la résidence, la destitution, la mise en jugement des officiers municipaux, il régla tout avec sagesse.

Il est temps que le pouvoir municipal soit rendu aux communes. Honneur au président Henrion ! En prêtant sa voix imposante aux vœux légitimes de la nation, il a préparé aussi les moyens d'y satisfaire ; et, si les méditations solitaires du cabinet sont indispensables pour que les discussions de la tribune produisent de bonnes lois , il pourra revendiquer une grande part dans l'organisation des municipalités, car il a posé la première pierre de l'édifice.

Cependant le savant magistrat, qui voulait faire un livre utile de toute manière, a su descendre à propos de la haute région des théories. Après avoir exposé les règles de la formation des municipalités, il a traité avec un soin particulier cette partie importante des attributions municipales qu'on appelle la police intérieure. Les lois qui en parlent lui paraissant bien faites et assez complètes, il les rappelle, les réunit, les commente et les développe, en y ajoutant les exemples propres à en faciliter l'intelligence. Mais son cadre s'agrandissait entre ses mains ; et, en 1825, il publia le même ouvrage augmenté de plus du double, en deux traités séparés. Quel que soit à présent, quel que doive être bientôt le régime municipal, ces deux traités seront toujours d'un grand prix, d'une application fréquente et sûre. L'auteur y a discuté et résolu un nombre infini de questions, sur les droits d'usage dans les forêts, sur les procès à intenter ou à soutenir par les communes, sur l'application des titres anciens, sur les délits ruraux et forestiers, sur les peines portées contre eux, sur les fonctions des gardes champêtres et forestiers. Sa parfaite connaissance des anciennes coutumes et des anciens auteurs, et sa merveilleuse sagacité, lui fournissent, sur chaque difficulté, de ces solutions nettes et lumineuses qui frappent aussitôt les esprits. Son opinion acquiert presque, aux yeux de la raison, l'autorité d'un arrêt ; et l'on ne sait qui a parlé, du jurisconsulte dans son cabinet, ou du président à l'audience.

Enfin, conservant la même aptitude au travail et la même netteté dans les idées, à un âge auquel si peu d'hommes parviennent avec toutes leurs facultés, il donna, en 1826, une histoire des *Assemblées nationales en France* (1), depuis l'établissement de la monarchie jusqu'aux états-généraux de 1614. Pénétré de l'excellence d'un gouvernement où tous les intérêts peuvent élever publiquement la voix, le président Henrion a voulu nous montrer comment cette voix sa-

---

(1) *Des Assemblées nationales en France*, seconde édition. Paris, 1829, 2 vol. in-8°.

vait se faire entendre même sous l'ancien régime, et nous mettre en état de comparer les deux modes de représentation nationale. Il a choisi judicieusement et réuni en un abrégé clair et précis ce que l'histoire de nos anciens états-généraux offre de plus intéressant. On y voit les assemblées nationales, apportées dans les Gaules par les peuples de la Germanie, se composer uniquement des grands de l'État, c'est-à-dire des nobles et des prêtres; le besoin d'argent et d'appui pour résister au pape Boniface VIII y introduire en 1302 le tiers-état, qui s'y est toujours maintenu depuis ; et la noblesse et le clergé réduits peu à peu à être seulement des ordres privilégiés; la liberté, si chère aux Francs, nos ancêtres, faire entendre sa voix aux époques les plus remarquables ; mais, comme il arrive lorsque les peuples ne sont pas appelés d'une manière fixe et régulière au maniement de leurs affaires, les rois ne convoquer ces assemblées que par nécessité (1), et alors ces assemblées se montrer exigeantes et indociles à proportion du besoin qu'on avait d'elles. On y voit enfin l'autorité royale prévaloir sur toutes les résistances et abattre les rivalités féodales, le pouvoir absolu s'établir, et les états-généraux tomber en désuétude depuis 1614 jusqu'en 1789 ; calme périlleux, que M. Royer-Collard a ainsi caractérisé avec sa profondeur et son éloquence habituelles : « Dépourvus d'ennemis, délivrés de la contradiction, dis- » pensés de la prévoyance....., les rois sont venus à grands » pas s'abîmer dans le gouffre de la révolution. »

En 1827, plusieurs départements, ceux de la Seine et de la Meuse, briguaient l'honneur d'envoyer le président Henrion à la Chambre des Députés. On lui fit des ouvertures à ce sujet : il opposa son grand âge, et la résolution de consacrer entièrement à ses fonctions judiciaires ce qui lui

---

(1) Suivant Mézerai, « depuis le règne du roi Jean les états-généraux » n'ont guère servi qu'à augmenter les subsides. »

restait de vie. « Passe encore, disait-il gaîment, si je
» n'avais que quatre-vingts ans ! » ( Il en avait alors quatre-
vingt-six. ) Les départements qui pensaient à lui, assurés
qu'il n'accepterait pas leur mandat, furent obligés de le
confier à d'autres.

Le vertueux défenseur de Louis XVI étant mort en 1828,
le Roi, qui avait déjà nommé M. Henrion chevalier de
Saint-Michel et commandeur de la Légion-d'Honneur,
l'éleva au rang de premier président de la Cour de cassation.
Cette couronne posée sur ses cheveux blancs excita les ap-
plaudissements de la magistrature, du barreau, du public;
et dans les premiers moments, on oublia son âge pour ne
penser qu'à son triomphe.

'Dans le cours de sa longue magistrature, et dans les émi-
nentes fonctions de premier président, M. Henrion fut toujours affable et modeste, laborieux et assidu comme dans sa
jeunesse. Les années n'ôtaient rien ni à ses facultés ni à son
zèle. Une attention infatigable, une mémoire prodigieuse,
suppléaient en lui à l'usage de la vue, qu'il avait presque
entièrement perdue depuis bien longtemps. Loin de chercher
à exercer sur ses collègues l'influence que son savoir et sa
haute capacité lui conciliaient naturellement, il faisait rarement de grands efforts pour que son avis prévalût; et dans
cette espèce d'abnégation il entrait beaucoup de respect pour
la liberté des opinions et la conscience des autres. On peut
dire hardiment que personne n'a jamais poussé plus loin l'intégrité et l'impartialité, ce noble et nécessaire apanage du
magistrat. Quoiqu'il fût bien sûr de ne pas céder aux sug-
gestions, il s'en défiait encore : il écoutait les plaideurs eux-
mêmes ; mais toute tentative faite par un ami, pour lui parler
d'une affaire dont il était juge, lui causait un déplaisir qu'il
ne cachait pas. Du reste, la crainte d'être trop favorable ne
le rendait pas trop sévère, comme il pourrait arriver à des
hommes d'une conscience aussi pure, mais d'un jugement
moins ferme : il agissait exactement comme si on ne lui eût

rien dit. Il aurait jugé ses proches parents comme des in-
connus.

Ceux qui l'entendaient à l'audience ne l'admiraient pas
moins que ceux qui lisent ses écrits dans le cabinet. Avec
quelle facilité, quelle précision, quelle lucidité, il prononçait
les arrêts dans les affaires les plus compliquées ! Et l'on sait
que la chambre des requêtes, qu'il a toujours présidée, juge
ordinairement cinq ou six causes par jour. Toutes les décisions sorties de sa bouche se distinguent par la force et l'en-
chaînement logique des motifs, et souvent par la profondeur
des connaissances judiciaires et historiques.

Peu de temps avant sa maladie, M. Henrion présida une
audience solennelle des chambres réunies, qui dura cinq
ou six heures. Il y avait à juger trois affaires différentes et
très-épineuses : dans chacune on entendit plusieurs avocats.
A la fin de l'audience, le premier président, âgé de quatre-
vingt-sept ans, prononça de suite les trois arrêts, de mémoire, sans hésiter, sans rien oublier, ni des moyens de
cassation proposés, ni des motifs donnés pour les repousser
ou les admettre. Ce fut là son adieu à ses hautes fonctions.

Comme chef de la Cour de cassation, M. Henrion prononça plusieurs discours, soit pour la réception des magistrats, soit pour la rentrée des vacances. Tous sont remarquables par la concision, le tact, le bon sens, la finesse, le
sentiment parfait des devoirs de la magistrature. Leur devise
est vraiment : *Multa paucis*. On n'a pas oublié, on n'oubliera
jamais le dernier qu'il a prononcé, à la fin de 1828, sur les
devoirs des juges envers la Couronne, sujet grave et délicat,
qu'il a traité avec autant de sagesse que de vigueur. L'histoire des siècles passés devint en cette occasion l'ingénieuse
leçon du présent. Évoqués par une habile prosopopée, nos
plus grands magistrats vinrent prêter l'autorité de leurs paroles à leur digne successeur ; et leur voix ferme et mesurée
proclama les plus saines maximes sur le gouvernement de
l'État et l'administration de la justice. Cette vieillesse avancée,

ce ton grave et solennel, cette profonde connaissance des anciens temps, produisaient une sorte d'illusion; et le chancelier de l'Hospital parut un moment revivre au milieu du dix-neuvième siècle, quand M. Henrion répéta ces paroles : « Perdre la liberté, ô bon Dieu! après elle, que reste- » t-il à perdre? La liberté, c'est la vie; la servitude est la » mort (1). »

Pendant près de trente ans que le président Henrion passa dans le sein de la Cour de cassation, il connut les magistrats les plus éminents que Napoléon y appelait de toutes les parties de son vaste empire. On sait que les provinces conquises envoyaient en tribut à Paris leurs hommes supérieurs en tout genre, comme les chefs-d'œuvre de leurs arts. C'était une sorte de compensation des maux de la guerre; et le temple de la jurisprudence, comme le musée national, s'enrichissait incessamment des dépouilles du vaincu. C'est ainsi que la Hollande avait donné Daniels à la Cour de cassation, le Piémont Botton, l'Italie M. Lasagny; l'intérieur de la France fournit Tronchet, Maleville, Barris, MM. Portalis, Zangiacomi, et tant d'autres magistrats distingués, qui furent les amis du président Henrion.

Ce vieillard si vénérable avait une sorte de prédilection pour les jeunes gens : il les conseillait, les encourageait; mais il éprouvait surtout une sympathie prononcée pour ceux qui, dénués de fortune ou d'appuis, n'attendaient leurs succès que d'un travail opiniâtre.

Dans sa vie privée, M. Henrion était gai, facile et aimable. La bienveillance de son cœur, l'originalité de son esprit, faisaient le bonheur de ceux qui l'approchaient. Il était d'une tolérance universelle. Peu susceptible d'enthousiasme comme d'indignation, il voulait tout connaître et tout juger, mais ne s'enflammait pour rien, ne s'étonnait de rien, louait volon-

---

(1) Nous donnons ce discours à la suite de la Notice.

tiers, blâmait peu et doucement. Par une exception rare chez les intelligences du premier ordre, il ne recherchait pas exclusivement les hommes aussi éminents que lui ; la médiocrité ou l'absence d'esprit ou de lumières trouvaient facilement grâce devant lui ; il savait en tirer pour l'agrément de la conversation tout le parti possible, ne fût-ce que le plaisir d'une moquerie fine et inoffensive.

Inaccessible aux passions violentes qui déchirent l'âme et usent le corps, doué d'une santé robuste, d'une humeur égale, et d'une raison supérieure, il savait se résigner à tous les maux inévitables, et se préservait sagement de tous ceux qu'on peut éviter. Célibataire, il ne connaissait ni les embarras du ménage, ni les inquiétudes paternelles. Par la modération de ses désirs, il échappait aux soucis dévorants de l'ambition et de la cupidité. Il disait quelquefois : « Je n'ai jamais rien acheté ni rien vendu, rien » emprunté ni rien prêté ; je n'étais occupé qu'à m'in- » struire. » Aussi, quand les titres et les décorations le trouvaient indifférent, il était sensible à l'honneur d'être utile par ses écrits, et de les voir déjà cités comme classiques dans les consultations, les plaidoyers, et même dans les jugements des tribunaux. Il paraissait peu de livres sur la jurisprudence qui n'empruntassent aux siens de nombreux passages, ou au moins une épigraphe.

Ce n'était pas sans effort que l'auteur de tant de savants traités s'était placé au rang des bons écrivains. Pénétré des difficultés de l'art d'écrire, il travaillait son style avec autant de soin que s'il eût composé des ouvrages de littérature. Suivant le précepte de Boileau, il ajoutait quelquefois et souvent effaçait. Il effaçait dans sa mémoire, et ne dictait à son secrétaire que quand, après de mûres réflexions, il avait arrêté définitivement la rédaction de sa pensée. C'est ainsi qu'il donnait à son style beaucoup de clarté, de correction et de force, souvent même une noblesse approchant de la majesté des lois. Il se livrait à ce travail en se promenant à pas lents sous les arbres du Luxembourg, ou à sa maison de campagne de Vaugirard, exclusivement consacrée à cet usage. Tous les jours qui n'étaient pas jours d'audience, il s'y rendait seul, et là, loin du bruit et des visites, il méditait profondément. Personne n'avait la permission de le troubler dans cette retraite chérie; et lorsqu'on alla lui apprendre à Vaugirard qu'il était premier président de la Cour de cassation, malgré la satisfaction que lui causait un si grand honneur, il ne put s'empêcher de dire : « On aurait bien » dû attendre mon retour; j'aurais travaillé une heure de » plus. »

Le charme inexprimable de ses entretiens attirait, tous les soirs, autour de lui une société choisie, pairs, députés, magistrats, généraux. M. Henrion y déployait tous les trésors d'une conversation tantôt sérieuse et instructive, tantôt badine et légère, toujours spirituelle et intéressante. La contradiction ne lui déplaisait pas; il en faisait lui-même un fréquent usage, soit pour animer le dialogue, soit pour provoquer et connaître les opinions opposées. Il mêlait à ses discours une foule d'historiettes et d'anecdotes qu'il contait d'une manière inimitable : il embellissait par l'agrément des détails les plus minces bagatelles; c'était vraiment faire quelque chose de rien. Toute l'expression des yeux, presque éteints chez lui, semblait passer sur sa bouche : son sourire malin, le mouvement caustique de ses lèvres, produisaient l'hilarité dès ses premières paroles. Il répandait dans ses narrations, courtes mais variées, les traits les plus fins, les plaisanteries les plus inattendues, une philosophie douce et indulgente, une raillerie sans amertume et de bon goût. Aussi ne se lassait-on jamais de l'entendre; on aurait voulu qu'il parlât tout seul, et souvent on ne lui répondait que pour l'exciter à parler encore.

Cet esprit si fécond et si cultivé avait un besoin perpétuel d'aliment. Dans l'intervalle de ses travaux sérieux, le président était insatiable de lecture : livres nouveaux, brochures, journaux, mémoires, il dévorait tout. Ses amis, ses domestiques même, étaient pour lui autant de lecteurs ; et il employait quelquefois des ruses charmantes pour obtenir une lecture sans la demander.

Persuadé que « l'histoire est aux lois, » comme il le dit dans l'Éloge de Dumoulin, « ce qu'est la lumière aux objets » qu'elle colore, » il avait fait une étude approfondie de l'histoire de France. Aucune question sur ce sujet ne le trouvait au dépourvu (1). Il n'avait oublié ni un fait, ni une date, ni un nom propre. On aurait dit qu'il avait été contemporain de plusieurs siècles.

Machiavel, Racine, La Fontaine et Montaigne, étaient ses auteurs favoris. Il regardait Machiavel comme la plus forte tête des temps modernes ; il savait par cœur Racine et La Fontaine ; et la *raison assaisonnée* de Montaigne faisait ses délices.

M. Henrion ne disait pas sans cesse comme Nestor : « Nous avons vécu avec des hommes qui valaient mieux que nous. » Appartenant au passé par un demi-siècle d'études et de souvenirs, il n'en partageait pas moins les idées politiques et les sentiments généreux du présent. Il jugeait sainement chaque époque, approuvant tout ce qui était agréable, et jouissant du présent sans s'occuper du passé ni de l'avenir ; comme le sage cueille en leur temps les fruits de chaque saison.

---

(1) Un homme d'esprit lui dit un jour : « Monsieur le président, je parie que vous ne savez pas tout, et que je trouve votre mémoire en défaut. Combien existait-il d'ordres religieux en France avant la révolution, et quelles étaient leurs différentes règles ? — Me défiez-vous ? — Oui, je vous défie. — Avez-vous une heure à me donner ? — Ah ! vous reculez, président, je vois que je gagnerai le pari. Eh bien ! oui, j'ai une heure à vous donner. » Alors M. Henrion commença intrépidement l'énumération raisonnée de tous les ordres religieux. Mais, au bout de quelques moments, son interlocuteur effrayé confessa qu'il avait perdu et le dispensa de remplir l'heure entière.

Ainsi s'écoulait la vieillesse du président, heureuse et honorée. Les tendres soins, les prévenances empressées d'une nièce distinguée par son amabilité (1), la piété vraiment filiale du général Pernety, embellissaient sa vie, mais ne pouvaient la rendre éternelle. Le terme fatal approchait, sans que M. Henrion y pensât beaucoup. Le 1er janvier 1829, il fut attaqué d'un anthrax, auquel se joignit bientôt une maladie de poitrine qui dura près de quatre mois. Lorsqu'enfin le mal eut cédé à l'habileté des médecins, la nature, épuisée par une carrière de quatre-vingt-sept ans et par de longues souffrances, ne put retrouver ses forces : il y avait impuissance de vivre. Le vieillard s'éteignit doucement le 23 avril, sans douleur, sans tristesse, sans montrer aucun pressentiment d'une fin si prochaine. Peut-être, débarrassé de tout mal, se livrait-il à l'espérance, ou plutôt, en dissimulant ce qu'il pensait de son état, voulait-il épargner à sa famille des adieux déchirants.

Les approches de la mort n'avaient altéré en rien les facultés morales du président. Il n'y eut pour cette haute et forte intelligence ni vieillesse ni maladie ; on peut dire que son corps périt dans la caducité, mais que sa pensée mourut subitement dans la force de l'âge. Il conserva même sa gaîté pendant sa dernière maladie (2). On lui faisait ses lectures ordinaires ; il prenait le même intérêt à tous les événements de la politique ou de la société. On corrigeait sous ses yeux les épreuves de la seconde édition de son *Histoire des assem-*

---

(1) Madame la vicomtesse Pernety, fille unique de M. Henrion de Saint-Amand, ancien avocat aux conseils du roi, qui mourut à Pansey, d'une attaque d'apoplexie, à l'âge de quatre-vingt-cinq ans, cinq jours avant son frère. Madame Pernety en reçut la nouvelle à Paris, le jour même qu'elle perdit son oncle.

(2) Pendant que son chirurgien lui faisait dans le dos une opération douloureuse, il lui dit plaisamment : « Voilà la première blessure que je reçois par derrière. »

*blées nationales*, qu'il venait d'augmenter d'un volume. Réfléchissant dans son lit aux observations qu'on lui soumettait quelquefois, il changeait ou ajoutait avec une parfaite liberté d'esprit, et peu d'heures avant sa mort il s'était livré à ce travail.

Mgr le duc d'Orléans se montra fort sensible à sa perte, écrivit de sa main au général Pernety une lettre touchante, et envoya son aide-de-camp et sa voiture au convoi du fidèle conseiller qu'il regrettait comme un ami.

Sans doute on n'a pas pu, en cette occasion, accuser le destin ; après une longue et belle carrière, le président eut une mort douce et sans angoisses. Mais en voyant la tombe enfermer un si vaste savoir et de si puissantes facultés, qui pouvait retenir sa douleur et ses regrets ? « Ce chêne séculaire est tombé ! combien de temps il avait mis à croître ! » combien de temps il faudra pour le remplacer !... »

Le président Henrion de Pansey est entré dans l'histoire : il a pris place entre Domat et d'Aguesseau. Tous les honneurs rendus à sa mémoire, tous les éloges dont il est l'objet, ce pieux tribut que ma reconnaissance paie à ses bontés paternelles, ne peuvent plus toucher son cœur et n'ajoutent rien à sa gloire. Mais sa vie sera un objet d'émulation pour les hommes livrés comme lui à l'étude et à l'application des lois ; elle leur montre qu'on peut arriver par degrés aux plus hautes dignités de la magistrature, sans en demander ni même en désirer aucune.

# DISCOURS

PRONONCÉ PAR M. LE PREMIER PRÉSIDENT HENRION DE PANSEY, A LA RENTRÉE DE LA COUR DE CASSATION, LE 5 NOVEMBRE 1828.

MESSIEURS,

Je vais vous entretenir de la nature de nos devoirs envers la Couronne. Je n'oublierai pas que je parle à des magistrats qui font de ces devoirs le sujet habituel de leurs méditations, et je me bornerai à rappeler quelques exemples placés, comme autant de jalons, sur la route que nous avons à parcourir.

L'abolition du combat judiciaire ayant rendu la connaissance et par conséquent l'étude des lois indispensables, les seigneurs, jusqu'alors seuls juges dans leurs terres, désertèrent les tribunaux, et l'administration de la justice devint le partage des hommes de loi. Voilà, Messieurs, l'origine de notre magistrature, et cette grande innovation ne remonte pas plus haut que les dernières années du treizième siècle. A cette époque, l'esprit de Grégoire VII animait encore ses successeurs, et les hauts barons s'agitaient pour reconquérir ce qu'ils avaient perdu sous les derniers règnes.

A peine établi, le parlement, qui ne douta jamais ni de son pouvoir, ni de la puissance des lois, lève sur toutes les classes de la société le glaive de la justice, en frappe indistinctement tout ce qui se montre hostile envers la Couronne, et force l'épée des barons et la crosse des évêques à s'incliner devant la majesté du trône.

Bientôt il ne reste plus en France qu'une seule autorité, l'autorité du Roi ; et le droit public des Français se concentre dans cette maxime : *Cy veut le Roi, cy veut la loi.*

Les magistrats s'aperçurent alors qu'ils avaient dépassé leur but. En brisant les entraves qui gênaient l'action du pouvoir, ils n'avaient voulu que lui rendre la force dont il a besoin : et cependant, emportés par leur dévoûment à la cause royale, ils avaient posé les bases d'un gouvernement despotique ; ils avaient ouvert le gouffre dans lequel se perdent tôt ou tard les nations et les trônes. Effrayés de leur méprise, ils reculent devant leur ouvrage, et l'un d'eux, peut-être le plus grand homme de son temps, mais certainement le plus sage, le chancelier de L'Hospital, écrivait : *Perdre la liberté, ô bon Dieu ! après elle, que reste-t-il à perdre ? La liberté, c'est la vie ; la servitude est la mort.*

Aussi, dès le milieu du seizième siècle, voyons-nous ce même parlement déployer contre les abus du pouvoir toute l'énergie, toutes les résistances compatibles avec l'obéissance qu'il devait à l'autorité royale.

Quel serait donc le langage de ces magistrats, si leur voix s'élevait aujourd'hui dans cette enceinte ? Je crois les entendre ; ils nous diraient :

« C'est le Roi qui vous a faits ce que vous êtes. Si vous
» planez sur l'ordre judiciaire, si vous en occupez le sommet,
» si vous en êtes les régulateurs, vous le devez au choix
» dont il a bien voulu vous honorer. Quels devoirs n'avez-
» vous donc pas à remplir envers lui ! La hauteur à laquelle
» il vous a élevés en est la mesure, et vous les signale ; mais
» le premier, c'est de donner à tous l'exemple du dévoû-
» ment à sa personne et du zèle pour la défense de ses
» prérogatives. »

Tel serait le langage de ces magistrats ; mais ils nous diraient aussi « que le dévoûment et le zèle ont des bornes ;
» que placer la Couronne au-dessus des lois, ce serait la
» suspendre sur un abîme ; qu'une autorité sans limite est

» une autorité sans appui ; que celui qui croirait servir son
» prince en lui immolant les libertés légales se ferait une
» étrange illusion ; que ces libertés sont les colonnes sur
» lesquelles reposent la sécurité des rois et la stabilité des
» empires ; enfin que, dans la sphère de leurs attributions,
» les magistrats doivent défendre l'autorité royale, non-seu-
» lement contre ceux qui tenteraient de resserrer ses li-
» mites, mais contre elle-même, si ses agents, par un zèle
» aveugle ou coupable, se permettaient de les franchir. »

Messieurs, j'ai parlé de Grégoire VII et des évêques
animés de son esprit ; pour être juste, je dois dire que leurs
torts appartenaient bien plus à leur siècle qu'à leur caractère. Si quelques traits de lumière sillonnaient les ténèbres
qui couvraient l'Europe dans le moyen-âge, on le devait au
clergé. Seul il possédait les connaissances que l'on avait alors;
et cette supériorité, qui est aussi une puissance, jointe à la
puissance spirituelle, lui donnait un pouvoir d'une nature
indéfinissable, et dont lui-même peut-être ne connaissait
pas les bornes.

Ce pouvoir, longtemps rival de celui des rois, est enfin
rentré dans ses limites naturelles ; Bossuet, l'immortel Bossuet, si justement proclamé le dernier Père de l'Église, a
relevé la barrière qui sépare le sacerdoce et l'empire, et
cette barrière est désormais inébranlable. Le prince qui nous
gouverne, héritier des vertus de saint Louis comme de sa
couronne, et qui, comme lui, sait unir à la foi d'un chré-
tien la fermeté d'un roi, en a commis la garde à des hommes
également dignes de sa confiance et de la nôtre, et dont la
sagesse nous promet des institutions qui consolideront à jamais les droits du trône et les libertés publiques.

FIN.

# TABLE DES CHAPITRES.

## LIVRE SECOND.

*Du Pouvoir municipal considéré dans ses rapports avec la police
intérieure des communes.*

FIN DE LA TABLE DES CHAPITRES.

# TABLE DES MATIÈRES.

―――♦―――

## A.

## B.

## C.

## D.

## E.

## F.

## G.

# I.

# J.

31

## N.

## P.

# R.

donner la démolition des édifices qui menaceraient la sûreté ou qui gêneraient la circulation; de régler ce qui concerne les étalages, les auvents, les devantures des boutiques, et les enseignes des marchands. 285

Voyez *Alignements, Saillies, Etalages des marchands.*

FIN DE LA TABLE DES MATIÈRES.

www.ingramcontent.com/pod-product-compliance
Lightning Source LLC
Chambersburg PA
CBHW070620270326
41926CB00011B/1756